자본론 노트

Karl Heinrich Marx

자본론
노트

평범한 교사 신민구
마르크스 자본론을
읽고, 생각하고, 쓰다

신민구 지음

심미안

책을 펴내며

　교직생활을 하면서 『자본론』에 대해서 공부하고 나름대로 정리를 해왔습니다. 그 뿌리는 단연 대학생활 때 격동하는 교정의 변혁기에 조금이나마 관심을 가지면서부터입니다. 이 변혁기에 조국의 자주통일과 민주화라는 단어만으로도 제 가슴이 뛰었습니다. 그리고 그때부터 미미하나마 책 한 권을 써야겠다고 저 자신과 약속을 했습니다. 물론 『자본론』을 정리할 수 있는 깜냥이 되지 않지만 그 약속이 힘이 되었습니다. 처음에는 중고등학생이 읽을 수 있도록 『자본론』을 쉽게 풀어 쓰려고 했습니다. 그러나 그 생각은 다음 기회로 미루었습니다.
　엄혹한 독재시절이었던 1980년 중반, 한국 사회는 금기시되어왔던 책들을 제한적이나마 출판하기 시작했던 시기였습니다. 그중 처음 읽었던 『자본론』은 광주에서 출판한 『마르크스 자본론 해설』이었습니다. 일제시대 항일 무장 독립 투쟁 및 해방정국과 관련된 책들도 충격이었지만 『자본론』은 우리 사회 모순을 들여다보는 데 강력한 매력을 주었습니다. 이후 『자본론』에 관한 다양한 자료들을 접하려고 노력하였습니다. 이 공부를 총화하기 위해서 자본론을 집단적으로 학습하는 모임을 만들려고 했으나 쉽지 않았습니다. 그러던 중 시민사회단체 선후배 및 동지들과 집단으로 토론하고, 자본론에 관심을 가지고 있었던 선생님들과 함께 쉬운 해설서로 공부하게 되었습니다. 2000년 후반에 전교조 광주지부에서 사회과학 여러 분야의 강좌가 있었습니다. 다른 강좌는 선생님들의 참여가 높았습니다. 그런데 자본론 강좌는 아쉽게도 호응이 그리 높지 않았습니다.

대한민국 사회는 천민자본주의의 모순이 심화·발전하여 민중들의 삶이 피폐화되어 가고 있습니다. 비정규직은 정규직보다 저임금·장시간 노동을 하고 있습니다. 높은 비율의 비정규직과 산업예비군의 존재는 정규직 또한 장시간 노동에 임금이 낮아지도록 압력이 행사됩니다. 노동자의 생활을 유지하는 데 임금이 낮으면 유통분야에서 물가도 낮아야 합니다. 그러나 우리 사회는 과중한 교육비와 육아 부담 그리고 하늘 높은 줄 모르고 치솟는 부동산 값은 자본가가 생산과정뿐만 아니라 유통분야에서까지 높은 이윤을 챙기고 있습니다. 자본은 생산현장뿐만 아니라 일상생활까지 자본의 재생산에 기여하게 함으로써 자본에 복종하도록 합니다.

10%가 우리나라의 전체 부의 60%를 차지하고 있을 정도로 부의 불평등이 심화되고 오늘날 우리나라의 65세 이상의 노인빈곤율은 45.7%로 경제협력개발기구 국가들 중 1위입니다. 노인자살률 역시 10만 명 당 54.8명으로 OECD 국가 중 1위를 기록 중입니다. 폐휴지를 줍는 노인 비율이 OECD국가 중 최고입니다. 청년 세대는 높은 실업률로 고통을 받고 있습니다. 청년층의 공식 실업률은 11.5%이지만, 취업 준비생을 더하면 실업률은 22.6%입니다. 여기에 비자발적 비정규직과 그냥 쉬고 있는 사람까지 합치면 청년의 체감의 실업률은 34.2%입니다. 청년들은 연애, 결혼, 출산을 포기하는 3포 세대에서 연애, 결혼, 출산, 집, 인간관계, 희망, 꿈을 포기하는 7포 세대가 되면서 한국을 헬조선이라고 부릅니다.

이 책『자본론』I 은 자본주의적 생산과정 그 자체, 즉 직접적 생산과정이 나타내는 현상에 대한 이야기입니다. 자본주의의 생성·발전·소멸 과정을 자본-임노동 관계를 중심으로 분석하였습니다.『자본론』II 는 생산과정을 사상하고 자본의 유통과정을 고찰하였습니다. 마르크스는 케네의 경제표에 영감을 얻어 재생산과정을 분석합니다. 상품의 종류를 크게 소비재와 생산재를 구별해 이 상품들이 사회적으로 어떻게 단순재생산·확대재생산을 하며 원활하게 굴러가는지 계산합니다. 이것을 재생산 표식이라고 합니다. 『자본론』Ⅲ은 생산과정과 유통과정을 통일한 자본주의적 생산 전체를 고찰합니다. 자본주의적 생산이 상품생산의 형태를 취하며 어떻게 생산·유통되는지 말하고 있습니다.

『자본론』Ⅰ의 차례를 보면, 제1편은 상품과 화폐입니다. 자본주의적 생산은 잉여가치를 얻는 것을 목적으로 행해지지만 그 돈벌이는 상품생산의 기초 위에서 이루어집니다. 그래서 '상품과 화폐'에서 자본주의적 생산의 기초 및 전제로서 단순상품생산을 고찰합니다. 상품과 화폐가 어떻게 나타났는지를 추적합니다. 상품생산사회의 규제원리인 가치법칙을 밝히고, 화폐의 기능을 자세히 분석합니다.

제2편은 화폐의 자본으로의 전화입니다. 단순상품생산이라는 바탕과 그 위에 구축된 자본주의적 생산 사이의 연결을 밝히는 것입니다. 노동력의 상품화라는 사실 속에 자본주의적 생산의 비밀이 있습니다.

제3~7편은 자본주의적 생산의 본질인 잉여가치의 생산, 즉 자본가의 이윤은 어디서, 어떻게 생겨났는지를 살펴봅니다. 자본가들은 이 잉여가치를 축적해서 생산규모를 한없이 확대합니다. 자본의 축적과정을 밝히고 있습니다.

제8편은 소위 본원적 축적입니다. 역사상 최초의 자본과 임노동자가 어떻게 발생했는가를 설명하였습니다.

2008년 미국의 서브프라임 모기지로 촉발한 금융 공황은 세계 많은 나라에 연쇄적으로 전파되었습니다. 세계자본주의는 대략 10년 주기로 공황이 발생해왔습니다. 올해로 공황이 발생한 지 10년이 지나고 있는데 세계 곳곳에서 공황 징후가 나타나고 있습니다. 2008년 미국의 거대한 금융기관들의 부도를 국가가 공적 자금으로 이 기관들을 살려냈습니다. 이것은 손실은 사회화하고 이익은 사유화하여 구제하고, 민중들은 오롯이 이 공적 자금을 세금으로 충당하여 천문학적인 국가채무와 일반대중의 삶은 더욱 피폐화되고 있습니다.

자본주의 선진국가들은 헬리콥터로 100달러를 뿌리듯이 한 양적 완화로 부실한 좀비 금융·기업들을 살려내었지만 국가와 개인의 빚은 천문학적으로 쌓였습니다. 신자유주의 이데올로기로 초국적 금융기관이나 다국적 기업 등은 저비용으로 노동자를 고용하고 이익을 극대화하였으며, 공기업의 민영화 등으로 민중들은 말할 수 없을 만큼 빚만 증가하였습니다. 자본주의가 연명하는 데 다음 돌파구가 될 이론과 정책이 무엇인지 궁금합니다.

주류경제학은 주로 가격이 수요와 공급이 일치하는 교환가치 분야만을 강조하는 효용이론에 입각한 등가론적 입장이라 공황 가능성이 없습니다. 자본의 운동법칙을 과학적으로 분석한 자본론은 공황 가능성뿐만 아니라 민중의 어려운 삶을 어떻게 극복할지에 대해서도 보여주고 있습니다. 부르주아경제학이 제국주의와 자본가의 경제학이라면 『자본론』은 피억압 민족과 노동자를 포함한 근로대중들을 위한 경제학입니다.

남북정상회담과 북미정상회담은 우리 민족의 통일 전망을 더 높이고 있습니다. 남북교류협력이 확대 강화 발전하기 위해서 남쪽의 자본이 민족 자본화하여 민족과 민중의 이익에 복무해야 합니다. 내포적 자립적 민족경제를 위해서 남북정상공동선언에서 이미 밝힌 유무상통원칙으로 민족내부 거래로 해야 합니다. 세계 금융자본의 약탈적 제국주의적 속성을 경계하고 통제하기 위한 남북의 노력이 있어야 합니다. 민족해방투쟁이 영도적인 노동계급을 기본을 할 것인가 아니면 전민족의 대동단결로(지식 있는 사람은 지식을, 힘 있는 사람은 힘을, 돈 있는 사람은 돈을) 할 것인가는 논란이 있습니다. 현 단계에서는 후자로 민족해방투쟁이 되어야 한다고 봅니다. 『자본론』은 자립적 민족경제 활성화로 남북 민중의 삶이 더 풍요로워지는 데 기여할 수 있다고 봅니다.

 이 책이 나오기까지 도움을 주신 이채언 교수님, 양갑현 박사님, 고익종 교장선생님, 박용수 수필가님께 감사드립니다.

5월의 함성이 울려 퍼지는 2019년 빛고을에서 신민구

차례

책을 펴내며   4

제1편 상품과 화폐   13
    제1장_ 상품   13
    제2장_ 화폐 또는 상품유통   36

제2편 화폐의 자본으로의 전환   81
    제3장_ 자본의 일반 공식   81
    제4장_ 자본의 일반 공식의 모순   86
    제5장_ 노동력의 구매와 판매   89

제3편 절대적 잉여가치의 생산   97
    제6장_ 노동과정과 가치증식과정   100
    제7장_ 불변자본과 가변자본   109
    제8장_ 잉여가치율   114
    제9장_ 노동일   119

제4편 상대적 잉여가치의 생산   155
    제10장_ 상대적 잉여가치의 개념   155
    제11장_ 협업   164
    제12장_ 분업과 매뉴팩쳐   171
    제13장_ 기계와 대공업   182

제5편 절대적 및 상대적 잉여가치의 생산　　227
　　제14장_ 절대적·상대적 잉여가치　　228
　　제15장_ 노동력의 가격과 잉여가치의 양적 변동　　235
　　제16장_ 잉여가치율을 표시하는 여러 가지 공식　　239

제6편 임금　　245
　　제17장_ 노동력의 가치(또는 가격)가 임금으로 전환　　247
　　제18장_ 시간급제 임금　　253
　　제19장_ 성과급제 임금　　258
　　제20장_ 임금의 국민적 차이　　263

제7편 자본의 축적과정　　273
　　제21장_ 단순재생산　　275
　　제22장_ 잉여가치의 자본으로의 전환　　285
　　제23장_ 자본주의적 축적의 일반법칙　　300

제8편 이른바 시초축적　　335
　　제24장_ 원시축적의 비밀　　338
　　제25장_ 농민들로부터 토지를 빼앗음　　345
　　제26장_ 피수탈자에 대한 피의 입법　　349
　　제27장_ (산업)자본가 계급의 탄생　　353
　　제28장_ 자본주의적 축적의 역사적 경향　　361
　　제29장_ 근대적 식민이론　　365

제1편
상품과 화폐

제1장_ 상품

제2장_ 화폐 또는 상품유통

제1편 **상품과 화폐**

제1장_ 상품

제1절 상품 이중성 : 사용가치와 가치

　자본주의적 생산양식이 지배하는 사회의 부는 상품의 방대한 집적으로 나타나며, 상품은 자본주의적 부의 기본 형태입니다. 그러므로 우리의 연구는 상품의 분석으로부터 시작합니다. 상품의 분석으로부터 시발하는 것은 매우 바람직합니다. 왜냐하면 자본주의에 살고 있는 사람들은 매일 상품과 만나기 때문입니다. 우리는 온 천지에 도배되어 있는 상품을 구경하고 구입하면서 시간을 보냅니다. 계급, 인종, 성별, 종교, 국적 등에 관계없이 모두에게 친숙하고 공통된 어떤 지배적인 공통분모를 선택한 것입니다. 매일매일 살아가면서 상품에 대해 알고 있으며 상품은 우리의 생존에 꼭 필요합니다. 우리는 살아가기 위해 상품을 사야만 합니다.
　우리가 입고 있는 옷들이나 주거 공간인 주택 모두 상품입니다. 우리가 사용하고 있는 스마트 폰이나 이동할 때 사용하는 자동차, 지하철도 상품입니다. 상품화가 불가능한 인격과 도덕과 양심, 건강과 젊음과 미모는 개개인의 중요한 자산이고 부의 요소가 되지만 자본주의적 부는 더 이상 아님을 의미합니다. 상품은 다른 사람의 노동생산물과 바꾸기 위해서, 즉 판매하기 위해서 생산된 물품이고, 다른 사람을 위한 사용가치입니다.

생산수단을 공유하는 공동체 사회 내부에는 상품이 없습니다. 자신의 가족에게 팔기 위해서 뭔가를 생산하지 않습니다. 공동체 사회에서는 팔기 위해서 물건을 생산하지 않습니다. 공동체 구성원들은 공동으로 노동하여 공동으로 생산하고, 공동으로 분배하여 사용합니다.[1] 그러나 공동체 사회라도 개인노동의 생산물은 상품이 될 수 있습니다. 상품으로 생산하려면 반드시 팔아야만 하는 목적이 생산하기 이전에 먼저 대두해 있어야만 합니다. 미리 사전에 상품이 되어 있으려면 생산자가 이미 사회적 분업관계 속에 들어가 있어야 합니다. 상품가치도 그러한 필연성에 의해서만 미리 판매되기도 전에 사전에 결정되어 있습니다.

개인의 노동생산물이 사회적 성격을 가지는 경우는 두 가지가 있습니다. 첫째는 판매되기 전부터 사회적 성격을 가지려면 사회적 분업관계 속에서 생산된 경우입니다. 생산수단이 사적으로 소유되어 있는 사회에서는 각 개인의 노동생산물은 교환을 통해서만 사회적으로 유통할 수 있고, 따라서 그 생산물은 상품으로 되는 것입니다. 생산수단이 사적으로 소유되어 있는 경우에는 각 개인의 노동 역시 독립적·배타적으로 이루어지기 때문에 그 노동은 상품교환을 통해서 사회적 노동으로 되는 것입니다. 두 번째는 판매되고 나서야 비로소 사회적 성격을 갖는 경우는 사회적 분업관계가 충분히 발달하지 못할 때입니다. 즉 사후적으로 상품이 됩니다. 그것은 이럴 경우에 해당합니다.

---

1 채만수, 『노동자 교양경제학』, 노사과연, 2010, 76쪽. 이하 이 저서에 대한 인용문은 『노동자 교양경제학』으로 약함.

내가 사냥을 가서 멧돼지를 잡았습니다. 고기가 충분합니다. 이웃 아는 사람들에게 먹어보시라고 뒷다리를 하나씩 선물을 합니다. 선물을 받은 이웃은 그 감사의 뜻으로 훌륭한 사냥도구를 선물하거나 자기가 잡은 노루 고기를 선물합니다. 아직은 물물교환에도 이르지 않은 사후적 상품화 단계입니다.

각 상품은 모두 사용가치와 교환가치라는 두 가지 측면으로 나타납니다.

상품은 사용 속에서 가치(사용가능성, 유용성)를 가지기 때문에 사용가치입니다. 그것은 이런저런 종류의 인간 욕구를 만족시킵니다. 상품은 누구든지 그것의 소유자에게 직접적으로 유용하기만 하다면 사용가치입니다. 상품이 직접적으로 유용하지 않고 그 밖의 어떤 것을 얻기 위한 교환에서만 사용된다면 그것은 교환가치입니다. 따라서 교환가치는 사용가치와 다를 뿐만 아니라 그것과 정반대입니다. 교환가치와 사용가치는 상품의 이중성 측면일 뿐이며, 상품은 이 대립물들의 통일입니다.[2] 상품이란 사회적 분업의 산물로써 사전에 미리 가격이 정해져 있습니다. 철이나 종이가 상품이 될 수 있는 이유는 그것들이 유용한 물건으로서 인간의 욕망을 충족시켜 주기 때문이 아니라 그것들이 사회적 분업관계 속에서 생산되었고, 사람들이 분업관계에 있기 때문에 반드시 타인이 생산한 물건을 필요로 할 수밖에 없다는 사정이 있습니다. 인간의 욕망을 만족시킬 수 있는 것들 가운데 상품이 될 수 없는 것들도 많습니다. 예를 들면 미모, 젊음, 건강, 지혜 등입니다.

우리가 살펴볼 자본주의에서 상품은 또한 교환가치의 소재적 담지

---

2 해리 클리버, 『자본을 어떻게 읽을 것인가』, 조정환 옮김, 갈무리, 2018, 226~227쪽. 이하 이 저서에 대한 인용문은 『자본을 어떻게 읽을 것인가』으로 약함.

자가 됩니다. 상품을 분석해서 그 속에서 그것을 교환 가능하게 만드는 것을 바로 찾아낼 수는 없습니다. 교환가치는 상품 그 자체와는 다른 어떤 것이며, 상품 속에 교환가치가 담겨져 있지만 상품이 교환되기 전에는 드러나지 않을 뿐입니다. 즉 잠재적 교환가치라고 합니다. 모든 상품은 서로 간의 비율로 환산됩니다. 교환되는 두 상품은 그것들이 교환가치인 한에서는 제3의 것으로 환원될 수 있어야 합니다. 상품의 사용가치와 교환가치는 두 가지의 서로 다른 결정태들 혹은 측면들에 그치는 것이 아닙니다. 그것들은 모순적 결정태들입니다.

사용가치의 질적 결정은 속성들(예-무게와 같은 물리적인 속성들과 통제와 같은 사회적 속성)에 의해 표현됩니다. 이 속성들의 양적 결정은 그것들의 크기와 척도(예-톤, 도)에 의해 주어집니다. 이 특수한 속성들이나 질들의 배후에, 그것들을 생산한 특수하고 구체적인 유용노동이 있습니다. 우리는 그것들의 양의 배후에서 그것들을 생산하는 데 사용된 실제적 노동시간을 발견합니다.

교환가치 개념을 이해하기 위해서 상품교환을 1대 컴퓨터=5벌 양복=고무신 80켤레=쌀 3섬=고구마 70kg=… 등의 일련의 물물교환을 가정해봅시다. 컴퓨터 1대와 양복 5벌 그리고 고무신 80켤레 등을 일정한 비율로 서로 교환합니다. 이는 무언가 같은 크기의 공통물이 존재합니다. 교환가치는 먼저 양적 관계 즉 어떤 종류의 사용가치가 다른 종류의 사용가치와 교환되는 비율로 나타납니다. 교환비율이 일정해지는 것은 사회적 분업관계가 발달하여 사전적인 상품이라야 합니다.

질적으로 전혀 다른 컴퓨터와 양복 속에 무언가 동질의 것이 있어서 그것들이 서로 양적으로 비교되고 있다는 것을 나타냅니다. 무엇과 교환하느냐에 따라 달라지는 것이 아니라 컴퓨터 자체에 내재하는 무언가가 무엇을 만나느냐에 따라 달리 나타난 것이 교환가치입니다.

그래서 교환가치는 외재적이라고 부르고 가치는 내재적이라고 부릅니다. 가치라는 본질이 교환가치라는 현상형태를 취합니다. 교환가치의 배후에 가치라는 본질이 있다고 말할 수 있습니다.

만약 상품의 사용가치를 무시한다면 거기에는 오직 하나의 속성, 즉 노동생산물이란 속성만 남습니다. 노동생산물에서 사용가치를 배제하면, 그 노동생산물을 사용가치로 만드는 물적인 여러 성분이나 형태도 함께 배제됩니다. 그것은 이미 책상이나 집 또는 실 등과 같은 유용한 물건이 아닙니다. 노동생산물의 감각적인 성질은 사라져 버립니다. 노동생산물의 유용성이 사라짐과 동시에 노동생산물에 나타난 노동의 유용한 성격도 사라지고, 따라서 노동의 구체적 형태도 사라집니다. 노동생산물을 생산하는 이들 노동은 더 이상 서로 구별되지 않고 모두 동일한 종류의 노동, 즉 추상적 인간노동으로 환원됩니다. 가치는 바로 이 무차별적인 추상적 인간노동이 응고된 것으로 사회적 실체인 인간노동이 응고된 것, 즉 사회적 실체의 결정체입니다. 교환가치라는 현상형태의 배후에는 사회적 실체인 인간노동의 결정체, 가치가 있는 것입니다. 가치는 추상적 인간노동 자체가 아니라 이의 응고물입니다. 가치가 추상적 인간노동이 대상화된 것, 사회적 실체의 결정체라는 사실이 중요합니다.

책상, 집, 면사 등 각각의 상품을 만드는 데 사용된 구체적인 노동의 형태는 서로 다르지만, 그러한 구체적인 노동 형태의 차이점을 무시한다면 거기에는 공통으로 인간 노동 일반이 들어 있을 뿐입니다. 상품은 인간의 노동을 통해 생산된 물건이며, 거기에는 공통으로 인간 노동 일반이 들어가 있습니다. 상품이 교환가치를 갖는 이유는 거기에 인간 노동이 공통으로 들어 있기 때문입니다. 상품이 교환가치를 갖는 이유는 사회적 분업관계를 통해 사람들이 제각각 다른 물건을 생산해서 나누어 가져야 하기 때문입니다. 그럴 때 그 교환비율은 일반적인 노동의 측면에서 몇 시간이나 일한 것이냐에 따라 노동시간을 기준으로 교환비율을 정합니다.

사용가치는 우리가 어떤 물건을 사용할 때, 즉 소비할 때 나타납니다. 그리고 가치는 물품을 서로 교환할 때 나타납니다. 둘은 서로 대립합니다. 사용가치가 나타나면 가치는 사라지고, 가치가 나타나면 사용가치는 사라집니다. 이를 상품의 이중성이라고 합니다.

가치는 양적인 차원을 갖는 질인 사회적 관계입니다.

가치는 역사적으로 볼 때, 생산적 노동이 직접적으로 사회적이지 않은 사회에서만 존재합니다. 이러한 사회에서는 비록 내가 생산한 물건을 타인이 소비하여 우리 모두가 상호의존 관계를 맺고 있다고 하더라도, 우리는 우리 사이의 사회적 관계를 전혀 의식하지 못합니다. 나는 오로지 교환하기 위하여 생산하며 타인은 오로지 소비하기 위해 교환합니다. 타인에게 있어서는 나의 사회적 노동이 그저 그 노동을 체현하고 있는 상품의 형태, 즉 오로지 하나의 가치로만 존재합니다. 이러한 특수한 사회적 관계가 바로 가치의 질적인 차원이 됩니다. 하지만 가치는 양적인 차원도 있습니다. 이 차원은 아주 단순합니다. 한 상품의 가치와 다른 상품의 가치의 관계는 그 상품을 생산하는 데 필요한 노동시간과 다른 상품을 생산하는 데 필요한 노동시간의 관계와 같습니다. 하지만 이렇게 수량화된 노동은 생산과정을 관찰하면서 그냥 잴 수 있는, 직접적으로 인지하거나 경험적으로 관찰할 수 있는 노동이 아닙니다. 그 수량화된 노동은 마르크스가 추상노동이라고 불렀던 것입니다.[3]

---

3 E. K. 헌트, 마크 라우첸하이저, 『E. K. 헌트의 경제사상사』, 홍기빈 옮김, 시대의 창, 2015, 444쪽, 이하 이 저서에 대한 인용문은 『E. K. 헌트의 경제사상사』으로 약함

자본주의 사회는 자본가계급은 서민들에게 상품형태를 강제합니다. 이는 노동계급의 창출을 의미합니다.

자본은 사회관계 즉 자본가계급과 노동계급 사이의 투쟁의 사회관계였습니다. 계급투쟁은 자본가계급이 대부분의 서민들에게 상품형태를 강제하는 방법을 둘러싸고 벌어집니다. 자본가계급은 상품형태를 사람들에게 강제하기 위해 자신들의 생존을 유지하고 또 사회적 부에 대한 약간의 접근권을 얻기 위해 자신들의 생명활동의 일부를 상품 노동력으로 팔도록 강제합니다. 즉 대다수의 서민들은 기아를 면하려면 노동을 하지 않을 수 없도록 내몹니다. 자본가계급은 사회적인 부를 생산하는 모든 수단에 대한 총체적 통제를 달성함으로써 이런 강제의 상황을 만들고 유지합니다. 상품형태의 일반화된 강제는 사회를 조직하는 (사회 통제)의 근본적 수단이 되었습니다. 그것은 노동계급의 창출을 의미합니다.

자본의 지배 아래서 노동은 유용한 재화들, 상품들, 수입, 그리고 궁극적으로는 잉여가치 혹은 이윤을 생산합니다. 그것들은 더 많은 노동을 가동시키는 데에 사용됩니다. 이처럼 상품형태를 통해 노동은, 자신이 창출하는 생산물과 가치라는 소외된 죽은 형태 속에서, 그 자신(산 노동)을 자본으로서 지배합니다. 사실상 우리는 자본을, 상품형태를 통해 노동 강제에 기초한 사회체제로 정의할 수 있습니다. 죽은 노동이 산 노동을 지배할 뿐만 아니라 그 지배 속에서 자신의 확장을 위해 산 노동의 생명력을 빨아내는 그 방식 때문에, 자본은 흡혈귀 같은 존재입니다.

만약 상품형태가 자본의 계급 관계가 취하는 근본형태라면, 그리고 그 형태가 노동자들에게 있어서 사회적 부(음식, 의복 등)에 대한 유일한 접근권이 자신들의 노동력의 판매를 통해서만 얻어지는 강제된 상황의 창출에 의해 구성된다면, 모든 노동생산물은 필연적으로 상품형태를 띠지 않을 수 없다는 결론이 나옵니다. 왜냐하면 노동자들의 생존과 성장을 보장하기 위해서는 그 노동생산물들이 노동자들에게 다시 팔려야 하기 때문입니다. 자본에게 부란 노동과 그 노동이 생산해 낸 생산물의 축적에 불과합니다. 그리고 노동과 그것의 생산물이 모두 자본 안에서는 상품형태를 띠고 있기 때문에, 개개의 상품이 그러한 부의 기초적 형태로 나타납니다. 따라서 상품형태는 일단의 세력 관계입니다. 그것이 강제된 것인가 아닌가, 그리고 어떻게 강제된 것인가는 노동계급에 대한 자본의 힘에 달려 있습니다.[4]

노동력의 사용가치는 일을 할 수 있는 능력이고 가치와 잉여가치를 생산할 수 있는 능력입니다. 그것의 교환가치는 노동계급이 자신의 노동력을 판매한 대가로 얻는 가치입니다. 노동력의 사용가치와 교환가치는 모순적입니다. 왜냐하면 노동력은 노동계급에게는 교환가치일 수 있을 뿐 사용가치일 수 없기 때문입니다. 그러나 그 똑같은 노동력이 그것을 사서 생산에 투입하는 자본가들에게는 사용가치를 갖습니다.

이 두 측면이 어떻게 서로 다른 계급 관점을 암시하는가를 알 수 있습니다. 가장 근본적으로 상품을 사용가치로 보는 관점은 노동계급의 시각입니다. 노동계급은 상품들(예, 식품, 에너지)을 주로 전용과 소비대상, 즉 자신의 필요를 충족시키기 위해 사용될 물건들로 봅니다. 자본은 이 동일한 상품들을 주로 교환가치로 즉 잉여가치의 실현을 통해 자본축적의 수단을 통해 사회에 대한 자신의 통제력을 증대시키는 것을 목적으로 합니다.

노동계급은 식품은 사용가치에 주로 관심을 쏟지만, 식품이 교환가

---

4 『자본을 어떻게 읽을 것인가』, 196~199쪽.

치를, 즉 노동자들의 식품에 대한 사용 제한하는 화폐 가격을 가지고 있다는 사실은, 그들이 식품의 교환가치에도 관심을 가져야 한다는 것을 의미합니다. 자본도 자신의 생산품을 판매하려고 한다면, 사용가치에 약간의 주의를 기울여야 합니다. 부패한 식품은 거의 팔리지 않습니다. 아무리 많은 생산량을 자랑해도 맛없는 쌀은 팔리지 않습니다. 자본이 사용가치를 팔아 자신이 바라는 교환가치를 실현할 수 있는 것은, 바로 다수의 서민들이 필요로 하기 때문입니다. 노동력이 노동자에게 교환가치인 것은 그것이 자본에게 사용가치이기 때문입니다.

각각의 계급에게 각 상품의 의미는 일방적이지 않고 사용가치와 교환가치를 모두를 포함합니다. 그렇지만 교환가치에 대한 노동계급의 집착과 사용가치에 대한 자본의 집착은 모두 자본이 자신의 사회체제를 강제하는 데에 성공한 결과입니다. 노동계급과 자본에게 상품의 의미가 다르기 때문에(즉 노동계급에게는 사용가치가, 자본에게는 교환가치가 주로 의미를 갖기에), 어떤 주어진 상품의 사용가치와 교환가치의 의미는 자본과 노동계급에게 동일하지 않습니다.

교환가치의 직접적인 양적 측면은 한 종류의 사용가치가 다른 종류의 사용가치와 교환되는 비율에 의하여 표현되는 것처럼 보입니다.

사용가치와 교환가치에서와 마찬가지로 이들 질적 측면들과 양적 측면들은 단순히 논리적으로 규정된 두 범주가 아닙니다. 그것들은 동시에 두 계급 관점과 그것들의 투쟁의 복잡한 변증법을 구현합니다. 노동계급 관점은 주로 질적 관점입니다. 노동계급은 기본적으로 특정 종류의 물건들—식품, 의복, 주택, 음악—의 획득에 관심을 갖습니다. 그 모든 것들은 우리가 바라는 종류의 삶을 살게 해 줍니다. 사용가치의 주어진 질의 양은 부차적입니다. 사람은 적어도 온 가족이 살 수 있는 한 채의 집, 한 컬레의 구두, 하루 세 끼니를 필요로 합니다. 양은 분명히 필수적인 요소입니다. 그러나 초점은 삶의 종류-피난하기, 먹기-에 있습니다.

자본의 관점은 주로 양적입니다. 자본은 기본적으로 자신이 생산하는 상품들의 특수한 질에는 관심을 갖지 않습니다. 주택의 건축 양호 정도나 음식의 신선도 정도는 얼마나 많은 교환가치와 이윤이 실현될 수 있는 문제에 대해 부차적입니다.

계급투쟁에서 관점들의 대립은 훨씬 더 복잡합니다. 자본과의 투쟁에서 노동계급은 양에 직접적으로 관심을 쏟도록 강제합니다. 임금, 노동일의 길이, 그리고 노동강도 등을 둘러싼 투쟁은 모두 소득과의 교환으로 얼마나 많은 일을 할 것인가를 둘러싸고 벌어집니다. 노동자가 원하는 것은 더 적은 노동으로 더 큰 다양성의 사용가치를 더 많은 양으로 얻은 것입니다. 양이 중요하게 되는 것은, 우리가 욕망하는 질적으로 구분되는 저 특수한 상품들에 우리가 접근할 수 있게 되는 것이 이 양적 투쟁을 통해서이기 때문입니다. 노동력의 교환가치에 가해진 양적 제한은 노동계급의 소비에 질적 제한을 가합니다. 그래서 그러한 제한에 대한 저항이 일어나는 것입니다.

자본은 노동계급에 대한 통제를 유지하려는 자신의 노력 속에서, 자신이 가동하는 노동력의 성질에 대해서뿐만 아니라 자신이 그 노동력을 통제하고 계획하는 산업 과정의 구조에 대해서도 면밀한 관심을 가질 수밖에 없습니다. 공장 밖에서 자본은 자신이 파는 상품들의 질에 주의를 기울입니다. 그리고 자본은 그 상품들의 사용가치를 통해 사회 공장 전체를 조직하려고 노력합니다. 상대적 잉여가치의 생산이 기존의 소비 다양성의 양적 확장과 질적으로 다른 새로운 필요 및 사용가치들의 생산을 필요로 함을 보여 줍니다. 이것은 다시 노동 내부의 질적 차이의 순환의 확장을 의미합니다. 노동시간 및 절대적 잉여가치에 대한 노동계급의 양적 공격에 의해 자본이 어떻게, 사물들의

새롭고 유용한 질들을 발견하기 위해 모든 자연을 탐사하도록 내몰리는가를 보여 줍니다.[5]

제2절 노동의 이중성—구체적 노동과 추상적 노동

상품의 이중성은 노동의 이중성에 근거하고 있다. 상품을 분석하면 상품의 차별성과 동일성을 식별해야 합니다. 차별성은 사용가치에서, 동일성은 교환가치에서 찾을 수 있습니다. 그러나 교환가치는 상품과 상품 사이의 교환비율이므로 미리 다른 상품의 존재를 가정해야만 교환가치란 개념이 성립할 수 있습니다. 그런 존재에 대해 가정하지 않는다면 교환가치가 다른 상품 속에 내재한다는 생각에서 그것을 가치라고 부릅니다. 상품을 노동생산물이란 측면에서 분석합니다. 노동생산물의 동일성은 상품생산에 관여하는 추상노동과 차별성은 상품생산에 투입되는 구체노동으로 구분할 필요가 있습니다.

노동은 사용가치를 낳은 유용노동으로 그 사회형태가 무엇이든 그것과는 무관하게 인간의 존재조건이며 인간과 자연 사이의 물질대사를 매개하고 그리하여 인간의 생활을 매개하기 위한 자연필연성입니다. 이 물질대사의 개념은 인간존재와 자연을 매개하는 노동이란 개념과 함께 맑스의 유물론적 역사관에 있어 핵심입니다. 사용가치는 자연소재와 노동이란 두 요소의 결합물입니다.

서로 다른 질의 사용가치를 만들기 위해서는 노동 역시 다른 형태와 방식으로 지출되지 않으면 안 됩니다. 상품으로 거래되는 책상은

---

5 『자본을 어떻게 읽을 것인가』, 242~246쪽.

인간의 욕망을 충족시켜 주는 사용가치를 갖고 있습니다. 즉 책상은 공부하고 업무를 보는 등 여러 유용성을 갖고 있습니다. 이런 책상을 만들기 위한 노동은 그 목적에 맞는 형태와 방식으로 노동이 지출되지 않으면 안 됩니다. 컴퓨터 또한 이를 만들기 위한 노동은 그 목적에 맞는 형태와 방식으로 노동이 지출되어야 하고, 그 노동은 그 형태와 방식에서 책상을 만드는 노동과 확연히 다릅니다.

이렇게 특정한 사용가치를 만들기 위해서 합목적적인 형태와 방식으로 지출되는 노동을 유용노동, 혹은 구체적 노동이라고 합니다. 즉 구체적 노동은 사용가치를 생산하는 노동입니다.

사용가치를 창조하는 노동, 즉 구체적 유용노동은 사회 형태와 관계없이 인간 생존을 위해서 반드시 수행되어야 하는 노동입니다. 구체적 노동은 인간의 생존의 조건이자, 인간과 자연 사이의 상호작용을 가능하게 해 주는 영원한 필연적 활동입니다.

사용가치를 생산하는 이 유용노동이 본래적 의미의 생산적 노동입니다. 그러나 자본주의적 의미의 생산적 노동은 본래적 의미와 다릅니다. 사용가치를 생산하든 아니든 자본에게 이윤을 창출, 또는 실현시키는 노동이며 모두 생산적 노동입니다.

만약 생산활동의 구체적 형태, 즉 노동의 구체적 유용성을 무시한다면 생산활동은 다만 인간의 노동력을 사용하는 행위에 지나지 않습니다. 컴퓨터와 책상은 서로 다른 형태의 생산 활동이긴 하지만, 두 가지 모두 인간의 두뇌, 근육, 신경, 손을 사용한다는 점에서 인간의 노동입니다. 이렇게 노동의 구체적 형태를 무시하고 단지 인간의 노동력이 들어가 있는 측면만을 고려할 수 있는데, 이런 노동을 추상적 인간 노동이라 합니다.

상품은 노동의 지출형태와는 전혀 관계가 없는 무차별한 인간 노동, 즉 추상적 인간 노동의 응고물입니다. 모든 상품에 공통적인 이 사회적 실체 즉 노동의 결정이 곧 가치입니다. 추상적 인간노동이 가치 실체입니다. 따라서 어떤 상품, 즉 어떤 사용가치가 가치를 가지고 있는 것은 단지 추상적인 인간노동이 그것에 대상화 혹은 물질화되어 있기 때문입니다. 그리고 가치 혹은 그 현상형태인 교환가치로서의 모든 상품은 동질의 서로 다른 양일 뿐이며, 거기에는 한 점의 사용가치도 포함되어 있지 않습니다.

노동의 이중성은 인간 노동의 특성에서 비롯된 것입니다. 인간은 노동을 할 때 한편으로는 노동의 소재를 제공하는 자연과 다른 한편으로는 사회 안의 다른 사람과 관계를 맺게 됩니다. 즉 인간의 노동은 두 가지 관계를 전제로 합니다. 이런 의미에서 인간의 노동은 사회적 노동입니다. 노동의 사회적 성격이 분업과 상품생산, 그리고 화폐 발전의 원동력입니다.

자본이 상품생산과 교환을 갖기 위해서는 질적으로 상이한 사용가치들을 생산하는 다양한 종류의 구체적 유용노동을 통제해야만 합니다. 이것이 없이는 자본주의적 생산이나 교환 그 어느 것도 발생하지 않을 것입니다. 이것은 사회 속에서 유용노동의 사회적 분할을 의미합니다. 자본은 우리가 추상노동의 기저에 놓여 있다고 본, 바로 그 노동의 순응성을 달성해야 합니다. 노동의 끊임없이 변하는 사회적 분업은 노동자들이 한 종류의 유용노동에서 다른 종류의 유용노동으로 자주 옮겨가야만 한다는 것을 의미합니다.

사용가치와 교환가치에서처럼 유용노동에서 노동계급 측면을, 그리고 추상노동에서 자본가 측면을 쉽게 볼 수 있습니다. 왜냐하면 유용노동은 노동계급이 필요로 하는 사용가치를 생산하고, 추상노동은 자본에게 가치와 잉여가치의 실체이기 때문입니다.

추상노동(가치)에 대한 자본의 집착이 자본가들로 하여금 추상노동의 동질성을 실현하기 위해 유용노동의 분할과 따라서 그 구조를 조형하도록 충동질한다는 것을 보게 됩니다. 이 때문에 자본 안에서 유용노동은 추상노동이 만들어지는 그 재료로 간주되어야 합니다. 상품형태를 통해 사람들에게 강제되며, 자본 안에서 가치의 실체를 구성하는 노동은 구체적 유용노동의 유동적 구조 안에서만 존재합니다. 유용노동을 사회통제의 수단으로서(분업을 통해서) 질적으로 확대할 뿐만 아니라 양적으로도 확대해 나가는 것이 추상노동의, 가치의 토대를 이룹니다.[6]

상품의 두 요소와 상품에 체현되어 있는 노동의 이중성을 살펴봅시다. 상품생산이 이루어지기 위해서는 사회적 분업이 반드시 필요합니다.
그러나 반대로 상품생산이 사회적 분업의 필요조건이 아닙니다. 사용가치의 창조자로서의 노동, 유용노동으로서의 노동은 사회형태와 무관한 인간생존의 조건이며, 인간과 자연 사이의 물질 대사, 따라서 인간생활 자체를 매개하는 영원한 자연적 필연성입니다. 생산성은 언제나 구체적 유용노동의 생산성을 의미합니다. 생산성의 변동에 따라 유용노동은 생산성 변동에 비례하여 생산물을 많거나 적게 생산합니다. 이와는 반대로 생산성의 변동은 가치로 표현되는 노동 그것에 전혀 영향을 미치지 않습니다. 따라서 동일한 시간에 수행되는 노동은 생산성의 변동과는 관계없이 항상 동일한 가치량을 생산합니다. 이런 일이 발생하는 것은 노동의 이중성 때문입니다.[7]

---

[6] 『자본을 어떻게 읽을 것인가』, 286~288쪽.
[7] 성두현, 『자본론』 읽기 ①: 상품의 두 요소와 상품에 체현되어 있는 노동의 이중성.
http://socialist.kr/reading-capital-3-the-fetishism-of-commodities/

가치, 추상적 인간노동이 상품생산사회에만 적용될 수 있는 역사적 개념, 범주라는 점입니다. 이 점은 사용가치, 구체적 유용노동이 모든 생산형태에 적용될 수 있는 개념인 것과 대조되는 점입니다.

자본주의의 상품형태에서 대립물의 대립과 투쟁이 일시적으로 어떻게 통일되는지를 단순한 도형 형태로 그려보면 다음과 같습니다.

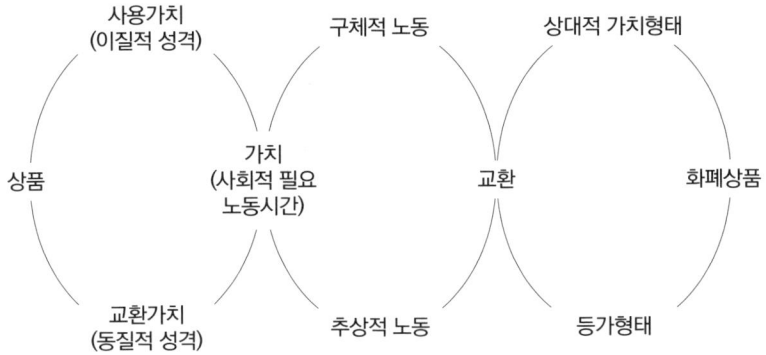

사용가치와 교환가치에서 시작한 다음(이중성) 가치란 단일한 개념에 도달합니다. 이 개념은 사회적 필요노동시간으로 이해되는 인간노동과 관련됩니다. 이 인간노동은 또 하나의 이중성, 즉 구체적 노동과 추상적 노동이 드러납니다. 노동의 이 두 가지 형태는 상품의 교환이라는 단일한 행위를 통해 다시 합쳐집니다. 그러나 이 교환의 계기를 살펴보면 상대적 가치형태와 등가형태라는 또 하나의 이중성이 드러납니다.

이 두 가치형태는 화폐라는 상품의 등장을 통해 다시 합쳐지는데 이 화폐는 모든 다른 상품에 대한 일반적 등가물로 기능합니다. 여기서 논의를 전개하는 하나의 모형은 대립을 통해 논의가 조금씩 전개되는 방식입니다. 이 대립은(화폐형태처럼) 모순을 지양하는 통일체로 합쳐지지만 그 모순은 다시 또 하나의 이중성을 만들어내는 구조로 이루어졌습니다. 이것은 사물을 설명해나가는 변증법적 방식입니다. 이 방식은 자본전체에 걸쳐 계속됩니다. 여기에는 종합의 마지막 계기가 존재하지 않고 단지 통일체의 일시적 계기만 존재하기 때문인데, 이 통일체는 그 내부에 또 다른 하나의 모순(이중성)을 안고 있습니다.[8]

제3절 상품의 가치 크기

상품의 가치 크기는 그것에 포함되어 있는 가치를 형성하는 실체인 노동량에 의해서 결정되고 측정됩니다. 노동의 양이라고 할 때 구체적인 유용노동이 아니라 무차별한 추상적 인간 노동입니다. 노동량은 노동시간에 의해서 측정되고, 노동시간은 시간, 하루 등을 기준으로 측정됩니다.

상품의 가치는 어떤 사회에서 그 상품에 생산하는 데 들어간 평균적인 노동시간 즉 사회적으로 필요한 노동시간에 의해 결정됩니다. 사회적으로 필요한 노동시간이란 그 사회의 정상적인 생산 조건과 평균 노동 숙련도, 평균 노동 강도 하에서 어떤 사용가치를 생산하는 데 걸리는 노동시간입니다.

예를 들어, 19세기에 영국에서 초과이윤을 얻을 목적으로 증기직기를 도입하여 일정량의 천을 짜는 데 필요노동이 절반으로 반감했습니다. 그러나 수공업공들은 여전히 종전과 같은 노동시간을 소비하였다. 이제는 수공업자의 개별노동이 1시간의 생산물은 1/2시간으로 계

---

[8] 데이비드 하비, 『맑스 자본 강의』, 강신준 옮김, 창비, 2011, 59쪽, 이하 이 저서에 대한 인용문은 『맑스 자본 강의』으로 약함.

산됩니다. 한동안 수공업이 평균적인 조건을 이룰 동안은 초과이윤을 누리다가 나중에는 평균적인 조건을 됩니다. 그때까지 수공업에 머물러 있는 곳에서는 열악한 노동조건에서 착취가 극대화됩니다.

노동시간은 노동생산성이 변할 때마다 변하게 되며, 이에 따라 상품의 가치도 변합니다. 한 사회에서 특정 상품의 가치가 달라지는 가장 큰 이유로 노동의 생산력입니다. 노동의 생산력은 여러 가지 사정에 의하여 규정되는데, 그중에서도 노동자들의 평균적 숙련도, 과학과 그 기술적 응용의 발전 정도, 생산과정의 사회적 조건, 생산수단의 규모와 능률에 의하여, 그리고 자연적 조건에 의하여 결정됩니다.[9]

노동생산성이 증가하면 어떤 상품의 생산에 필요한 노동시간은 감소하고 그만큼 그 가치는 감소합니다. 노동생산성이 낮으면 낮을수록 물품의 생산에 필요한 노동시간은 그만큼 커지고, 그 물품의 가치도 그만큼 커집니다. 이와 같이 상품의 가치는 그 상품에 실현되어 있는 노동량에 정비례하고 노동생산성에 반비례합니다. 손전화가 처음 나왔을 때보다 훨씬 싸집니다. 이는 생산력이 발전하여 노동의 양이 줄어들었기 때문입니다.

노동의 강도와 노동생산성이 많이 혼동하는 개념입니다. 둘 다 그것이 높아지면, 동일한 시간의 노동이 그만큼에 비례하여 그만큼 많은 사용가치 즉 상품을 생산한다는 점에서 동일합니다. 그러나 양자는 그 사용가치 즉 상품생산이 증대되는 원인도 그 상품 전체 또는 하나하나의 가치도 전적으로 다릅니다.

벽돌을 작년에 비해 새 기계로 10장에서 20장으로 찍어낸다면 이는 노동생산성에 의한 사용가치의 증대입니다. 동일한 시간에 2배의

---

[9] 칼 마르크스, 『자본론』, 손철성 풀어씀, 풀빛, 2008, 17~18쪽, 이하 이 저서에 대한 인용문은 『자본론』으로 약함.

벽돌을 생산하지만, 그 전체 가치는 작년과 마찬가지이고, 따라서 벽돌 하나하나의 금년 가치는 작년의 그것의 절반에 불과합니다.

그런데 벽돌 생산량이 2배로 증대한 원인 동일한 기계의 운전속도를 2배로 높였거나, 혹은 2대의 기계를 조작하게 하여, 같은 시간에 노동자가 2배나 많이 스위치나 레버를 조작해야 했기 때문이라면, 이는 외형적으로는 같은 노동시간이더라도 그 시간에 지출된 노동의 양은 2배로 증대되었기 때문입니다. 같은 시간에 노동의 지출량을 증대시키는 것, 이것이 노동강도의 강화입니다.

이 경우에는 외형상으로는 동일한 시간 노동을 했지만, 실제로는 같은 시간에 2배의 노동이 지출되었고, 그 생산물은 그렇게 증대된 양의 노동이 응고물이기 때문에, 같은 시간에 생산된 것이라도 그 생산물의 가치크기가 전에 비해서 2배이고, 각 단위 사용가치 즉 벽돌 하나하나의 가치는 이전의 그것과 동일합니다.[10]

단순한 평균적 노동 자체가 나라가 다르고 문화의 발전단계에 다르면 그 성격도 달라지지만, 일정한 사회에서는 이미 알려져 있습니다. 복잡노동[즉 숙련노동]은 그저 단순노동이 제곱된 것 또는 배가된 것으로 간주될 뿐입니다. 따라서 적은 양의 복잡노동은 더 많은 양의 단순노동과 같습니다.

상업노동자가 상품을 판매하는 노동은, 자본가에게 잉여가치 즉 이윤을 실현시켜주기 때문에 자본가적 입장에서 생산적인 노동이긴 하지만 그것이 가치를 생산하지 않습니다. 그러한 노동은 판매를 통해서 가치를 실현할 뿐, 사용가치를 생산하거나 그것을 유지·보존하는 유용노동이 아니기 때문입니다.

---

10 『노동자 교양 경제학』, 99~100쪽.

그에 비해서 상품의 유통과정에서 수행하지만, 상품의 사용가치를 증대시키거나 그것을 유지·보존하는 운송노동이나 보관노동은 상품의 가치를 창조·증대시킵니다. 높은 산에 음료수가 비싼 이유가 거기까지 지고 올라온 노동에 의해서 그 가치 자체가 증대되어 있는 것입니다.

이렇게 상품의 유통과정에서 수행되지만 그 상품의 가치를 증대시키는 상품의 운송·보관과정을 유통과정으로 연장된 생산과정이라 합니다.

노동의 이중성은 분업과 상품생산을 발전시킵니다.

자급자족인 사회의 노동은 자기에게 필요한 물건들을 생산하기 위해 노동을 합니다. 사람들은 오로지 각 노동의 구체적인 특성과, 그런 구체적인 노동의 결과로 생산될 물건들의 쓰임새에만 관심을 기울입니다. 여기서 가치 또는 추상노동은 전혀 나타나지 않습니다.

상품생산이 일반화한 현대사회에서는 구체적 노동이나 각 물건의 유용성에는 관심이 없습니다. 더 짧은 시간에 더 많은 상품을 만들어서 파는 데에만 관심을 기울입니다. 문제는 추상노동, 가치입니다. 내가 원하는 것은 시장에서 만나는 타인이 가지고 있는 상품입니다. 현대사회에서 사용가치는 타인의 물건에 있습니다. 추상노동은 인간의 사회적 관계로부터 발생하는 것입니다. 노동이 추상화하여 인간의 노동일반으로 환원될 수 있는 것은 사회적 관계 때문입니다. 상품의 가치는 순전히 사회적인 것이며 상품과 상품 사이의 사회적 관계에서만 나타날 수 있습니다. 노동의 이중성이란 인간의 생산활동이 사회적인 활동이기 때문에 나타납니다.

사회의 발전은 이런 사회적 노동의 성장과정이라고 할 수 있습니다. 사회적으로 관계를 맺은 사람들에게서 필요한 물건들을 주로 구합니다. 분업은 이와 같은 노동의 사회화, 또는 사회적 활동으로 바뀐 노동으로부터 발전합니다. 사람들은 저마다 잘 만들 수 있는 물건만 생산하고 그 밖의 필요한 물건들을 시장에서 구합니다. 분업의 발달이 시장, 산업, 도시의 발달로 이어집니다.

인간노동의 생산물은 생산자 또는 생산자와 직접 연관된 누군가가 직접 사용하거나 향유하기 위해서가 아니라 오직 시장에서 화폐와의 교환이라는 목적으로 생산되었을 때만 상품이 됩니다. 노동자가 자신에게 필요한 생필품을 자본가로부터 구입해야 한다는 것이 바로 상품 생산 사회에서 자본가가 노동자에게 갖는 권력의 원천이 됩니다.

한 사회가 교환가치에 의해 지배하기 위해서는 즉 상품생산이 지배적인 사회가 되기 위해서는 세 가지 역사적 전제 조건이 충족되어야 합니다.

첫째, 개별생산자 모두가 계속해서 한 가지 생산물(또는 생산물의 한 가지 부분)만 생산할 수 있을 만큼 생산의 전문화와 특화의 정도가 진보해야만 합니다. 둘째, 그러한 전문화 및 특화는 반드시 완벽한 사용가치와 교환가치의 분리를 필요로 합니다. 사람이 살아가려면 무수히 많은 사용가치를 소비해야만 합니다. 따라서 생산자는 자신의 생산물과 오로지 교환가치로서만 관계를 맺고, 자신에게 필요한 사용가치는 다른 생산자의 생산물로부터만 얻어야 합니다. 셋째, 상품 생산 사회는 광범위하고도 잘 발달된 시장을 가지고 있어야 하며, 이는 다시 모든 교환을 매개하는 보편적 가치 등가물로서 화폐의 사용이 속속들이 침투할 것을 요구합니다.

상품 생산 사회에서는 모든 생산자가 서로 고립된 채로 일합니다. 물론 한 생산자는 사회적으로나 경제적으로나 다른 생산자와 연결 또는 연관되어 있습니다. 생산자의 소비형태가 유지될 수 있으려면 무수히 많은 다른 생산자가 상품을 생산해야만 합니다. 이렇게 생산자 사이에는 구체적이고도 필수불가결한 사회적 관계가 존재합니다.

하지만 각각의 생산자는 오로지 시장에서의 판매를 위해서만 생산합니다. 생산자 스스로의 사회적 행동은 사물의 행동과 같은 형태를 띠며, 이러한 사물의 행동은 생산자 사이에 의해 지배되기는커녕 오히려 생산자를 지배합니다. 그리하여 생산자 사이에 존재하는 모든 사회적 관계는 각각의 생산자에게는 단순히 개인과 몰인격적이며 불가항력적인 사회 제도(즉 시장)의 관계로서 보입니다. 한 개인의 노동과 나머지 사람들의 노동을 연결시켜주는 관계는, 일하고 있는 개인 사회의 직접적인 사회적 관계로서가 아니라 사물 사이의 관계로서 보이게 됩니다. 이렇게 상품 생산 사회에서는 시장 교환이 성공적으로 작동하지 못하면 유용노동이 생산한 사용가치가 향유되고 소비될 수 없는 것입니다. 상품에서 나오는 모든 효용의 근원은 항상 유용노동이며, 교환이란 단지 상품생산사회가 위한 필수적 전제조건에 불과합니다.[11]

노동의 이중성은 분업의 발전과 더불어 두 가지 중요한 결과를 낳습니다.

첫째는 상품생산을 발전시켜서 사회 전체를 하나로 묶습니다. 자연과의 물질대사였던 노동은 급속하게 사회적인 노동으로 바뀝니다. 이제 상품은 사용가치는 사라지고 오히려 가치 그 자체가 상품생산의 목적이 됩니다. 그에 따라 인간의 노동 성격이 바뀝니다. 즉 사용가치를 생산하는 구체노동이 아니라 가치를 생산하는 추상노동이 목적이 됩니다.

둘째로, 분업화와 더불어 생산력이 발전하게 됩니다. 이전에는 개인의 능력에 의존하던 생산력이 이제는 사회적인 생산력으로 발전합

---

[11] 『E. K. 헌트의 경제사상사』, 448~450쪽.

니다. 그리고 각 개인의 생산성 향상 노력이 사회 전체의 생산력발전을 낳는 순환구조를 만들어집니다. 사회적 생산력의 발전이 끼치는 영향이 개인에 따라 다르기 때문입니다. 생산력이 발전할수록 저평가를 받은 개인이 얼마든지 생겨날 수 있습니다.[12]

노동의 추상적(동질적)인 측면과 구체적(이질적)인 측면이 단일한 노동행위 속에 하나로 합쳐져 있습니다.
공장의 한쪽에서 추상적인 노동이 만들어지고 다른 한쪽에서 구체적인 노동이 만들어지는 것이 아닙니다. 이 노동의 이중성은 하나의 노동과정(예를 들어 가치를 품는 셔츠를 만드는 과정) 속에 들어 있습니다. 이가 의미하는 바는 구체적 노동 없이는 셔츠의 가치도 형성되지 않으며, 더 나아가 셔츠가 신발, 사과, 오렌지 등과 교환되고 있지 않다면 우리는 가치가 무엇인지를 알 수 없다는 것입니다. 그러므로 구체적 노동과 추상적 노동 사이에는 하나의 관계가 존재합니다.
하나의 상품은 사용가치, 교환가치, 가치의 측면에서 볼 수 있습니다. 세 가지 측면에서 볼 수 있다는 말은 같은 원 그림을 사용가치면 사용가치 한 가지 색깔로만 칠해 보이는 것이고 교환가치면 교환가치 한 가지 색으로만 원을 그리는 것입니다. 그리고 교환가치와 가치의 구분은 두 개 상품이 서로 비교되고 교환될 때 성립하는 개념입니다. A는 2단위의 B와 같다는 것이 교환가치이고, 가치는 A 그 자체로서 교환가치를 가질 만한 이유가 있다는 뜻에서 내재적 존재로서의 가치입니다.[13]

---

12 한국철학사상연구회 기획, 『마르크스의 자본론』, 글 김성민, 그림 신명환, 삼성출판사, 2009, 49~51쪽, 이하 이 저서에 대한 인용문은 『마르크스의 자본론』으로 약함.
13 『맑스 자본 강의』, 64~65쪽.

전체적으로 상품교환과 화폐상품 간의 필연적인 관계, 그리고 이들 중 하나의 발전이 다른 하나의 발전에 결정적인 역할을 수행합니다. 상품의 가치대상성, 즉 가치로서의 상품은 어디에서 그것을 포착할 수 있을지 알 수 없습니다. 상품체의 대상성은 감각적으로 분명하게 포착되는 데 반해 가치로서의 상품에는 단 한 조각의 자연소재도 들어 있지 않습니다. 그래서 하나하나의 상품을 아무리 뒤집어보아도 그것을 가치물로서 포착해낼 수 없습니다. 그럼에도 상품은 그것이 인간노동이라는 동일한 사회적 단위의 표현일 때만 가치가 되며, 따라서 그 가치로서의 성격이 순전히 사회적인 것이라는 점을 상기한다면, 가치로서의 상품(가치대상성)은 오직 상품과 상품의 사회적 관계 속에서만 나타날 수 있다는 사실 또한 자명해집니다. 우리는 상품 속에 숨어 있는 가치를 추적하기 위해 상품의 교환가치 또는 교환관계에서 시작하였습니다.

  가치는 물적 존재가 아니면서도 대상적인 것이라는 사실입니다. 가치는 사회적 관계이며, 우리는 사회적 관계를 현실에서 직접 보거나 만지거나 느낄 수 없습니다. 그러나 그것은 분명 객관적 대상으로만 존재합니다. 가치는 일단 물적 존재가 아니기 때문에 그것을 대신 표현해줄 수단 없이는 존재할 수 없습니다. 그러므로 가치(즉 사회적 필요노동시간)가 교환관계를 규제하도록 만드는 것은 바로 화폐제도의 등장 덕분입니다. 인간노동은 감각적으로 알 수 있는 과정이지만 그 과정이 끝나고 나면 우리는 가치가 응결되어 있는 이 물적 존재(즉 상품)를 얻게 됩니다. 현실의 과정이 중요한 까닭은 바로 이 물적 존재가 가치를 지니고 있고 그것이 대상적 성질을 지니고 있습니다.

제1편 **상품과 화폐**

제2장_ 화폐 또는 상품유통

제1절 상품으로서의 화폐

교환가치가 가치의 필연적인 표현양식 또는 현상상태라는 말처럼, 가치형태는 가치가 사람들에게 나타나는 현상형태입니다. 일상생활에서 가치형태 또는 교환가치는 모든 상품의 가격을 지니고 있는 것으로 표현됩니다. 가격은 곧 화폐로 표시된 교환가치입니다.

화폐의 특수한 개념은 상품교환의 발달에 따른 가치형태의 발달을 분석하는 과정에서 자연스레 도출된 것이었습니다. 그것은 상대적 가치형태와 등가형태 사이의 대립에서는 불분명한 형태를 취하다가, 교환이 사회의 일반적 행위로 확대되면서 일반적 등가물의 형태로 발전했는데, 이 일반적 등가물은 감각적인 화폐상품의 형태를 취했고 이 화폐상품은(비록 사회적 필요노동시간이라는 가치의 원천을 은폐한 상태이긴 하지만) 가치를 나타냈습니다.

화폐는 단일한 개념이지만 거기에는 상품 속에 들어 있는 사용가치와 교환가치의 이중성을 반영하는 두 가지 기능이 내재되어 있습니다.

즉 한편으로 화폐는(금으로 표현되는) 가치의 척도, 즉 사회적 필요노동시간의 척도로서 기능합니다. 이 기능을 수행하는 데 있어 그것은 가치의(최대한) 정확하고 효율적인 척도를 제공할 수 있는 독특한 성질을 지녀야만 합니다. 다른 한편으로는 화폐는 교환이 원활히 (즉 혼란과 어려움을 최소화하면서) 확대되도록 해야 합니다. 이 과정에서 그것은 점차 증가하는 엄청난 양의 온갖 상품을 유통시키는 수단 (혹은 단순한 매개물)으로 기능합니다.

가치척도로서의 화폐와 유통수단으로서의 화폐를 서로 대비하고 있습니다. 그러나 최종적으로는 단 한 가지의 화폐만 존재합니다. 그리고 가치척도로서의 화폐와 유통수단으로서의 화폐 사이의 긴장은 (신용화폐의 형태로 존재하는) 또 다른 하나의 유통수단의 가능성 혹은 필연성에 의해 일부 해소됩니다. 화폐의 가능성이 교환과정으로부터 만들어지는 것과 같은 방식으로 자본의 가능성도 가치척도로서의 화폐와 유통수단으로서의 화폐로부터 도출됩니다.

상품의 두 요소인 사용가치와 가치는 상품이 현물형태와 가치형태란 이중적 형태를 지닌다는 점으로 나타납니다. 사용가치는 현물형태입니다. 상품의 가치는 가치형태로 나타납니다. 가치는 객관적으로 실재함에도 사람들 눈에 보이거나 손으로 만질 수 없습니다.[14]

가치는 오직 상품과 상품 사이의 사회적 관계에서만 나타날 수 있습니다.

가치의 현상형태인 가치형태에 대한 연구는 상품들의 교환관계에

---

[14] 『맑스 자본 강의』, 109~111쪽.

서 이루어져야 할 것입니다.

가치가 인간에게 나타나는 현상형태로서 가치형태는 어떻게 화폐형태로 발전하게 되는지, 즉 상품의 교환과정에서 필연적으로 화폐가 발생하는 메커니즘을 밝혀냅니다.

가치형태를 분석하는 목적이 화폐가 상품이란 것을 밝히는 데 있지 않다고 말합니다. 화폐분석의 어려움은 화폐가 상품이란 것을 이해하는 데 있는 것이 아니라 어떻게·왜·무엇에 의해 상품이 화폐로 되는가를 발견하는 데 있었기에 화폐형태의 발생 기원을 밝히기 위해 가치형태를 상세히 분석합니다. 가치형태의 가장 발달된 형태인 화폐형태의 발생기원을 밝히는 것입니다.

가치관계란 두 상품의 교환관계 즉 x양의 상품 A=y양의 상품 B를 말합니다. 두 상품 A, B는 서로 가치로서 관계하고 있다는 의미입니다. 상품들의 가치관계 속에 포함된 가치표현이 그 가장 단순한 형태로부터 어떻게 발전해 화폐형태(예 아마포=100원)가 되는지 추적해야 합니다. 가치형태는 교환과정에서 단순한 가치형태로부터 전체적인 가치형태로, 그리고 일반적 가치형태를 거쳐 화폐형태로 발전합니다.[15]

사용가치가 상품이라는 신체적 형태 속에서 표현과 실존을 얻듯이, 가치도 화폐라는 형태 속에서 독립적 표현과 실체를 어떻게 얻게 되는지를 보여 줍니다.

---

[15] 박승호, 『자본론 함께 읽기』, 한울, 2016, 172~175쪽, 이하 이 저서에 대한 인용문은 『자본론 함께 읽기』으로 약함.

제2절 화폐의 성립-상품의 가치형태 혹은 교환가치의 발전

1. 단순한(개별적인 또는 우연적인) 가치형태

x양의 상품 A = y양의 상품 B
아마포 20미터 = 저고리 1개

20미터의 아마포는 1개의 저고리와 가치가 같다는 의미입니다.

역사적으로 단순한 가치형태는 노동생산물이 우연적인 때때로의 교환행위에 의해 상품으로 전환되는 교환의 초기 단계에서 나타납니다. 상품교환은 공동체 간 접촉에서 처음 발생합니다. 그리고 공동체 간의 상품교환이 일정하게 이루어진 이후 공동체 내부에서도 잉여생산물과 사적 소유의 발생 등에 따라 상품교환이 이루어지게 됩니다.

종류가 서로 다른 두 상품 A와 B는 이 등식에서 서로 다른 역할을 합니다. 아마포는 자신의 가치를 저고리를 통해 표현하며, 반면에 저고리는 이런 가치 표현의 재료가 됩니다. 상품 A(아마포)가 자신의 가치를 적극적으로, 상품 B(저고리)라는 다른 사용가치를 통해서 상대적으로 표현하고 있고, 상품 B(저고리)는 상품 A(아마포)의 등가물의 역할을 합니다. 여기에서 아마포는 자신의 가치를 다른 상품인 저고리를 통해서 상대적으로 표현하기 때문에 상대적 가치형태를 취합니다. 반면에 저고리는 등가물(等價物), 즉 동등한 가치를 지닌 물건으로 기능하기 때문에 등가형태를 취합니다. 상품 A는 그 가치가 표현되는 역할을 하는 반면, 상품 B(의 물체적 사용가치)는 A의 가치발현의 현상형태를 제공하는 역할을 합니다. 교환가치가 가치형태인 이유가 바로 이것입니다.

상품 A는 상품 B에서 그 가치의 표상을 갖습니다. 그것의 가치가 독립적 표현을 달성합니다. 그러나 가치는 노동입니다. 두 상품 사이의 이러한 관계는 필연적으로 그것들 속에 포함된 노동 사이의 관계를 나타낸다고 지적합니다.

우리가 (그것들을 특수한 상품들로 생산한) 유용노동으로부터 분리된 추상노동을 볼 수 있는 것은 이 두 노동 생산물의 등식을 통해서입니다. 언뜻 파편화된 것으로 보이는 상품들의 교환관계가 그 세계를 낳은 자본과 노동 저변의 사회적 관계를 어떻게 표현하는가 하는 것입니다. 교환등식은 노동계급과의 투쟁 속에서 자본의 사회적 분할과 노동의 이동에 의해 완수되는 다양한 유용노동의 추상노동으로의 환원을 표현합니다.

등가형태의 상품은 그것의 물형적 형태, 그것의 사용가치를 통해 다른 상품의 상대적 가치를 표현하는 상품입니다. B가 A의 가치를 표현한다고 말할 때 그것은 반영이라고 말하는 매개관계에 대해 말하고 있는 것입니다. 이 관계에서 상품 A는 다른 상품을 통해 그 자신의 한 측면(가치)과 관련을 맺습니다. 이것은 사람들이 거울을 통해 자신의 모습을 알게 되는 것이나 자신의 인격에 대한 다른 사람들의 평판을 통해 자신의 인격을 알게 되는 것과 다소 비슷합니다. 가치가 그런 거울 역할을 하기 위해서는 [상품 B를 생산하는] 저고리 노동은 일반적으로 인간노동이라는 그 자체의 추상적 질 이외의 어느 것도 반영해서는 안 됩니다.[16]

아마포와 저고리처럼 서로 다른 두 상품이 이렇게 등치되거나 교환될 수 있는 것은 두 상품이 같은 단위로 환원될 수 있기 때문입니다. 즉 두 상품이 같은 성질로 물건으로 환원될 수 있기 때문에 서로의 양

---

[16] 『자본을 어떻게 읽을 것인가』, 310~312쪽.

을 비교할 수 있는 것입니다. 두 상품에는 공통으로 인간노동의 일반이 들어 있습니다. 따라서 두 상품의 가치는 노동량을 기준으로 서로 비교될 수 있습니다. 20미터의 아마포와 1개의 저고리는 같은 노동량이 포함되어 있기 때문에 서로 교환될 수 있는 것입니다.[17]

가치형태에서 아마포는 사용가치로서의 아마포 그것으로서 인정되고 있고, 저고리는 사용가치로서가 아니라 아마포의 가치를 표현하는 재료, 즉 그 등가형태, 그 가치로서 인정되고 있는 것입니다.

상품은 가치와 사용가치의 대립물의 통일물이라는 자신의 내적 속성을 상대적 가치형태와 등가형태, 외적으로 표현함으로써 비로소 운동 즉 유통의 가능성을 획득하게 됩니다. 전체적으로 그것들은 상호의존적이며 분리 불가능합니다. A는 B라는 등가형태를 갖지 못한다면 상대형태를 가질 수 없고 그 역도 마찬가지입니다. 두 개의 대립된 관점과 세력이 하나의 모순적 전체 속에서 통일됩니다. 이것은, 시장에서 나온 상품이 노동계급의 노동력인 경우 분명합니다. 노동력이 자본에 팔릴 때 그것은 상대형태를 갖습니다. 그리고 임금 또는 다른 소득으로 받은 가치는 등가형태를 갖습니다.

노동생산물이 상품으로 되는 것은 노동생산력의 역사적 발전단계에 따른 것인데, 노동생산물의 상품화는 단순하고, 개별적이며, 우연적인 형태로부터 점차 복잡하고, 전면적인 형태로 발전하는 것입니다.

가령 아마포, 저고리 안에 각각 사용가치와 가치의 내적 대립이 있는데 이것이 아마포는 사용가치로만 간주되고 저고리는 교환가치로만 간주되는 외적 대립을 통해 나타난다는 것입니다. 상품 내에 숨어 있는 내적 대립이 필연적으로 외적 대립을 통해 나타날 수밖에 없습

---

[17] 『자본론』, 32쪽.

니다.

상대적 가치형태와 등가형태에 대해서 대립물의 통일과 투쟁이라는 변증법을 적용할 수 있습니다.

상대적 가치형태와 등가형태는 상호 의존하고 상호 제약하는 불가분의 계기들이지만, 그와 동시에 상호 배제하는 또는 상호 대립하는 극단들[즉 가치표현의 극]입니다. 이 두 극은 가치표현에 의해 상호관련 맺은 상이한 상품들이 맡습니다.

예를 들면 아마포의 가치는 아마포로 표현할 수 없고 다른 상품으로만 표현할 수 있습니다. 위 등식에서 아마포의 상대적 가치형태는 저고리가 등가형태로 아마포와 대면하고 있다는 것을 전제합니다. 다른 한편 동일한 상품은 동일한 가치표현에서는 두 형태를 취할 수 없습니다. 두 형태는 정반대의 것으로 서로 배제합니다.

등가형태를 고찰할 때 눈에 띄는 특징은 등가형태로 있는 저고리의 사용가치가 자기의 대립물인 가치의 현상형태로 된다는 점입니다. 저고리의 현물형태가 가치관계 속에서 가치형태가 되는 것입니다. 즉, 저고리가 아마포와의 가치관계에서 자신의 현물형태 자체로 아마포의 가치를 표현하는 형태, 가치형태가 되는 것입니다. 등가형태의 다음의 특징은 구체적 노동이 그 대립물인 추상적 인간노동의 현상형태가 된다는 점입니다. 마지막 특징은 사적 노동이 그 대립물의 형태 [즉, 직접적으로 사회적인 형태의 노동]로 된다는 점입니다.[18]

---

[18] 성두현, 『자본론』 읽기 ②: 가치형태 또는 교환가치
http://socialist.kr/reading-capital-3-the-fetishism-of-commodities/

2. 전체적인 또는 전개된 가치형태

   20미터의 아마포(nA) = 1개의 저고리(yB)
   〃 = 10그램의 차(wC)
   〃 = 쌀 한 말 (zD)
   〃 = 구두 2켤레(xE)
   〃 = 기타 등

여기서 한 상품의 가치는 상품 세계의 수많은 다른 상품들로 표현합니다. 이 형태는 등식의 수가 단지 상품의 수에 의해서만 제한되며 상품의 수는 자본에 의해 끊임없이 증대되고 있다는 의미에서 무한합니다. 이 무한성은 자본의 가장 기본적인 특성의 하나, 즉 무한에의 모색을 추구합니다. 자본은 끊임없이 자신을 확대하기 위해 무한한 성장을 추구하는 경향이 있습니다. 아마포는 저고리, 차, 쌀, 구두 등을 통해 자신의 가치를 표현합니다. 저고리, 차, 쌀, 구두 등의 상품은 아마포의 가치표현에서는 등가물로서 역할을 합니다. 이 상품들 각각의 특정한 현물형태는 다른 많은 상품과 나란히 하나의 특수한 등가형태입니다. 아마포는 이제 상품세계 전체와 사회적 관계를 맺습니다. 상품으로서 아마포는 상품세계의 한 시민이 됩니다. 따라서 두 개별적 상품 소유자 사이의 우연적 관계는 사라집니다. 한 상품은 다른 상품 모든 상품과 교환됨으로써 즉 모든 상품과 가치관계를 맺음으로써 가치 자체가 참으로 무차별적 인간노동의 응고물로 나타납니다. 아마포의 가치를 형성하는 노동은 이제야 다른 어떤 인간노동과도 동일한 노동으로 아주 뚜렷하게 표현되기 때문입니다.

한 상품이 모든 상품과 서로 다른 교환비율로 교환될 때 그 교환비율을 규제하는 내재적 척도가 존재함을 드러냄으로써, 상품의 가치량이 상품의 교환에서 상품에 내재하는 가치량이 서로 다른 상품들과 교환비율을 결정한다는 사실이 분명하게 드러납니다.

앞의 예에서 아마포와 저고리의 직접 교환이 이루어지지 않습니다. 따라서 교환과정에 들어오는 상품의 수와 다양성이 증가함에 따라 상품의 사용가치나 상품 소유자의 개별적 필요와 무관한 가치형태의 필요성이 커집니다.

이 가치형태는 결함을 갖고 있습니다.

첫 번째는 상품의 상대적 표현이 미완성이라는 점입니다. 우변의 상품 시리즈는 끝나는 일이 없습니다. 두 번째는 이 사슬은 조각조각 끊어진 잡다한 가치표현의 다채로운 모자이크를 이룬다는 점입니다. 세 번째는 만약 각 상품의 상대적 가치가 이 전개된 형태로 표현된다면, 상품들의 상대적 가치형태는 서로 상이한 무한의 가치 표현으로 된다는 점입니다. 따라서 보편성을 분명히 드러내 줄, 어떤 공통된 가치표상도 존재하지 않습니다. 전개된 가치형태는 어떤 특수한 노동생산물[예컨대 소금]이 예외적이 아니라 관습적으로 각종 상품들과 교환될 때에 비로소 실제로 나타납니다.[19]

각각의 상품이 A안에서 보편적 추상노동의 단일한 표상을 공통된 가치 표현으로 서로 연결하는지를 봅시다.

단편의 경우 문제는 nA = yB, nA = wC 등에서 B와 C가 무관하고 우리가 A가 가치를 나타내기 위한 독특하거나 공통적인 표현을 갖고 있지 않다는 것입니다. 미완결성의 경우의 문제는 이러한 형태에서 새로운 한 상품의 추가가 가치의 표현을 변화시킨다는 것입니다. 자

---

[19] 성두현, 『자본론』 읽기 ②: 가치형태 또는 교환가치
http://socialist.kr/reading-capital-3-the-fetishism-of-commodities/

본이 성장하는 한 늘 새로운 상품들이 추가될 것이기 때문에, 상품들의 목록은 늘 미완결 상태일 것이며 보편적 추상노동의 단일한 표상은 불가능합니다.

해결은 이미 형태 속에 있습니다. 만약 A가 B, C, D 등과 교환되고 후자의 상품들이 전자의 가치를 표현한다면 B, C, D 등이 A와 교환되고 있다는 것도 사실입니다. 결과적으로 등가물로 간주된 A는 B, C, D 등의 가치를 표현합니다. 모든 상품들의 가치에 대한 공통적 표현인 nA를 얻습니다. 우리는 지금도 무한한 목록을 갖고 있습니다. 그러나 그 목록은 더 이상 단편적이지 않습니다. 왜냐하면 각각의 상품이 A안에서 공통된 가치표현을 통해 서로 연결되기 때문입니다.[20]

전체적인 가치형태의 결함 또는 물물교환에서의 곤경은 상품 소유자들의 사회적 행위에 의해 일반적 가치형태가 발전됨으로써 해결됩니다. 제3의 한 상품이 여타 모든 상품의 일반적 등가물이 될 경우 문제가 해결되는 것입니다.

전체적 또는 전개된 가치형태의 좌우변을 뒤바꾸면 다음의 형태가 나옵니다.

3. 일반적 가치형태

저고리 1개 = 아마포 20미터
차 10그램 = 〃
쌀 한 말 = 〃
기타 등등 = 〃

---

[20] 『자본을 어떻게 읽을 것인가』, 322~324쪽.

아마포를 제외한 모든 상품(저고리, 차, 쌀 등)이 아마포를 일반적 등가물로 삼으며 자신들의 가치를 아마포의 사용가치로 표현할 경우 교환과정(물물교환)의 모순이 해결됩니다. 여러 가지 상품들은 이제 자신들의 가치를 다음과 같이 표현합니다. 1) 단순하게 표현합니다. 왜냐하면 단 하나의 상품으로 자신들의 가치를 표현하기 때문입니다. 2) 통일적으로 표현합니다. 왜냐하면 같은 상품으로 자신들의 가치를 표현하기 때문입니다. 상품들의 가치형태는 단순하며 공통적이며, 따라서 일반적입니다. 어떤 주어진 상품의 상대형태는 그것이 동시에 모든 다른 상품들 가치의 상대형태이기 때문에 보편적입니다. 즉 모든 상품들의 상대 가치는 동일한 방식으로 동일한 등가물 속에서 표현됩니다. 등가 형태는 보편적입니다. 왜냐하면 그 등가물이 모든 상품들의 가치가 나타나는 유일한 형태가 되었기 때문입니다. 이렇게 여러 상품들이 하나의 상품을 통해 자신들의 가치를 표현하는 것을 일반적 가치형태라고 합니다.

일반적인 상대적 가치형태는 상품세계로부터 제외된 등가물 상품인 아마포에 일반적 등가물의 성격을 부여합니다. 일반적인 가치형태는 오로지 상품세계 전체의 공동사업으로만 생길 수 있을 뿐입니다. 아마포의 현물형태는 모든 상품들의 가치가 공통적으로 취하는 형태이며, 따라서 다른 모든 상품과 직접 교환될 수 있습니다. 아마포의 현물형태는 온갖 인간노동의 눈에 보이는 화신으로 간주됩니다. 직포[아마포를 생산하는 사적 노동]은 일반적인 사회적 형태를 획득합니다.[21]

아마포에 들어 있는 직포 노동은 저고리나 차, 쌀 등에 들어 있는 다른 형태의 노동과 동등한 것으로 여겨집니다. 여기에서 현실적 노동은 모든 구체적 형태와 유용한 속성이 무시된 채 모든 종류의 현실적

---

21 성두현, 『자본론』 읽기 ②: 가치형태 또는 교환가치
    http://socialist.kr/reading-capital-3-the-fetishism-of-commodities/

노동은 인간 노동 일반, 즉 추상적 노동으로 환원됩니다.

가치형태에서 상대적 가치형태와 등가형태는 대립물의 통일과 투쟁의 관계에 있기 때문에 상대적 가치형태의 발전 정도와 등가형태의 발전 정도는 서로 대응합니다.

그러나 두 형태 중 능동적인 역할은 상대적 가치형태가 한다는 점입니다. 등가형태의 발전은 상대적 가치형태의 발전의 표현이며 결과에 지나지 않습니다. 그러나 가치형태 그 자체가 발전함에 따라 가치형태의 두 극[즉, 상대적 가치형태와 등가형태] 사이의 대립도 발전합니다.[22]

보편적 등가물이 다른 상품들과 직접 교환될 수 있는 성격을 획득했다는 사실에 의해서, 다른 모든 것들은 그 질, 즉 직접 교환가능성을 잃게 됩니다. 그것들은 더 이상 서로 직접 교환될 수 없으며 먼저 그 보편적 등가물과 교환되어야 합니다.

모든 상품들은 가치의 양들로서 자기 자신을 동일한 하나의 상품에 반사시킴으로써 그들 자신을 가치의 양들로서 서로 반영합니다. 상품 사회의 상호관계는 보편적 등가물에 의해 매개됩니다. 이제 등가물은 이중적으로 매개자입니다. 각 상품가치를 표현하는 매개자이고, 다음은 각 상품을 가치로서 다른 상품과 관계 맺는 매개자입니다.

$$nA = yB$$
$$\prime\prime = wC$$

yB와 wC의 관계가 nA에 대한 그들의 상호적 관계에 의해 어떻게

---

[22] 성두현, 『자본론』 읽기 ②: 가치형태 또는 교환가치
http://socialist.kr/reading-capital-3-the-fetishism-of-commodities/

매개되는지를 봅시다.

$$yB - nA - wC$$

보편적 매개자가 하는 것은 각각의 개별 상품의 가치가 특수한 성격을, 그것들을 통일시키는 보편적 등가물은 각각의 매체를 보편적 가치관계 속으로 명시적으로 병합합니다. 일반형태가 어떻게 일련의 이질적 요소들을 하나의 총체 속으로 통일시키는가를 알 수 있습니다. 일련의 상품 등식들은 계속 증가하고 잠재적으로 무한합니다.

일반형태에서 나타난 새로운 매개형태, 즉 상품(그리고 자본) 세계의 모든 요소들의 상호연관을 보장하는 이 매개는 자본이 자신의 통제를 조직하는 방식에 근본적입니다. 모든 요소들 사이에서 보편적 등가의 매개는 분명히 사회 공장의 모든 관계를 매개하려는 자본의 경향을 표현합니다. 자본은 도처에서 간섭합니다. 화폐를 가지고 상품생산자들 사이에 (C-M-C), 임금과 법을 가지고 경영자와 노동자 사이에, 학교를 가지고 부모와 자녀 사이에, 결혼과 피임기구를 가지고 남자와 여자 사이에, 흑인을 가지고 자본 자신과 백인 사이에 끼어듭니다.[23]

4. 화폐형태

저고리 1개 = 2온스의 금
차 10그램 = 〃
쌀 한 말 = 〃
기타 등등 = 〃

---

[23] 『자본을 어떻게 읽을 것인가』 327~328쪽

어떤 특정 상품이 일반적 등가물이 되는 것은 다른 모든 상품이 그것을 일반적인 상대적 가치형태에서 배제하기 때문이고, 또 그렇게 배제되는 한에서만 그것은 일반적 등가물입니다. 이런 배제가 역사적·최종적으로 하나의 특정한 상품 종류에 고착된 순간부터, 상품세계의 단일한 상대적 가치형태는 객관적인 고정성과 사회적 타당성을 획득했습니다. 이 상품을 화폐상품이라고 합니다. 이런 가치형태를 화폐형태라고 합니다.

역사적 전개과정에서 그러한 특권적 지위를 차지한 것이 금입니다. 일반적 가치형태에서 일반적 등가물로 기능하던 아마포의 자리에 금이 들어서게 된 것입니다. 다른 상품들과 직접 교환될 수 있는 일반적 등가물의 자리가 사회적 관습에 의해 금이라는 상품에 의해 독점되었다는 점이 다를 뿐입니다. 상품 생산과 교환의 발전은 필연적으로 화폐형태라는 가치형태를 가져옵니다.

화폐형태는 자본처럼, 모순적이고 반사적이며 총체화하고 무한하며 매개적입니다.

화폐형태의 한 계기로서 화폐는 자본의 일부이며 따라서 자본입니다. 만약 자본이 가장 기본적으로 상품형태의 사회관계라면, 화폐는 상품형태 자체의 정수(精髓) 표현입니다.

화폐는 노동력과의 모순적 통일 속에서 등가물로 나섭니다. 그것은 다른 모든 상품과도 같은 관계를 형성합니다. 그렇게 함으로써 그것은 그 상품들의 가치로서의, 자본의 일부로서의 성격을 그것들에게 보여줍니다. 무한히 팽창하려는 자본의 경향은 부분적으로 사회관계를 화폐관계로 바꾸려는, 즉 모든 사용가치를(화폐와 등치시킴으로써) 가치로 전환하려는 경향입니다. 화폐는 세상의 새로운 요소를 자본에 통합시켜 나가는 마술지팡이가 됩니다.

하나의 대상에 화폐와 등치시키는 것은 그것에 가격을 부여하는 것입니다. 따라서 가격형태는 화폐형태의 하위형태입니다. 여기서는 어떠한 yB=n금 입니다. 그러나 가격형태는 결코 독립적이지 않습니다. 그것은 화폐형태의 부분입니다. 일정한 양의 화폐와 등치되는 상품, 즉 가격이 부여되는 상품은 즉각적으로 자본의 전체 세계에 결합됩니다. 어떻게 가격을 매김으로써 어떤 종류의 유용노동에 의해 생산된 이 사용가치는 자본의 통제의 저 보편적 도구인 노동의 한 특수한 생산물이라는 것이 확인됩니다. 하나의 물건을 화폐와 등치시킨다는 것은 그것을 모든 다른 상품과 등치시키는 것이며, 그것은 곧 그 물건을 생산하는 노동을 다른 모든 노동과 동등하게 만든다는 것, 즉 그 추상성을 확인하는 것입니다. 화폐는 그 상품에게 그것이 추상노동의 산물, 즉 가치임을 보여 줍니다. 화폐는 모든 상품들을 노동생산물로서 동등화시킬 뿐만 아니라 또한 자본의 이 모든 다른 요소들 사이에서 보편적 매개자로 놓입니다.[24]

어떤 상품의 가치를 금과 같은 화폐형태로 표현하게 되면, 그것은 가격형태가 됩니다. 예를 들어 아마포의 가격형태는 다음과 같습니다.

  20미터의 아마포=2온스의 금

여기서 만약 2온스의 금의 주화 명칭이 2원이라면 가격형태는 다음과 같습니다.

  20미터의 아마포=2원

---

24 『자본을 어떻게 읽을 것인가』 334~336쪽

화폐는 종류가 다른 노동생산물이 실제로 서로 동등시되고, 따라서 상품으로 전환되는 교환과정의 필연적인 산물입니다.

교환현상의 역사적 확대와 심화는 상품의 성질 속에 잠자고 있는 사용가치와 가치 사이의 대립을 발달시킵니다. 원활한 상거래를 위해 이 대립을 외부로 표현하려는 욕구는 독립적인 가치형태를 만들려는 충동을 낳게 되는데, 이 충동은 상품이 상품과 화폐로 분화됨으로써 하나의 독립적 가치형태를 얻을 때까지 중지하는 일이 없습니다. 따라서 노동생산물이 상품으로 전환되는 것에 발맞추어 특정상품이 화폐로 전환됩니다.[25]

화폐는 자본을 위한 매개자로 나타나 노동에 대한 자본의 통제를, 공장 안팎의 비임금 노동을 은폐합니다. 그것은 노동계급이 획득한 가치 혹은 부의 양을 통제하는 도구입니다. 노동계급의 힘이 화폐임금에 대한 자본의 직접적 조작을 저지할 수 있을 정도로(즉 임금하락을 없앨 수 있을 정도로) 커질 때, 자본은 인플레이션을 통해 가치관계를 변화시킴으로써 화폐를 간접적으로 이용하려 듭니다. 이것은 노동계급의 임금을 우회적으로 공격하는 것입니다.

5. 화폐의 기능(1)

가치척도의 기능

금의 첫째 기능은 상품세계에 그 가치표현의 재료를 제공한다는 점입니다. 상품들 가치를 동일한 명칭의 크기로써 표현합니다. 그리하여 금은 가치의 일반적 척도로서 기능하는데, 오직 이 기능에 의해서만 특수한 등가상품 금은 화폐가 되는 것입니다.

---

[25] 성두현 『자본론』 읽기 ②: 가치형태 또는 교환가치
http://socialist.kr/reading-capital-3-the-fetishism-of-commodities/

화폐 때문에 상품들이 같은 단위로 측정될 수 있는 것이 아니라 그 반대입니다. 모든 상품이 가치로서는 대상화된 인간노동이고 따라서 그 자체가 같은 단위로 측정될 수 있기 때문에, 모든 상품의 가치는 한 개의 특수한 상품에 의해 공동으로 측정될 수 있으며, 또 그렇게 함으로써 이 특수한 하나의 상품이 자기들의 공통적인 가치척도 즉 화폐로 전환될 수 있는 것입니다. 가치척도로서의 화폐는 상품들에 존재하는 노동시간의 필연적인 현상형태입니다.[26]

한 상품의 가치를 금으로 표현하는 것은 그 상품의 화폐형태 즉 그 상품의 가격입니다. 이제 철의 가치를 사회적으로 통용되는 형태로 표시하기 위해서는 1톤의 철=2온스의 금이란 단 한 개의 등식으로도 충분합니다. 왜냐하면 등가상품인 금은 이미 화폐의 성격을 갖고 있기 때문입니다.

상품의 가격 또는 화폐형태는 순전히 관념적인 또는 개념적인 형태입니다.

상품의 가격 또는 화폐형태는 손으로 붙잡을 수 있는 현실적인 현물형태와 구별되며, 순전히 관념적인 또는 개념적인 형태입니다. 쇠, 아마포, 밀 등의 가치는 비록 보이지 않지만 이 물건들 자체 내에 존재합니다. 이 가치는 이 물건들과 금과의 동등성에 의해, 즉 이 물건들의 머릿속에만 있을 뿐 금과의 관계에 의해 표현됩니다. 그러므로 상품의 보호자가 상품의 가격을 외부세계에 전하기 위해서는 상품의 가격을 말하든가 또는 상품의 정가표를 매달아 주든가 해야 합니다. 금에 의한 상품가치의 표현은 순순히 관념적인 행위이므로, 이 기능을 위해서는 단순히 상상적인, 관념적인 금을 사용할 수도 있습니다. 상품

---

[26] K. 마르크스, 『자본론 I [상]』, 김수행 옮김, 비봉출판사, 1996, 118쪽, 이하 이 저서에 대한 인용문은 『자본론 I [상]』으로 약함.

소유자라면 누구나 알고 있듯이, 그가 자기 상품의 가치에 가격이라는 형태를 부여하더라도 아직은 자기의 상품을 금으로 전환시킨 것은 결코 아닙니다.

또 그가 몇 백만의 상품가치를 금으로 평가하는 데도 현실적인 금은 한 조각도 필요하지 않습니다. 그러므로 화폐는 가치척도의 기능에서는 다만 상상적인 또는 관념적인 화폐로서만 역할합니다. 상상적인 뿐인 화폐가 가치척도의 기능을 수행한다고 할지라도 가격은 전적으로 실제의 화폐재료에 달려 있습니다. 예를 들면 1톤의 쇠에 포함되어 있는 인간노동량 즉 가치는 그것과 동일한 양의 노동을 포함하고 있는 상상 속의 화폐 상품량으로 표현됩니다.[27] 가치척도의 기능에서 화폐는 계산화폐인 것입니다. 상품에 가격을 부여하기 위해서는 상상적인 금을 상품에 등치하면 되지만, 상품이 그 소유자에게 일반적 등가물의 기능하기 위해서는 실제로 금으로 대체되어야만 합니다.

가격은 금으로 표현되는 한 상품의 교환가치입니다. 즉, 한 상품의 가치가 화폐상품(금)과의 교환비율이라는 현상형태로 나타난 것입니다. 그런데 이 교환비율은 이 상품의 가치량을 표현할 수 있음과 동시에, 가령 수요와 공급의 변동에 따라 그 상품이 더 많은 또는 더 적은 화폐량과 교환될 수 있다는 것도 표현할 수 있습니다. 가격과 가치가 양적으로 불일치하거나 가치 크기로부터 가격이 괴리될 가능성이 존재하고, 이 가능성은 가격형태 그 자체에 내재하는 것입니다.

예를 들어 쌀 한 말에 들어간 노동의 가치가 2온스의 금으로 표현된다고 합시다. 여기서 2온스의 금은 쌀 한 말이 지닌 가치를 화폐로 즉 가격으로 표현한 것입니다. 만약 시장에서 쌀에 대한 수요와 공급의 변동과 같은 어떤 사정이 생겨서 쌀 한 말에 대한 가격이 3온스로 올

---

27 『자본론 I [상]』, 120~121쪽.

라가거나 또는 1온스로 내려간다고 합시다. 이 경우 3온스나 1온스라는 가격은 쌀 한 말의 가치를 표현하기에는 너무 높거나 너무 낮습니다. 따라서 어떤 상품의 가격과 가치 사이에 간격이 발생할 수도 있습니다.

이것은 가격형태의 결함이 아니며, 오히려 가격형태를 어느 특정한 생산양식[즉 불규칙이 맹목적으로 작용하여 평균을 만들어내는 그런 형태로만 규칙이 관철되는 생산양식]에 적합한 형태를 만들어줍니다. 어떤 특정 일자에 현실적으로 결정되는 평균가격은 그 상품을 원하는 사람의 수와 그 상품을 팔려고 시장에 나오는 사람의 수에 따라 결정될 것입니다. 이렇게 실현된 평균가격은 수요와 고급 조건의 변동에 따라 함께 변동할 것입니다.

이 균형가격(고전경제학이 자연가격이라고 부르는 것)은 수요와 공급이 균형에 도달했을 때 획득되는 가격입니다. 이 균형점에 대해 수요와 공급은 아무것도 설명해주지 않습니다. 수요와 공급은 왜 셔츠 한 벌이 평균적으로 한 켤레의 신발보다 가격이 낮은지, 셔츠와 신발 사이에 존재하는 평균적인 가격 차이가 도대체 무엇인지를 전혀 설명해주지 않습니다. 이 평균적인 가격 차이가 바로 가치(즉 서로 다른 상품들 속에 들어 있는 사회적 평균노동시간)를 반영합니다. 우리가 상품에 화폐명칭을 부여하고 가치척도를 이 관념적인 형태(즉 가격형태)로 바꾸는 행동은 가격변동을 통해 시장이 균형상태로 수렴하도록 만들어주고 이를 통해 가치의 현상형태가 균형가격에 보다 가까워지도록 만들어줍니다. 가격변동이 이루어내는 것은 가격을 그 상품의 생산에 필요한 사회적 평균노동으로 수렴시키는 것입니다. 상품의 가격이 결정되는 배후에는 그 상품에 들어간 노동량 즉 가치가 있습니다.

우리가 어떤 것에 가격표를 붙일 수 있다는 말은 우리가 원칙적으로 모든 것에 대해(즉 양심이나 명예는 물론 신체의 일부나 자녀들에 대해서도) 가격표를 붙일 수 있다는 것을 의미합니다. 우리는 토지 같은 자연자원이나 폭포의 경관 같은 것에 대해 가격표를 붙일 수 있으며 토지가격의 변동을 노리고 투기를 할 수도 있습니다. 가격체계는 양적인 불일치는 물론 질적인 불일치를 만들어내는 이 모든 차원에서 작동할 수 있습니다.

균형가격은 단지 하나의 현상형태, 즉 화폐로 응결된 가치를 제어하는 사회적 필요노동시간의 현상형태일 뿐입니다. 그리고 바로 이 가치가 시장가격이 현실에서 변동하는 기준을 이루는 것입니다. 시장가격은 끊임없이, 그리고 반드시 가치로부터 벗어납니다. 만일 그것이 그렇게 되지 않는다면 시장이 균형상태로 회복될 수 있는 방법은 없습니다.[28]

만일 가격이 가치와 무관하게 모든 것에 대해 부과될 수 있다면, 어디에서나 항상 양적으로 변동할 수 있다면 노동가치론은 불필요한 것일까?

물적 토대의 개념은 이런 오류를 방지할 수 있습니다. 만일 모든 사람이 폭포의 경관에 의지하거나 양심이나 명예를 거래하면서 살아가려 한다면 아무도 생존하지 못할 것입니다. 현실적인 생산, 즉 노동과정을 통한 현실적인 자연의 변형은 우리의 생존에 결정적으로 중요합니다. 그리고 모든 인간생활의 생산과 재생산의 토대를 형성하는 것은 이 물적인 노동입니다. 우리는 양심과 명예로 옷을 해 입을 수 없으며 폭포의 경관으로도 옷을 해 입을 수 없습니다. 옷은 그런 방식으로는 생겨나지 않으며 오로지 인간의 노동과정과 상품교환을 통해서만

---

[28] 『맑스를 읽다』, 115~120쪽.

생겨납니다.

가치의 척도 및 가격의 도량 표준은 화폐의 전혀 다른 두 가지 기능입니다.

화폐가 가치의 척도인 것은 인간 노동의 사회적 화신이기 때문이고, 가격의 도량 표준인 것은 고정된 금속 무게를 가지고 있기 때문입니다. 가치척도로서의 화폐는 다종다양한 상품의 가치를 가격[즉, 상상적인 금량]으로 전환시키는 데 봉사하며, 가격의 도량 표준으로서 화폐는 이러한 금량을 측정합니다. 일정한 금량을 나타내는 도량 단위가 변하지 않을수록 가격의 도량 표준은 그 기능을 더 잘 수행합니다. 그러나 금이 가치척도로서 봉사할 수 있는 것은 오직 금 자체가 노동생산물이며 따라서 가치가 잠재적으로 가변적이기 때문입니다.[29]

유통수단

상품의 교환과정은 상품들을 비사용가치인 사람의 손으로부터 사용가치인 사람의 손으로 이전시키는 한, 그것은 사회적 물질대사입니다. 상품의 변태에서 이러한 사회적 물질대사를 매개하는 상품들의 형태변환을 고찰합니다.

상품은 생산자의 손에서 그 소비자의 손으로 옮겨가게 되는데, 이를 상품 유통이라 합니다. 이 유통을 매개하는 것이 화폐의 한 기능입니다. 아마포 소유자가 그의 상품을 20미터로 2원이란 자격을 가지고 있습니다. 그는 그것을 2원과 교환하고, 그 다음 성실하고 정직한 사람답게 이 2원을 같은 가격의 가정용 금강경책과 다시 교환합니

---

[29] 『자본론 I [상]』, 122~123쪽.

다. 이 금강경책은 사용대상으로서 그 사람의 신앙 욕망을 만족시키게 됩니다. 이와 같이 상품의 교환과정은 대립적이면서 동시에 상호보완적인 두 개의 변태-상품의 화폐로의 전환과 화폐로부터 상품으로의 재전환-에 의해 수행됩니다. 이 변태의 두 계기들은 동시에 아마포의 상이한 거래행위(상품을 화폐와 교환하는 판매와, 화폐를 상품과 교환하는 구매)이며, 또한 두 행위의 통일(구매를 위한 판매)입니다.

상품의 교환과정은 다음과 같은 형태변환을 하면서 이루어집니다.

상품 — 화폐 — 상품
C — M — C

C—M은 상품을 화폐로 교환하는 판매의 과정이며, M—C는 화폐를 상품으로 교환하는 구매의 과정입니다. C—C는 화폐로 매개로 두 상품의 교환이 이루어집니다. 이런 상품의 교환과정이 순환을 이룰 때, 상품유통이라고 합니다.

C—M 판매는 상품이 화폐로 바뀌는 것을 상품의 결사적인 도약이라 합니다. 교환의 C—M(판매)은 특수한 개별 상품이 일반적인 등가물(즉 화폐)로 형태를 바꾸는 과정입니다. 자신이 가진 특수한 상품을 판매하기 위해서는 사람들은 시장에서 그 상품을 원하는 누군가를 발견해야 합니다. C에서 M으로의 형태변화는 대개 특정한 시점의 시장의 수요와 공급조건 때문에 복잡해집니다. 시장의 보이지 않는 손-시장교환의 무질서와 만성적인 불확실성-은 상품이 일반적인 등가물로 곧바로 전화하는 것을 가로막는 온갖 장애물을 만들어냅니다. 만약에 시장에서 팔리지 않으면 상품 소유자는 고통을 겪게 됩니다.

사회적 분업은 상품 소유자의 노동을 일면적으로 만들지만, 동시에 그의 욕망을 다면적으로 만듭니다. 즉 분업이 발달한 사회에서 생산자는 주로 한 가지 상품을 생산하는 데에 종사하지만, 그의 욕망은 다양한 상품을 요구합니다. 따라서 그는 자신의 욕망을 채우기 위해 다양한 상품을 구입할 수 있어야 하는데 이를 위해서는 화폐가 필요합니다.

화폐는 사회적으로 인정된 등가물로 언제든지 다른 상품과 교환될 수 있습니다. 그런데 그 화폐는 다른 사람의 주머니에 있습니다. 화폐를 다른 사람의 주머니로부터 끌어내기 위해서는 그 상품은 우선 화폐소유자에게 사용가치가 되어야만 합니다. 따라서 그 상품에 지출된 노동은 사회적으로 유용한 형태이어야만 합니다. 다시 말하면 그 노동은 사회적 분업의 일환이어야 합니다.

물물교환에서 자기 생산물의 양도와 타인 생산물의 취득은 동시에 이루어집니다. 그러나 화폐에 의해 매개되는 상품유통은 이들 사이의 직접적 동일성을 판매와 구매라는 대립적 행위로 분열시킴으로써 물물교환의 시간적, 장소적, 개인적 한계를 타파합니다. 서로 독립적이고 대립적인 과정들이 하나의 내적 통일을 이루고 있다는 사실은, 또한 바로 그 과정들의 내적 통일이 외적 대립을 통해 운동하고 있다는 사실을 의미합니다. 이 두 과정은 서로 보완하는 것이기 때문에 내적으로 독립되어 있지 않습니다. 따라서 이 두 과정의 외적 독립화가 일정한 점에 도달하면 그 내적 통일은 공황이라는 형태를 통해 폭력적으로 관철됩니다.[30]

판매와 구매는 대립하고 있는 두 인물 즉 상품 소유자와 화폐 소유자 사이의 교환관계로서는 하나의 동일한 행위입니다. 그러나 그것들

---

[30] 성두현, 『자본론』 읽기 ⑤: 화폐의 기능들 파헤치기(가치의 척도, 유통수단)
http://socialist.kr/reading-capital-3-the-fetishism-of-commodities/

은 동일한 인물의 행동으로서는 서로 대립하는 두 개의 행위입니다. 그러므로 판매와 구매의 동일성은, 만약 상품이 유통에 투입된 후 화폐의 모습으로 다시 빠져나오지 않는다면, 즉 상품 소유자에 의해 판매되지 못하며 따라서 화폐 소유자에 의해 구매되지 않는다면, 그러한 상품은 무용지물이 된다는 것을 내포합니다. 이는 공황의 가능성만을 암시하고 있습니다.

상품유통은 화폐의 운동을 야기하는데 화폐는 출발점으로부터 끊임없이 멀어져 가며, 어떤 상품 소유자의 수중으로부터 다른 상품소유자의 수중으로 옮겨갑니다. 이 과정이 화폐의 유통입니다.

화폐운동은 사실상 상품유통의 표현에 지나지 않지만, 외관상으로는 반대로 상품유통이 화폐운동의 결과에 지나지 않는 듯이 보입니다. 화폐가 유통수단으로 기능하는 것은 상품가치가 화폐에서 독립적인 모습을 가지기 때문입니다. 그러므로 유통수단으로서의 화폐의 운동은 실제로는 상품 자신의 형태변환 운동에 지나지 않습니다.

화폐는 유통수단으로서 언제나 유통영역에 머물러 있는데 '일정한 기간의 유통과정에서 유통수단으로 기능하는 화폐량=상품의 가격 총액/동일한 명칭의 화폐조각의 회전횟수'입니다.

그런데 위의 수식에서 마치 상품 가격은 유통수단의 양에 의해 결정되며, 유통수단의 양은 또한 한 나라에 존재하는 화폐재료량에 의해 결정된다는 잘못된 주장이 도출되는데, 이것이 화폐수량설입니다. 이 화폐수량설에 의하면 17세기와 특히 18세기에 상품의 가격이 오른 것은 화폐의 가치가 하락해서가 아니라 유통수단으로 기능하는 금과 은이 더 많아졌기 때문이라는 것입니다. 화폐수량설은 현재도 주장되고 있습니다. 이 화폐수량설의 맹점은 가치론의 부재에 있습니다. 그래서 상품가격은 화폐의 증감에 따라서 상승, 하락한다는 잘못된 주

장을 하는 것입니다.[31]

6. 화폐의 기능(2)

화폐축장

상품유통, 혹은 상품경제가 발전함에 따라 화폐에 대한 욕망과 열정이 생겨납니다. 그리하여 많은 경우 상품은 다른 상품을 구매하기 위해서 판매되는 것이 아니라 그 상품의 제1의 변태인 M 즉 화폐를 획득하여 쌓아두고 보관하기 위해서 판매됩니다. 사람들은 언제든지 다른 상품을 구매할 수 있는 화폐를 미리 갖고 있으려고 합니다. 화폐축장이란 이렇게 화폐를 쌓아두고 보관하는 것을 가리킵니다. 화폐는 이제 축장화폐가 되고, 상품의 판매자는 화폐 축장자가 됩니다.

그의 욕망이 끊임없이 갱신되고 다른 사람의 상품을 끊임없이 구매해야 하지만, 그 자신의 상품의 생산과 판매에는 시간이 걸리고 또 그것은 우연에 의해 좌우됩니다. 그래서 화폐의 축장이 필요하게 됩니다. 교환가치를 특정상품의 모습으로 보유하고, 저장할 수 있는 가능성과 함께 금에 대한 갈망이 일어납니다. 상품유통의 확대에 따라 언제라도 이용할 수 있는, 절대적으로 사회적인 형태의 부인 화폐의 권력이 증대합니다.

화폐는 어떤 상품으로도 직접 전환될 수 있기 때문에 제한을 받지 않습니다. 화폐축장에 대한 욕망, 충동은 본성상 무제한입니다. 이는 화폐가 물질적 부의 일반적 대표물로서, 질적으로 무제한인 데 비해 양적으로는 언제나 제한되어 있기 때문입니다. 이런 모순은 화폐 축장자를 끊임없이 축적이란 시지포스적인 노동으로 몰아갑니다.

---

[31] 성두현, 『자본론』 읽기 ⑤: 화폐의 기능들 파헤치기(가치의 척도, 유통수단)
http://socialist.kr/reading-capital-3-the-fetishism-of-commodities/

상품이든 상품이 아니든 모든 것은 화폐로 전환될 수 있습니다. 모든 것이 매매의 대상으로 될 수 있습니다. 유통은 모든 것이 그곳에 뛰어들어 갔다가 금 결정체로 되어 다시 나오는 하나의 거대한 사회적 도가니로 됩니다. 이 연금술에는 성자조차도 견뎌낼 수 없는데 우리 같은 평범한 인간은 말할 것도 없습니다. 화폐는 그 자신이 상품이며, 누구의 사유물도 될 수 있는 물건입니다. 그리하여 사회적 힘이 개인의 힘이 됩니다. 화폐를 많이 가진 사람일수록 사회에 미치는 힘이 커집니다. 그러므로 고대사회는 화폐를 그 사회의 경제적 및 도덕적 질서의 파괴자라고 비난하였습니다. 그러나 근대사회는 황금을 성배로서, 자기의 가장 내면적인 생활원리의 찬란한 화신으로 환영하고 있습니다.

무한한 사회적 힘으로서의 화폐축적은 자본주의 생산양식의 본질적 특징입니다. 일반적 등가물이 일단 모든 사회적 필요노동시간을 대표하게 되면 추가적인 축적의 잠재적 가능성은 무한해집니다. 이것이 가져오는 결과는 많습니다. 자본주의적 생산은 본질적으로 끝없는 축적과 무제한의 성장에 기초해 있습니다. 다른 사회구성체들은 역사적으로 혹은 지리적으로 일정한 지점에서 한계에 도달하고 그런 다음 붕괴했습니다. 자본주의의 무제한적 성장은 만일 가치를 표현하는 화폐가 개인의 수중에 무제한적으로 축적되지 않는다면 도저히 가능하지 않을 것 같습니다.

화폐축장은 상품유통에서 여러 기능 수행합니다. 제1의 기능은 유통화폐량을 조절하는 저수지로서의 기능입니다. 상품유통의 규모와 속도 및 상품가격의 끊임없는 변동 때문에 화폐의 유통량도 쉬지 않고 증가하거나 감소해야 합니다. 그러므로 화폐유통량은 수축할 수도 팽창할 수도 있어야 합니다.

지불수단

상품유통을 살펴보면서 상품이 바로 화폐와 교환된다고 가정했습니다. 현찰매매에서는 화폐는 상품의 유통수단 혹은 구매수단으로 기능합니다. 그러나 상품유통의 발전과 더불어, 상품의 양도를 상품가격의 실현과 시간적으로 분리시키는 사정들이 발전합니다. 판매자는 현존의 상품을 판매하는데, 구매자는 장래의 화폐의 대표자로 구매합니다. 외상매매가 발생하는 것입니다.

구매자는 상품을 화폐로 전환시키기 전에 화폐를 상품으로 전환시킵니다. 다시 말하면, 그는 상품의 제1변태 〈C-M〉에 앞서서 제2변태 〈M-C〉를 수행합니다. 판매자의 상품은 유통하지만, 그 상품의 가격은 오직 민법상의 화폐청구권으로서만 실현됩니다. 상품의 판매자로부터 구매자에게 상품의 양도, 따라서 일정한 크기의 가치의 양도가 먼저 일방적으로 이루어지고, 나중에 약정기일이 되면 구매자 측으로부터 판매자에게 상품대금의 지불이 이루어지게 됩니다. 상품판매자는 빚을 받을 수 있는 채권자가 되며, 상품 구매자는 빚을 진 채무자가 됩니다. 이때 화폐는 지불수단으로 기능합니다.

상품교환이 활발해지면 이런 외상거래가 확대되고, 그 결과 채무자와 채권자 관계가 연쇄적으로 형성됩니다. 지불수단으로서의 화폐의 기능에는 하나의 내재적 모순이 있습니다. 여러 지불이 상쇄되는 한 지불수단으로서의 화폐는 계산화폐 또는 가치척도로서 오직 관념적으로 기능할 뿐입니다. 그러나 현실적인 지불이 이루어지지 않으면 안 되는 한, 화폐는 유통속도(즉 상품교환의 오직 순간적인 매개물)로서 나타나는 것이 아니라 사회적 노동의 개별적 화신, 교환가치의 독립적 형태, 일반적 상품으로서 등장하는 것입니다. 이 모순은 산업 및 상업의 공황 중에서 화폐공황으로 알려진 국면에서 폭발합니다. 이 화폐공황은 지불들의 연쇄와 지불의 결제의 인위적 조직이 충분히 발전된 경우에만 일어납니다. 이 메커니즘에 전반적 교란이 일어날 때, 화폐는 계산화폐라는 순전히 관념적인 모습으로부터 갑자기 그리고 직접적으로 금속화폐로 변해버립니다. 더 이상 보통의 상품은 화폐를 대신할 수 없게 됩니다. 상품의 사용가치는 무가치한 것으로 되며, 상품의 가치는 그 자신의 가치형태인 화폐 앞에서 사라지고 맙니다. (상품의 가격이 폭락)

신용화폐는 지불수단으로서의 화폐의 기능으로부터 직접 발생하는데, 그것은 구매된 상품에 대한 어음 그 자체가 유통됨으로써 발생합니다. 신용제도가 확대되면 지불수단으로서의 화폐의 기능도 확대됩니다. 지불수단으로서의 화폐는 대규모 상거래 분야에 머무르게 되고, 금과 은의 주화는 주로 소매상업 분야로 밀려납니다. 상품생산이 일정한 수준과 일정한 범위에 도달하면, 지불수단으로서의 화폐의 기능은 상품유통의 영역을 뛰어넘게 됩니다. 화폐는 모든 계약의 일반적 재료가 됩니다. 지대나 조세 등은 현물납부로부터 화폐지불로 변합니다.

지불수단으로서의 화폐가 발전하면 채무의 지불 기일에 대비하기 위한 화폐축적이 필요하게 됩니다. 부르주아사회의 발전과 함께 독립적인 치부형태로서의 퇴장화폐는 없어지게 되지만, 지불수단의 준비금이란 형태로서의 퇴장화폐는 증대됩니다.

화폐 사용이 많아지면, 화폐형태도 다양해집니다. 처음에는 금화가 주로 사용되다가, 점차 금속주화, 지폐, 신용화폐도 널리 사용됩니다. 대표적인 화폐는 금입니다. 금은 가치가 매우 높기 때문에 적은 분량만으로도 다른 상품의 일반적 등가물이 될 수 있고, 분할이나 보관, 운반도 편리하기 때문에 예전부터 화폐로 사용되었습니다.

금화는 유통되는 과정에서 어떤 것은 많이 닳고 어떤 것은 적게 닳습니다.

주화유통의 실질 금량과 명목상 금량의 괴리는 금화가 그 주화기능에서는 다른 상징물에 의해서 대체될 수 있는 가능성이 있음을 의미합니다. 실제로 소액의 거래가 끊임없이 이루어지는 소매영역에서는, 소량의 금을 주화로 만들기 어려운 기술상의 이유와 상품교환 초기에는 금이 아닌 다른 금속 예컨대 구리나 은 등도 화폐로서 기능했다는 역사적 사실, 그리고 이 영역에서는 거래가 빈번하여 주화의 마모가 심하다는 이유 때문에, 금화가 아닌 은화나 동전 등이 금화를 대신하여 유통됩니다.

이들 주화는 이제 그것이 표상하는 가치실체로부터는 완전히 분리되어, 단순히 그 가치를 상징하는 증표가 됩니다. 그것을 가치표상, 혹은 가치장표라고 합니다. 이제는 금속주화는 그 자체의 가치와는 상관없이 거기에 표시된 가격을 지닌 상징물로 널리 이용됩니다.

가장 전형적인 가치표상은, 사실상 무가치한 종이 쪽지에 불과한 즉 그것이 표상하는 가치실체로부터 완전히 분리된 지폐입니다.

이 지폐는 유통수단으로서의 화폐가 상품의 유통에서 그 상품의 가치로서 등장했다가는 곧 사라져버리기 때문에, 그러한 기능으로서의 화폐는 그 상징인 가치의 장표에 의해서, 대체될 수 있다고 하는 사실에서 발생합니다. 지폐의 재료인 작은 종이는 그 자체로는 거의 가치가 없습니다. 그 가치장표는 사회적인 타당성을 가져야 하기 때문에 국가가 강제 통용력을 부과하여 발행하게 됩니다. 그것이 국가지폐입니다. 지폐의 사회적 타당성은 국가에 의해서, 수납하는 세금에 의해서 뒷받침됩니다. 국가의 강제력은 한 공동체의 국내 유통분야에서만 효력이 있습니다. 이 지폐는 당연히 금의 대리자, 혹은 금의 상징입니다.

화폐형태는 금화, 금속주화, 지폐 등을 거쳐서 신용화폐로 발전합니다. 지불이 현금 즉 화폐로서만 이루어지는 것이 아니라 어음이라든가 수표 등등으로도 이루어집니다. 이런 어음이나 수표 등을 신용화폐라고 합니다. 자본주의의 발전과 더불어 신용제도가 정착된 사회에서 상인 간, 혹은 생산자와 상인 간의 대규모 거래에서는 이 신용화폐가 현금보다도 비교가 안 될 정도로 훨씬 더 대규모로 이용됩니다. 지불수단으로 사용되는 신용화폐는 화폐의 상징적 기능을 분명하게 보여줍니다. 현재의 은행권은 어느 나라에서나 불환은행권으로 결코 신용화폐가 아니고 국가지폐화한 은행권일 뿐입니다.

화폐의 또 다른 기능으로 세계화폐의 기능이 있습니다. 자본주의 경제에서 상품이나 신용의 유통은 세계적이고 이를 매개하고 결제할 수단 역시 반드시 필요합니다. 당연히 화폐는 국내 유통 분야의 범위를 넘어서자마자 국내에서 가지고 있던 국지적 기능(가격의 도량표준이나 주화, 보조화폐, 가치상징 등 국지적 기능)을 벗어버리고 귀금속의 원래 지금 형태로 되돌아갑니다.

상품은 사용가치를 지닌 물건으로 인간의 욕망을 충족시켜 주는데, 이런 점에서 보면 상품에는 조금도 신비한 요소가 없습니다. 인간이 자연에 합목적 활동인 노동에 의해서 자연물을 가공하여 유용하게 만드는 일은 어느 사회에나 있었던 일입니다. 사람들이 노동하면 할수록 그전에 존재하지 않았던 것들이 생깁니다. 뭔가를 만들어내는 힘, 창조하는 힘은 인간노동입니다. 그러나 상품-화폐경제가 지배하는 오늘날에는 사람마저 상품(노동력)이 되었습니다.

상품은 인간의 노동을 통해서 만든 물건임에도 불구하고 마치 그것과는 전혀 상관이 없다는 듯이 하나의 독립된 힘을 가진 물건으로 나타납니다. 노동생산물이 상품형태로 바뀌면서 발생하는 이런 현상은 생산과정에서 맺은 생산자들 사이의 사회적 관계가 노동생산물 사이의 사회적 관계로 바뀌어 나타나기 때문에 벌어지는 현상입니다. 다시 말해 상품에 들어 있는 인간 노동의 사회적 성격은 보이지 않고, 상품 자체가 지닌 자연적 성질로 말미암아 그 상품이 다른 상품과 교환될 수 있는 것처럼 보입니다. 이것이 바로 상품의 신비성 즉 물신적 성격입니다. 상품이 마치 신처럼 독립된 힘을 가진 신비한 존재로 보입니다.

7. 물신성

상품의 물신성은 상품형태가 생산자들의 사회적 관계를 물건들의 사회적 관계라는 현상으로 뒤집혀 나타나게 하는데 이를 살펴봅시다.

상품의 신비로운 성격은 상품형태 자체로부터 온다고 말하고 있습니다. 그리고 상품형태의 신비성은 상품형태가 인간 자신의 노동의 사회적 성격을 노동생산물 자체의 물적 성격[물건들의 사회적인 자연적 속성]으로 보이게 하며, 따라서 총노동에 대한 생산자들의 사회적 관계를 그들의 외부에 존재하는 관계[즉, 물건들의 사회적 관계]로 보이게 한다는 사실에 있을 뿐입니다. 즉, 상품형태의 신비로운 성격은, 상품형태가 본질이라고 할 수 있는 생산자들의 사회적 관계를 물건들의 사회적 관계라는 현상으로 뒤집혀 나타나게 하는 것에 있다는 것입니다.

종교세계와 대비하며 맑스는 물신숭배라는 용어를 사용하고 있습니다. 인간들이 생산하는 노동생산물인 상품이 스스로의 생명을 가진 자립적인 존재로 등장해 상품들 자신 사이에 관계를 맺고 인간과도 관계를 맺는 것을 가리킨다고 할 수 있습니다.

물신성, 물신숭배는 상품을 생산하는 노동 특유의 사회적 성격으로부터 발생한다고 말하고 있습니다. 유용한 물건이 상품이 되는 것은 그것이 [서로 독립적으로 작업하는] 개인의 노동생산물이기 때문입니다. 이러한 개인들의 노동총계가 사회의 총노동을 형성합니다. 생산자들은 자기들의 노동생산물의 교환을 통해 비로소 사회적으로 접촉하기 때문에, 그들의 사적 노동의 독특한 사회적 성격도 오직 이 교환 안에서 비로소 나타납니다. 그러므로 생산자들에게는 자신들의 사적 노동의 관계가 있는 그대로, 즉 자신들의 노동 자체에서의 개인들 사이의 직접적인 사회적 관계로서가 아니라 오히려 물건들 사이의 사회적 관계로서 나타나게 됩니다.

물신성은 다른 생산 형태에서는 나타나지 않습니다.
유럽의 중세의 경우 농노와 영주는 인격적 예속 관계에 있습니다. 이 인격적 예속 관계가 봉건적인 물질적 생산의 사회적 관계와 이에 의거하고 있는 생활의 여러 부분을 특징짓습니다. 봉건적 생산관계에서 노동과 노동생산물은 부역과 공납의 모습을 갖습니다. 이 중 부역노동을 살펴보면 부역은 상품을 생산하는 노동과 마찬가지로 시간에 의해 측정되지만, 어떤 농노도 자기의 영주를 위해 지출하는 것은 자기 자신의 노동력의 일정량이라는 것을 알고 있습니다. 가령 주 6일 중 3일은 농노가 자신이 점유하고 있는 토지에서 일하고 3일은 영주의 직영지에서 일할 경우, 농노는 3일 동안 영주를 위해 자신의 노동력을 지출하고 있다는 것을 알고 있습니다. 이처럼 유럽의 중세에서 개인들이 노동의 수행에서 맺게 되는 사회적 관계는 어떤 경우에도 그들 자신의 인격적 관계로 나타나며, 물건들 사이의 사회적 관계로 위장되지 않습니다.

물신성은 상품생산 형태 때문에 발생하는 객관적인 것으로서 커다란 위력을 발휘합니다. 단순하게 주관적인 이데올로기나 허위의식이 아닙니다. 물신성은 환상임에 틀림없지만 객관적으로 존재하는 환상입니다. 따라서 주관적인 이데올로기나 허위의식처럼 그 허구성이 폭로되면 그 영향력이 약화되거나 소멸되는 성질의 것이 아닙니다. 상품형태가 존재하면 물신성 현상은 지속됩니다. 환상은 오직 상품생산형태라는 현실 자체가 바뀌어야 제거될 수 있습니다.[32]

마르크스가 자본주의적 물신성의 특수한 메커니즘에 대해서도 어떤 현상을 자동화된 주체라는 이름으로 설명하는지를 봅시다.

마르크스는 물신성 개념을 사용하여 자본주의적 근대의 외견상의 합리성은 객체화된 허상체계 내부의 합리성을 나타내는 것일 뿐임을 보여주었습니다. 즉 그것은 일종의 세속화된 우상숭배로서, 상품생산체제와 그것의 위기를 추상화함으로써 불합리성과 인간과 자연에 대한 파괴적인 결과를 가져옵니다. 인간은 소위 경제의 자립화, 즉 노동, 가치, 화폐의 물신화를 거치면서 자신의 사회적 성격을 외부의 소외된 힘으로 만나게 됩니다.

물신성 개념을 사용하면 언제나 다양한 물신적 수단(제례의식, 의인화, 일정한 종교적 전통)에 의해 통제되는 사회로 고찰할 수 있게 됩니다. 이를 우리는 물신적 관계의 역사라 할 것입니다. 그리고 그에 따라 불합리하게 자립해버린 경제로 이루어진 근대의 상품생산체제는 단지 자신의 맹목적인 운동에 의해 만들어진 최후의 사회의 물신성으로 나타납니다.

마르크스는 자본주의적 물신성의 특수한 메커니즘에 대해서도 자동화된 주체라는 이름을 붙였습니다. 이 개념은 모순에 가득찬 자본

---

[32] 성두현, 『자본론』 읽기 ③: 『자본론』의 핵심, 물신성 문제의 시작—상품의 물신적 성격과 그 비밀.
http://socialist.kr/reading-capital-3-the-fetishism-of-commodities/

주의적 사회관계(자본가와 임노동자 간의 계급)와 그 관계를 통해서는 아무리 해도 드러나지 않는 착취의 핵심을 가리킵니다.

자본소유자와 경영자는 자본주의적 기능의 위계에서 보다 하위 수준에 위치한 임노동자와 마찬가지로, 자본주의적 장치들의 자주적 주체들이 전혀 아니고, 자본축적이라는 자기목표를 수행하는 단순한 기능인들일 뿐이라는 것입니다. 인간은 자립화된 경제의 단순한 부속물로 전락했고 이 경제의 운동법칙이 모든 것을 지배합니다. 인간 자신의 사회적 활동은 하나의 맹목적인 관례 체계라는 소외된 외부의 힘으로 인간과 대립합니다. 인간 자신의 사회적 성격은 생명이 없는 생산물과 그것의 화폐적 모습 속으로 빨려 들어가버리는 반면, 인간 자신은 비사회적 존재로 익명의 경쟁이라는 형태 속에서 움직이게 됩니다. 그리고 이 경쟁은 다시 모든 자본주의적 계급과 기능범주들이 공동으로 갖는 관계의 형태가 됩니다.

자동화된 불합리한 주체는 전자본주의 사회의 화폐와 시장에서 단순히 주변적이고 부차적인 현상에 지나지 않으며 이들 사회에서는 재생산 가운데 대부분이 현물경제의 성격으로 파악됩니다. 전반적인 화폐경제와 시장경제는 화폐가 자본으로서 자기회귀하는 과정을 통해서야 비로소 등장합니다. 여기서는 이제 상품을 최종목표로 하는 생산은 의미가 없으며 상품생산은 오로지 화폐의 증식을 최종목표로 하는, 즉 화폐자본 그 자체의 무한한 축적을 최종목표로 하는 수단으로만 기능할 뿐입니다.

이런 조건하에서는 더 이상 독립적인 생산자들이 시장에서 만나는 일이 있을 수 없고, 단지 다수의 임노동자들은 노동시장에 자신의 노동력을 공급하는 방식을 통해서만 화폐 및 시장의 주체가 되는 반면 자본소유자들은 자동화된 주체의 단순한 대리인으로 나타납니다. 모든 관련자들은 각 경제적 범주의 배역을 제각기 맡을 뿐이며 시장은 오로지 잉여가치가 실현되는 영역, 즉 자동화된 주체의 생활과정(다시 말해 그것의 끊임없는 형태변화 과정)의 한 국면에 지나지 않게 됩니다.

전근대적인 현물경제체제인 농업사회에서는 빈곤이 일차적으로 자연의 손에 달려 있었고 생산력이 낮아서 생겨났지만 자본주의에서 빈곤은 이차적인 형태, 즉 순전히 사회적인 구조를 통해 만들어집니다. 생산의 목적이 단지 추상적인 화폐액의 극대화이기 때문에 역사상 처음으로 욕망의 충족과는 무관한 생산이 이루어지게 됩니다. 자본을 자동화된 주체로 이해할 때라야 비로소 그 기능이 자동하는 메커니즘을 해명할 수 있습니다.[33]

자본주의적 상품생산사회에서 물신성은 커다란 위력을 어떻게 발휘하는지를 봅시다.

자본주의적 상품생산사회에서 물신성은 커다란 위력을 발휘하며 사람들의 의식, 노동자들의 의식을 지배하고 이들의 의식이 각성되는 것을 가로막고 노동자들이 이 질서에 순응하게 만듭니다. 때문에 물신성에서 벗어나기 위해서는 사태의 본질을 인식할 수 있게 하는 과학의 도움과 물신성을 만들어내는 현실 자체를 바꾸어내려는 의식적, 실천적 노력이 필요합니다.

상품물신성은 화폐물신성으로 발전하고, 더 발전된 물신성이 우리 모든 생활에 침투해 있음을 살펴봅시다.

상품물신성은 화폐물신성으로 발전합니다. 화폐형태는 오로지 상품세계 전체의 공동사업으로만 생길 수 있을 뿐입니다. 다른 모든 상

---

[33] 『맑스를 읽다』 51쪽, 53쪽, 67~69쪽.

품의 사회적 행동이 금과 은과 같은 상품을 화폐로 만든 것입니다. 원래 다른 모든 상품과 마찬가지로, 금도 개별적인 교환에서 개별적 등가물로서 그리고 전개된 교환에서는 다른 여러 가지 등가물 상품과 나란히 특수한 등가물로서 기능하고 있었습니다. 그러다가 점차 금은 일반적 등가물로 기능하기 시작했는데, 최종적으로 금이 상품세계의 가치표현에서 일반적 등가물의 지위를 독점하자마자 화폐상품이 된 것입니다. 맑스는 가치형태를 가장 단순한 형태로부터 출발해서 화폐형태에 이르기까지 추적함으로써 '다른 모든 상품과의 직접적 교환가능성을 갖는' 화폐의 신비를 철저히 폭로하였습니다. 가장 단순한 가치형태에서의 등가형태가 이미 화폐의 신비성을 맹아적으로 갖고 있고 이것이 화폐형태에서 완성된다고 폭로한 것입니다. 그래서 다른 모든 상품들이 자기들의 가치를 하나의 특정한 상품으로 표현하기 때문에 그 특정상품이 화폐로 되는 것이 아니라, 반대로 한 상품이 화폐이기 때문에 다른 모든 상품들이 일반적으로 자기들의 가치를 그 상품으로 표현하는 것처럼 나타나는 것입니다. 즉, 화폐 물신성이 나타나는 것입니다.

이 과정을 이렇게 이끌어 온 운동은 운동 그것의 결과에는 나타나지 않으며 아무런 흔적도 남기지 않습니다. 이리하여 상품들은 아무것도 하지 않으면서도 자기 자신의 가치모습을 [자신들의 외부에서 자신들과 나란히 존재하는] 하나의 상품체에서 발견하게 됩니다. 이 상품체, 즉 금 또는 은은 지하로부터 나오자마자 모든 인간노동의 직접적 화신으로 됩니다. 여기에 화폐의 신비성이 있습니다.

자본의 물신성이 잉여가치가 노동자의 착취를 통해 발생한다는 본질을 은폐하는지를 봅시다.

상품물신성, 화폐물신성은 상품생산과 화폐유통이 일어나는 사회

형태에서는 피할 수 없는 왜곡입니다. 자본주의적 생산양식에서는 이 왜곡은 점점 더 심화됩니다. 왜곡은 화폐가 자유로운 노동자를 만날 때 더욱더 전개됩니다. 화폐소유자, 즉 자본가가 임금노동자를 고용하여 재료와 기계 등, 자신이 소유하는 생산수단과 결합시켜 상품을 만들게 해서 이 상품을 팔면 자본가는 재료비용, 기계마모 비용, 임금보다 많은 가치를 화폐로 되돌려 받게 됩니다. 그런데 이런 결과는 상품 교환의 법칙, 등가교환의 법칙이 작용함에도 불구하고 발생합니다. 즉, 자본가가 시장에서 제값을 주고 화폐로 재료와 기계를 구입하고, 노동자들에게 노동력의 가격대로 임금을 지불했는데도 발생하는 것입니다. 등가교환의 법칙이 작용하고, 자본가와 노동자들 사이의 관계도 계약관계인데도 자본가들은 잉여가치를 수중에 갖게 되는데 이런 일이 발생하는 것은 노동자들이 자신의 임금을 자본가를 위해 재생산하는 노동시간 이상으로 노동하기 때문입니다. 여기서 우리가 주목해야 하는 점은 잉여가치가 등가교환의 법칙, 계약관계 속에서 발생하기 때문에 이 잉여가치가 노동자의 착취를 통해 발생한다는 본질은 잘 드러나지 않게 된다는 점입니다. 자본주의 사회는 농노제 사회와 달리 신분제 사회가 아닙니다. 자본주의 사회에서 임금노동자는 신분적으로는 자유로운 존재입니다. 그러나 생산수단을 소유하지 못하여(역설적으로 표현하면 생산수단으로부터 자유로워) 자본가에게 고용되어야만 살아갈 수 있습니다. 때문에 임금노동자는 '보이지 않는 끈', 경제적 강제에 의해 자본가들에게 얽매여 있습니다. 이로 인해 임금노동자는 실제로는 자본가로부터 독립적인 존재가 아닙니다. 그가 독립적으로 보이는 것은 그를 고용하는 자본가가 끊임없이 바뀐다는 사정과 그가 자본가와 계약을 맺는다는 사정에 의해 만들어지는 환상입니다. 이 환상이 잉여가치가 노동자의 착취를 통해 발생한다는 본질을 은폐합니다.

화폐의 가치가 생산과정을 거치면서 증가하는 자본의 신비성은 자본주의가 발전하면서 더욱더 증대됩니다. 맑스는 진정한 자본주의적 생산양식에서 상대적 잉여가치의 발달-이것은 사회적 노동의 생산력 발달을 내포합니다-에 따라, 직접적 노동과정에서 노동의 생산력과 사회적 상호관련이 노동으로부터 자본으로 이전되는 것으로 나타납니다. 즉 사회적 노동의 모든 생산력이 노동에 속하는 힘이 아니라 자본에 속하는 힘으로서, 즉 자본 자신의 태내에서 생겨나는 힘으로 나타납니다. 이리하여 자본은 이미 매우 신비스러운 것으로 됩니다. 조금 부연하여 설명하면, 실제로는 사회적 노동의 생산력인데 이것이 전도되어(뒤집혀) 자본의 힘으로 나타난다는 것입니다. 자본주의의 발달에 따라 기계의 도입 등으로 분업이 더욱더 발전하고 사회적 노동의 생산력이 발전하는데 이것이 전도되어 자본의 힘으로 나타나서 오히려 노동자에 대한 자본의 지배력 강화를 가져오는 것입니다. 이것은 상품생산과 교환이 발전하여 화폐가 출현하면 그 과정은 잊혀지고 화폐가 전능한 신비로운 힘을 갖는 존재로 되어버리는 화폐물신성과 유사한 현상입니다.

자본의 신비성은 유통과정에서 더 증대되고 잉여가치의 전화형태인 이윤에서는 자본의 모든 성분, 계기가 똑같이 초과가치의 원천으로 나타나는 것에 의하여, 자본관계는 더욱더 신비화됩니다. 이에 더하여 이윤이 평균이윤으로 전환하고 가치가 생산가격으로 전형하면서 각각의 생산분야에서 이윤과 잉여가치 사이에 현실적인 양적 차이까지 발생하는데 이것은 이윤의 진정한 성격과 원천을 자본가에 대해서뿐만 아니라 노동자에 대해서까지도 완전히 은폐합니다. 결국 이윤의 원천인 잉여가치가 시야에서 사라져 버리는 것입니다.

이 단계에서 이미 물신화가 심각하게 진행되어 있는데, 이자 낳는 자본에 이르러서는 이윤이 기업가 이득과 이자로 분할되면서 마치 기업가 이득은, 이자와는 달리, 자본소유와는 관계없는 것으로서, 그리고 비소유자로서의-'노동자'로서의-자기의 기능으로서 나타납니다. 즉, 기업가 이득=감독임금이라는 허상이 나타납니다. 기업가 이득은 이윤의 일부임에도 아예 임금인 것처럼 나타나는 것입니다. 그래서 이자 낳는 자본에서 자본관계는 가장 물신화된 형태에 도달합니다.

　삼위일체의 공식에서 물신화가 완성되면서 상품의 가치가 임금, 이윤, 이자, 지대의 합계로부터 초래되는 것으로 나타납니다.
　삼위일체의 공식에서 일정한 생산양식인 자본과 나란히, 모든 생산양식에 공통된 토지와 노동이 아무런 추가적인 고려 없이 병렬되고 있습니다. 자본, 토지, 노동, 이자, 지대, 임금의 원천으로서 형상합니다. 사용가치인 토지가 생산물의 가치부분인 지대를 창조한다고 되어 있습니다. 삼위일체의 공식에서 물신화가 완성되면서 잉여가치가 노동자의 착취로부터 발생하고 잉여가치가 이윤, 이자, 지대로 나누어진다는 것은 완전히 은폐됩니다. 그리하여 생산과정에서 노동자가 새로이 창출, 추가한 가치가 임금, 이윤, 이자, 지대로 나누어지는 것인데, 반대로 상품의 가치가 임금, 이윤, 이자, 지대의 합계로부터 초래되는 것으로 나타납니다. 완전한 전도가 발생하는 것입니다. 이렇게 완성된 물신성에 매몰되면 자본가뿐만 아니라 노동자조차도 자본주의의 착취적 성격을 온전히 인식하지 못하고 임금, 이윤, 이자, 지대를 생산에 기여한 노동, 자본, 대부자본, 토지에 상응하는 정당한 대가로 보고, 문제를 임금에 비해 이윤, 이자, 지대가 지나치게 많다는 것에서 찾는 함정에 빠지게 됩니다. 즉, 정당한 이윤, 이자, 지대가 있는데, 이를 과도하게 벗어난 것이 문제라고 생각하는 함정에 빠지게 됩니다. 앞의 인용문에서 "이 공식은 그들의 수입 원천의 자연적 필연성과 영원한 정당성을 설교하"고 있다고 했는데 이 구절은 바로 이 점을 지적하고 있는 것입니다. 자본-이윤 (더 적절하게는 자본-이자), 토지-지대, 노동-임금이라는 경제적 삼위일체(이것은 가치와 부 일반의 구성부분들과 그들의 원천 사이의 관련을 나타낸다)는 자본주의적 생산양식의 신비화, 사회적 관계의 사물화, 생산의 소재적 관련과 그 역사적·사회적 특수성과의 직접적 융합을 완성합니다.[34]

맑스는 자본주의 사회에서 인간소외현상의 극단적인 모습인 인간의 물화에 대해 격렬히 비판하고, 이를 토대로 자본주의 사회를 분석하여 이런 소외의 양상으로부터 인간을 어떻게 구출할 수 있을까에 대한 방안을 제시하려고 노력했습니다.

루카치는 물화 개념을 통해서 마르크스의 물신화개념을 어떻게 발전시키고, 막스 베버의 합리성개념과 마르크스의 물신화 개념을 연관시키고 있는지를 봅시다.

소외는 소유관계상의 분리(노동력과 생산수단의 분리, 잉여가치의 분배 등)를 의미하고, 물화는 그 소유관계상의 분리가 자기를 매개하는 형태(상품, 화폐, 자본 등)로 자립해서 발생 근거를 은폐하는 것을 의미합니다. 즉 물화는 소외의 한 가지 양태이고 소외는 이를 포괄하는 현상입니다.

마르크스의 물신숭배에 대해, 루카치는 논의를 더욱 심화시켜 물화 개념을 탄생시킵니다. 루카치의 물화 개념의 원천 역시 상품구조의 본질에서 시작합니다.

상품구조의 본질은, 사람들 간의 관계가 사물의 성격을 지닌다는 사실, 그래서 이로부터 일종의 '유령적 대상성'이 성립되며 이것이 대

---

[34] 성두현, 자본주의와 물신성(2), http://socialist.kr/capitalism-and-fetishism-2/

상성의 근본적 지반인 인간들 간의 관계를 겉보기에는 완전히 완결적이고 합리적인 듯이 보이는 엄격한 자기법칙성으로써 은폐한다는 사실에 기초를 두고 있습니다.

하지만 루카치는 마르크스의 논의와 함께 막스 베버의 논의를 덧붙입니다. 루카치는 마르크스의 물화 개념과 베버의 합리성 개념은 사실 일치한다고 주장합니다. 그러한 근거로 계산가능성에 바탕을 두는 합리화 원리를 말합니다. 근대 사회에서는 효율을 극대화하기 위해 포괄적인 계산체계가 극대화되며 이는 관료제적 조직 형식을 전제하고 또 산출합니다.

루카치는 마르크스의 상품과 베버의 형식 합리적 경제활동 사이에는 구조적 동일성이 있다고 주장합니다. 상품이 생산물을 질적으로 구별되지 않고, 추상적 노동을 통해 계산가능한 양으로 만들 듯이 노동과정의 합리화는 그것의 탈개성화, 기계화, 한마디로 '노동과정의 계산가능성'을 실현합니다. 루카치는 이어서 상품이 노동과정의 합리화를 야기하며, 노동력의 상품화와 더불어 노동생산물의 상품형태가 일반화된다고 합니다. 노동력이 상품이 될 때 상품 생산이 지배하게 되는 동시에 합리화가 근대적 형태로 관철될 수 있다는 것입니다. 논의는 더욱 확장됩니다. 나아가 그는 이러한 계산 가능한 합리성을 국가의 경영 같은 사회전반의 영역으로 확장시킬 수 있다고 주장합니다.

마르크스와 베버의 결합은 마르크스의 빼놓을 수 없는 논의인 계급투쟁을 무화시킵니다. 베버의 합리성은 전 영역(법률, 경영, 국가, 과학)과 전 인원에게 작동되기 때문입니다. 그럼에도 불구하고, 루카치의 논의가 현재의 의의가 있는 것은 실천적 차원입니다. 루카치는 물화현상을 통해, 물화현상을 이겨낼 프롤레타리아트의 계급 실천방안을 도모하고 있습니다

인간은 자신의 노동력의 상품화와 계산 가능한 합리성 때문에 경

제영역뿐만 아니라, 삶의 모든 영역까지 '물화' 당합니다. 이러한 디스토피아는 우리에게 어떠한 실천적 가능성도 담지하지 않는 것만 같습니다. 하지만 노동자, 즉 프롤레타리아 계급이 자신이 동일한 법칙 내에 존재하고 있고, 자신의 계급적 지위를 인지하게 되는 순간 혁명적 가능성을 가질 수 있습니다. 이러한 가능성은 주객동일성에서 찾을 수 있습니다. 노동자 계급은 자본주의 사회에서 객체로서 존재합니다. 하지만 물화된 객체, 즉 자본주의하 상품시장의 원천이 결국 물화된 자기 자신이 존재하지 않는다면 자본주의는 운영되지 않는 걸 안다면, 객체는 어느 순간 주체로 바뀌게 됩니다. 이러한 인식의 전환은 계급투쟁으로 전화될 수 있습니다. 결국 노동자는 자신이 상품이라는 사실, 자신이 물화되었다는 사실로의 인식을 통해 모종의 혁명을 꾀할 수 있습니다.

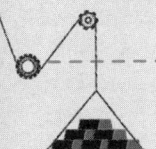

제2편

화폐의 자본으로의 전환

제3장_ 자본의 일반 공식
제4장_ 자본의 일반 공식의 모순
제5장_ 노동력의 구매와 판매

제2편 **화폐의 자본으로의 전환**

제3장_자본의 일반 공식

　상품유통은 자본의 출발점입니다. 생품생산과 상품유통, 그리고 그것의 발달된 형태인 상업은 자본이 성립하기 위한 역사적 전제조건입니다. 16세기 세계무역과 세계시장이 형성된 때로부터 자본의 근대사가 시작됩니다.
　역사적으로 자본은 반드시 처음에는 화폐의 형태로 화폐재산, 상인자본으로 나타납니다. 우리는 매일 이런 현상을 목격합니다. 오늘날에도 새로운 자본은 처음에는 언제나 화폐의 형태로 무대에, 즉 시장(상품시장이나 노동시장이나 화폐시장)에 등장하고 있습니다.
　상품생산에 필요한 역사적 조건이 자본주의가 존재하기 위한 필요조건과 똑같은 것은 아닙니다. 마르크스는 자본이 이윤의 원천이 되는 독특한 역사적, 사회적 성격을 이해하는 데 관심을 두었습니다. 그는 자본이 존재하기 위한 역사적 조건은 단순히 화폐와 상품의 유통만으로 충족되는 것이 아니라고 주장했습니다.
　화폐가 자본으로 전환되는 과정을 밝히기 위해 유통 분야에서 더 많은 화폐(잉여가치)를 낳는 자본운동을 자본의 일반 공식으로 정식화한 후, 그 일반공식의 모순을 드러내고 그 모순을 해결하는 방식을 통해 자본의 본질적 특징인 잉여가치(이윤)의 원천이 노동력이란 특수한 상품임을 해명합니다.

노동력이란 특수한 상품 즉 자신의 가치보다 더 큰 가치를 만들어 낼 수 있는 능력을 지닌 상품이 시장에 존재해야만 화폐가 자본으로 전환된다고 말합니다. 노동력 상품이 화폐를 자본으로 전환하는 결정적 계기입니다. 따라서 상품의 역사와 자본의 역사는 다릅니다. 상품이나 화폐가 등장한다고 필연적으로 자본이 등장하는 것이 아닙니다. 원시축적에 의한 직접적 생산자가 프롤레타리아(무산자)가 되어 노동시장에 노동력 상품을 판매하도록 강제될 때만 화폐는 자본으로 전환될 수 있습니다.

화폐로서의 화폐와 자본으로서의 화폐는 우선 양자의 유통형태가 서로 다릅니다. 상품유통의 직접적 형태는 C-M-C입니다. 이는 상품의 화폐로 전환과 화폐의 상품으로서의 재전환, 다시 말해 구매를 위한 판매입니다. 그러나 이 형태와 아울러 그것과는 전혀 다른 형태 즉 M-C-M을 발견합니다. 이는 화폐의 상품으로 전환과 상품의 화폐로의 재전환, 다시 말해 판매를 위한 구매입니다. 후자의 형태로 유통하는 화폐는 자본으로 전환하며 자본이 되고, 그 기능의 관점에서 보면 이미 자본입니다.[1]

상품유통은 C로 시작하고 자본유통은 M으로 시작한다는 차이점이 있지만, 그래도 자본유통은 역시 상품유통으로부터 나옵니다. 자본은 더 많은 화폐를 얻기 위해 유통과정에 들어간 화폐입니다.

---

1 『맑스 자본 강의』, 184쪽.

유통분야에서 나타나는 자본의 운동의 몇 가지 중요한 특징을 분석합시다. 이는 자본가의 성격과 자본에 대한 자연발생적 의식형태를 이해하는 데 매우 중요합니다.

첫째, 자본의 운동의 무한정입니다.
단순 상품유통(구매를 위한 판매)은 유통의 외부에 있는 최종 목적(사용가치의 취득, 필요의 충족)을 위한 수단이 됩니다. 이와는 반대로 자본으로 화폐의 유통은 그 자체가 목적입니다. 왜냐하면 가치의 증식은 끊임없이 갱신되는 이 운동의 내부에서만 일어나기 때문입니다. 그러므로 자본의 운동에는 한계가 없습니다.
둘째, 자본가는 의지와 의식이 부여된 인격화된 자본으로 기능합니다.
이 운동의 의식적 대표자인 화폐 소유자는 자본가가 됩니다. 그의 주머니는 화폐의 출발점이자 귀착점입니다. 이런 유통의 객관적 내용(가치증식)이 그의 주관적 목적이 되고 추상적 부를 점점 더 많이 취득하는 것이 그의 행동의 유일한 추진 동기가 되는 한, 그는 의지와 의식이 부여된 인격화된 자본, 즉 자본가로 기능합니다. 자본가의 진정한 목적은 사용가치는 물론 이윤 자체도 아니고 끊임없는 이윤추구 운동만이 그의 진정한 목적입니다. 부에 대한 무한한 탐욕, 정열적인 교환가치 추구는 자본가와 구두쇠에게 공통되지만, 구두쇠는 얼빠진 자본가에 지나지 않지만, 자본가는 합리적인 구두쇠입니다. 구두쇠는 화폐를 유통에서 끌어냄으로써 교환가치의 쉴 새 없는 증식을 추구하지만, 더 영리한 자본가는 화폐를 끊임없이 유통에 투입함으로써 그것을 달성합니다.
셋째, 자본의 운동 과정에서 가치는 자동적인 주체로 나타나고 신비스러운 성질을 얻게 됩니다.
유통 M-C-M에서는 상품과 화폐는 모두 가치 그 자체의 상이한 존재양식으로, 즉 화폐는 가치의 일반적 존재양식으로, 그리고 상품은 가치의 특수한 또는 위장한 존재양식으로 기능할 뿐입니다. 가치는 이 운동에서 없어지지 않고 끊임없이 한 형태에서 다른 형태로 변하며, 그렇게 함으로써 하나의 자동적인 주체로 전환합니다. 만약 자기증식하는 가치가 자기의 생애에서 연달아 취하는 독특한 현상을 본다면, 우리는 다음과 같이 말할 수 있습니다. 즉 자본은 화폐이고, 자본은 상품입니다. 그러나 사실상 가치는 여기에서는 과정의 주체이며, 이 과정에서 가치는 끊임없이 화폐와 상품의 형태를 번갈아 취하면서 자신의 양을 변화시키며, 원래 가치인 자기 자신으로부터 잉여가치를 내뿜으면서 자기 자신을 증식시킨다. 왜냐하면 가치가 잉여가치를 낳은 운동은 가치 자신의 운동이고, 따라서 가치의 증식은 자기증식이기 때문입니다. 가치는 살아 있는 자식을 낳거나 적어도 황금의 알을 낳습니다.

자본으로서 화폐의 유통에 관한 분석을 토대로 유통분야에 나타나는 자본의 운동을 정식화해 M-C-M´이란 자본의 일반 공식을 제시합니다.

가치는 이제 과정 중의 가치, 과정 중의 화폐로 되며, 이런 것으로서 가치는 자본이 됩니다. 가치는 유통에서 나와 다시 유통에 들어가며, 이 순환 속에서 자신을 유지하고 증식시키며, 더 커져서 유통에 나오고, 그리고 이 동일한 순환을 끊임없이 되풀이합니다. M-M´ 즉 화폐를 낳은 화폐, 이것이 자본의 최초의 해설자인 중상주의자들의 자본을 묘사한 말입니다.

판매를 위한 구매, 즉 더 비싼 값으로 판매하기 위한 구매, M-C-M´는 자본의 한 종류인 상인자본에만 해당하는 형태인 것처럼 보입니다. 그러나 산업자본도 역시 상품으로 전환되었다가 상품의 판매에 의해 더 많은 화폐로 재전환되는 화폐입니다. 구매와 판매 사이의 중간에서 일어나는 사건들은 이 운동형태를 조금도 변경시키지 않습니다. 마지막으로 이자 낳은 자본의 경우 유통 M-C-M′는 단축되어 나타납니다. 중간단계 없이 그 최종 결과를 M-M′[즉 화폐가 더 많은 화폐가 되며, 가치가 자기 자신보다 더 큰 가치가 됩니다.]로 간결하게 나타냅니다. 그러므로 사실상 M-C-M′는 유통분야에서 나타나고 있는 그대로의 자본의 일반공식입니다.[2]

---

[2] 『자본론 함께 읽기』, 221~225쪽.

제2편 **화폐의 자본으로의 전환**

제4장_ 자본의 일반 공식의 모순

 부르주아 경제학자들에게 흔히 보이는 상품유통을 잉여가치의 원천으로 설명하려는 시도의 배후에는 대체로 하나의 오해 즉 사용가치와 교환가치의 혼동이 숨어 있습니다.
 상품소유자인 아마포를 다른 상품소유자인 밀을 직접 교환하면 자신에게 필요한 물건을 얻습니다. 사용가치 측면에서 본다면 상품교환은 양쪽 모두에게 이익을 주는 거래입니다.
 그러나 교환가치의 측면에서는 그렇지 않습니다. 1,000원의 가치를 지닌 아마포를 1,000원의 가치를 지닌 밀과 교환한다고 해서 두 사람이 가진 상품의 교환가치가 증가하는 것이 아닙니다. 화폐가 중간에 개입한 C-M-C 경우를 살펴봅시다. 상품과 화폐가 같은 가격으로 교환된다면 여기서도 가치에는 어떤 변화도 없습니다.
 자본이 돈을 버는 것은 상업과 마찬가지로 교환을 통해서라고 생각하는 사람들이 많습니다. 자본유통의 공식 M-C-M´(M+m)를 상업의 공식처럼 여깁니다. 화폐(M)로 상품(C)을 사고팔아서 더 많은 화폐(M´)를 얻는다는 것입니다. 상업을 가치원천으로 생각한 중상주의들의 생각입니다. 그러나 상품교환을 통하여 가치를 늘린다는 것은 등가교환의 원칙에 어긋나는 말입니다. 상품교환 자체는 사회 전체의 부를 증가시키지도 못합니다. (가), (나), (다) 세 사람이 상호 교환을 한다고 합시다. (가)가 공책 한 권을 (나)에게 1,000원에 팔았습니다. (나)는 (다)에게 1100원 받고 팔았습니다. 이번에는 (다)가 (가)에게 1,200원에 팔았습니다. (가)는 200원 손해를 봅니다. (나), (다)가 얻은 이익은 100원+100원=200원입니다. 결국 사회 전체의 손익은 0원이 됩니다.

자본의 운동이 완전한 형태를 갖추려면 M-C-M의 과정에서 나중의 M이 처음의 M보다 커야 합니다. 예를 들어 1,000원보다 100원이 더 많은 1,100원을 얻어야 합니다. 이 과정의 완전한 형태는 M(화폐)-C(상품)-M´(잉여가치가 더해진 화폐)입니다. 나중에 생산된 화폐 M´=M+m이 됩니다. 즉, 1,100원=1,000원+100원이 됩니다. 여기서 처음에 들어간 화폐액을 넘어선 증가분 m을 잉여가치라고 합니다. 여기에서 증가액 100원이 잉여가치가 됩니다. 잉여가치란 유통과정에 들어간 자본이 자신의 가치를 넘어서서 추가로 얻은 가치를 가리킵니다. 처음에 들어간 가치(화폐)는 유통과정에서 자신의 가치를 보존할 뿐만 아니라 자신의 가치를 증가시켜 잉여가치를 만들어 냅니다.

유통과정에 들어간 화폐가 자신의 가치를 늘려서 잉여가치를 얻게 되면, 단순한 화폐는 자본으로 바뀝니다. 그래서 자본의 일반적인 유통 과정은 M-C-M´가 됩니다. 화폐가 자본으로 되면, 자본은 잉여가치를 얻는 것을 목표로 삼습니다.

상인자본이나 이자 낳은 자본은 역사적으로 산업자본에 선행하지만, 이들 자본은 자본주의적 생산양식이 확립되면 자본의 운동의 기본 형태인 산업 자본의 파생적 형태로 규정되고, 자본순환의 특수한 기능에 맞춰 산업자본에 예속됩니다.

화폐가 자본으로 바뀌는 곳에서 가치증식, 부의 증대는 유통영역에서 발생하지 않습니다. 자본이 자본의 유통내부에서 가치를 만들어 내고 있다는 것은 명백한 사실입니다. 마르크스는 자본의 일반 공식에 모순이 있다고 말합니다.

자본은 유통에서 발생할 수도 없고, 또 유통의 외부에서 발생할 수도 없습니다. 자본은 유통의 내부에서 발생해야 하는 동시에 유통의 내부에서 발생해서는 안 됩니다. 그리하여 이중적 결과가 발생합니다. 화폐의 자본으로 전화는 마땅히 상품교환을 규정하는 법칙의 기초 위해서 전개되어야 할 것이며, 따라서 등가물끼리의 교환이 당연히 출발점이 되어야 할 것입니다. 아직까지는 자본가의 애벌레로 존재하는 데 지나지 않는 우리의 화폐 소유자는 상품을 가치대로 구매하여 그 가치대로 판매하면서도 과정의 끝에 가서는 자기가 투입한 것보다 더 많은 가치를 끌어내지 않으면 안 됩니다. 그의 나비로의 성장, 곧 완전한 자본가로의 발전은 반드시 유통분야의 내부에서 수행되어야 하며, 또 그러면서도 유통분야의 수행되어서는 안 됩니다. 이것이 문제의 조건입니다.[3]

잉여가치는 노동력이라는 상품이 독특한 사용가치를 갖고 있기 때문에 발생합니다. 노동력의 독특한 사용가치는 가치의 원천일 뿐만 아니라 그 자신이 가지고 있는 것보다 더 많은 가치의 원천이라는 것입니다. 때문에 잉여가치의 발생 원인을 파악하는 데에서 노동력의 구매와 판매는 결정적인 역할을 합니다.

---

3 『마르크스 자본론』 69쪽.

제2편 **화폐의 자본으로의 전환**

제5장_노동력의 구매와 판매

가치의 증가분인 잉여가치가 어디에서 생기는지를 규명하기 위해 자본의 일반공식 M-C-M′를 검토해 그 모순을 찾아낸 후 문제 해결의 조건을 제시했습니다.

자본으로 전환되어야 할 화폐의 가치변화는 화폐 그 자체에서는 일어날 수 없습니다. 마찬가지로 이 가치변화는 제2의 유통행위인 상품의 재판매로부터도 발생할 수 없습니다.

그러므로 이 가치변화는 바로 제1의 유통행위 M-C에 의해 구매되는 상품에서 일어나야 하는데, 그렇다고 그 상품의 가치에서 일어나는 것은 아닙니다. 왜냐하면 등가물끼리 교환되므로 상품은 그 가치대로 지불되기 때문입니다. 그리하여 이 가치변화는 그 상품의 현실적인 사용가치로부터만, 다시 말해 그 상품의 소비로부터만 발생할 수 있습니다. 그런데 한 상품의 소비로부터 가치를 끌어내기 위해서는, 우리의 화폐소유자는 유통분야의 내부 즉 시장에서 그것의 사용가치가 가치의 원천으로 되는 독특한 속성을 가진 상품 즉 그것의 현실적 소비 그 자체가 노동의 대상화, 따라서 가치의 창조로 되는 그런 상품을 발견하여야만 합니다. 사실상 화폐소유자는 시장에서 이와 같은 특수한 상품을 발견하는데 그것은 노동능력 즉 노동력입니다.

임노동제도가 특수한 역사적 기원을 가진다는 점입니다.

자연이 한편으로 화폐소유자 또는 상품소유자를 만들어내고 다른 한편으로 자신의 노동력만을 소유한 자들을 만들어내는 것은 아니라는 점입니다. 그것은 분명 선행한 역사적 발전의 결과이며, 많은 경제적 변혁의 산물이자 일련의 낡은 사회적 생산의 구성체들이 만들어낸 산물입니다.

노동력과 노동의 차이점을 봅시다.

노동력이란 노동의 능력 또는 아직 실현되지 못한 잠재적 노동입니다. 노동력이 상품으로 팔릴 때 그 사용가치는 바로 노동을 수행하는 것, 즉 잠재적 노동을 현실화하는 것입니다. 그리고 노동이 수행되면 노동은 상품 안에 체현되어 상품에 가치를 부여합니다. 따라서 잉여가치의 원천은 상품으로서의 노동력(즉 잠재적 노동)과 노동력으로 생산되어 실현된 노동을 체현하고 있는 상품(즉 노동력이라는 상품의 사용가치를 소비한 것)의 가치 사이의 차이일 수밖에 없습니다. 노동력은 절대적으로 독특한 상품입니다. 이 상품을 소비 또는 사용하면 그 본래의 가치를 보전할 뿐만 아니라 잉여가치까지 산출할 만큼 큰 가치를 창출합니다.[4]

화폐는 상품교환의 일정한 발전 단계를 필요로 하는 역사적 산물입니다. 그러나 상품유통이 덜 발전된 상태에서도 화폐는 나타날 수 있

---

4 『E.K. 헌트의 경제사상사』, 457~458쪽.

습니다. 그런데 자본은 그렇지 않습니다. 상품유통과 화폐유통이 활발하게 이루어진다고 해서 곧바로 자본이 형성되는 것이 아닙니다. 자본이 형성되기 위한 중요한 조건은 생산수단을 가진 자본가와 자신의 노동력을 판매하려는 노동자가 존재해야 한다는 것입니다. 이런 조건이 갖추어진 근대에 들어와서야 자본이 역사에 등장하게 되었습니다.

화폐소유자가 시장에서 노동력 상품 즉 임노동자를 발견하기 위해서는 이중의 의미에서 자유로운 노동자로서 임노동자 개념을 제시합니다.
첫째, 노동력 소유자가 신분상 자유인으로서 자신의 노동력을 자유롭게 처분할 수 있어야 합니다. 노동력 소유자와 화폐 소유자는 시장에서 서로 대등한 상품 소유자로 만납니다. 두 사람은 법적으로 평등하며, 다만 한 사람은 노동력의 판매자이고 다른 사람은 노동력의 구매자라는 점에서 차이가 있을 뿐입니다. 노동력 소유자는 자신의 노동력을 항상 일정한 시간 동안만 판매해야 합니다. 만약 그가 노동력을 한꺼번에 몽땅 판매한다면, 그는 자신을 판매하는 것으로 되며, 따라서 그는 자유인이 아니라 노예로, 즉 상품소유자가 아니라 상품으로 되기 때문입니다. 이 조건이 역사적으로는 농노해방을 통해 이루어졌습니다.
둘째, 노동력 소유자가 생산수단과 생활수단을 박탈당해 자신의 노동력 자체를 상품으로 시장에 내놓을 수밖에 없어야 한다는 점입니다. 이 조건은 원시축적에 의해서 이루어졌습니다.[5]
화폐가 자본으로 전환되기 위해서는 화폐소유자는 상품시장에서 자유로운 노동자를 발견하지 않으면 안 됩니다. 여기에서 자유롭다는 것은 이중의 의미를 가집니다. 노동자는 자유인으로서 자기 노동력을 자신의 상품으로서 처분할 수 있다는 의미와, 다른 한편으로는 그는

---

[5] 『자본론 함께 읽기』 231~232쪽.

노동력 외에는 상품으로서 판매할 다른 어떤 것도 전혀 가지고 있지 않으며, 자기의 노동력의 실현에 필요한 일체의 물건으로부터 분리되어 있다는 의미입니다.

노동자들은 언제나 C-M-C의 유통을 수행하지만 자본가들은 M-C-M′의 유통을 수행합니다. 그러므로 이들이 각자 자신들의 처지를 생각하는 방식은 다릅니다. 노동자는 등가의 교환에 만족하는데 이는 그들의 관심이 사용가치에 있기 때문입니다. 그러나 자본가는 등가의 교환으로부터 잉여가치를 뽑아내야 하는 문제를 해결해야 합니다.

이중의 의미에서 자유로운 노동자인 임노동자의 존재가 역사적 산물입니다. 노동력 상품을 일반 재화와 구별되는 특수한 상품입니다. 노동력은 일반 상품과 달리 가치를 창조하는 유일한 요소일 뿐만 아니라 노동력 자체가 인간의 신체 속에 존재한다는 점, 따라서 인간 자신과 분리할 수 없다는 점에 그 특수성이 있습니다. 이런 특수성에 입각해 노동력의 가치를 규정하는 세 요인을 제시합니다.

첫째, 노동력의 가치는 다른 모든 상품의 가치와 마찬가지로 이 특수한 상품의 생산과 재생산에 필요한 노동시간에 의해 규정됩니다. 노동력이 가치인 한, 노동력 그 자체는 거기에 대상화되어 있는 일정한 양의 사회적 평균노동을 표현할 뿐입니다. 노동력은 오직 살아 있는 개인의 능력으로서만 존재합니다. 그러므로 노동력의 생산은 이 개인의 생존을 전제로 합니다. 이 개인의 생존이 주어져 있다면, 노동력의 생산이란 이 개인 자신의 재생산, 즉 그의 생활의 유지입니다. 살아 있는 개인은 자기 생활을 유지하기 위해 일정한 양의 생활수단을 필요로 합니다. 그러므로 노동력의 생산에 필요한 노동시간은 결국 이 생활수단의 생산에 필요한 노동시간으로 귀착됩니다. 다시 말하면, 노동력의 가치는 노동력이 소유자의 생활을 유지하는 데 필요한

생활수단의 가치입니다.[6]

노동자에게 필요한 생활수단의 총량은 노동자 개인을 정상적인 생활상태로 유지하는 데 충분하지 않으면 안 됩니다.

여기서 정상적인 생활 상태란 그 주체가 인간이기 때문에 기계적으로 결정되지 않으며 매우 신축적일 수밖에 없습니다. 일반 상품들과 달리 특수한 상품으로서 노동력의 가치 규정에 역사적·도덕적 요소가 포함됩니다. 이것은 필수적인 필요의 범위, 문화수준, 노동자계급의 관습과 기대 등에 의해 정상적인 생활상태가 결정된다는 것을 의미합니다. 따라서 노동력의 가치는 다른 상품처럼 기계적으로 결정되는 것이 아니라 계급투쟁에 의해 결정된다는 점을 알 수 있습니다.

둘째, 노동력의 생산에 필요한 생활수단의 총량에는 노동자들의 자녀의 생활수단이 포함되며, 그리하여 이 독특한 상품소유자 종족은 상품시장에서 영구화되는 것입니다. 노동력의 가치는 한 노동자 가족의 생계 수단의 가치와 동일합니다. 따라서 노동력에 체현된 노동은 그 생계 수단에 해당하는 상품에 체현된 노동과 동일합니다.

셋째, 일반적인 인간의 천성을 변화시켜 일정한 노동부분에서 기능과 훈련을 몸에 익히기 위한 일정한 훈련 또는 교육이 필요한데 이 교육비는 노동력의 생산을 위해 지출되는 가치 속에 포함됩니다. 상이한 직업마다 필요로 하는 다양한 교육과 훈련을 노동비용으로 바꾸어 계산하면 모든 종류의 노동은 단순노동의 몇 배라는 식으로 환원할 수 있습니다.

노동력 상품의 특수성으로 인해 노동력이 여타 상품과 구별되는 특징 중 하나는 노동력의 가격인 임금이 후불제라는 점입니다. 자본가가 파산하는 경우 발생하는 임금 체불 사태가 이를 단적으로 보여줍니다.

---

6 『자본론 I [상]』, 215쪽.

마르크스는 자유민주주의가 만인의 자유와 평등을 실현하고 있다고 부르주아 이데올로기의 실체를 통렬하게 비판합니다. 자본주의 사회의 자유와 평등, 그리고 인권이 유통분야 또는 상품교환 분야의 상품교환관계를 반영한 것임을 날카롭게 비판합니다.

노동력의 매매가 진행되는 유통분야 또는 상품교환 분야는 사실상 천부인권의 참다운 낙원입니다. 여기를 지배하고 있는 것은 오로지 자유·평등·소유·벤담입니다. 자유! 왜냐하면 하나의 상품, 예컨대 노동력의 구매자와 판매자는 자기들의 자유의지에 의해서만 행동하기 때문입니다. 그들은 법적으로 대등한 자유로운 인격으로 계약을 체결합니다. 계약이라는 것은 그들의 공동의지가 하나의 공통된 법적 표현을 얻은 최종 결과입니다. 평등! 왜냐하면 그들은 오직 상품소유자로서만 서로 관계하며 등가물을 등가물과 교환하기 때문입니다. 소유! 왜냐하면 각자는 자기 것만을 마음대로 처분하기 때문입니다. 벤담! 왜냐하면 각자는 자기 자신의 이익에만 관심을 기울이기 때문입니다. 그들을 결합시켜 서로 관계를 맺게 하는 유일한 힘은 각자의 이기주의·이득·사적 이익뿐입니다. 각자는 오직 자기 자신에 대해서만 생각하고 타인에 대해서는 관심을 기울이지 않습니다. 바로 그렇게 하기 때문에 그들은 모두 사물의 예정조화에 따라 또는 전지전능한 신의 섭리에 따라 그들 상호 간의 이익, 공익, 전체의 이익이 되는 일을 수행하는 것입니다.[7]

---

[7] 『자본론 함께 읽기』, 234~237쪽.

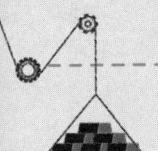

제3편

절대적 잉여가치의 생산

제6장_ 노동과정과 가치증식과정
제7장_ 불변자본과 가변자본
제8장_ 잉여가치율
제9장_ 노동일

제3편 절대적 잉여가치의 생산

잉여가치의 생산은 『자본론』 I 권의 본론입니다.

실제로 상품의 생산과 유통을 자본이게끔 하는 전형적인 자본인 산업자본의 유통·순환과정을 보면 다음과 같습니다.

M-C(MP, LP) ..... P ...... C´-M´(M+m) (C-화폐:money, C-상품:commodity, MP-생산수단들: means of production LP-노동력: labour power P-생산과정: processing)

1,000원을 가지고 있는 어떤 자본가가 500원의 생산수단(기계, 공장터, 원료)를 사는 데 투자하고, 500원은 노동력을 제공할 노동자의 임금에 투자하여 상품을 생산해서 시장에 내다 팔아 1,300원을 벌었다고 합시다. 이것을 공식으로 표현하면 다음과 같습니다.

M:1,000원-C(MP : 500원,LP:500원) ..... P(생산과

정)······C´(상품) - M´(M:1,000원+m:300원)

위에서 화폐의 흐름만 따로 나타내면 M(1,000원) - M´(1,300원) 이 됩니다. 여기서 문제가 되는 것은 m 즉 증식된 화폐부분입니다. 만일 모든 거래가 정상적으로 이루어졌다면, 생산을 위해 투자한 M-C(MP, LP)와 생산 이후 시장에서 상품을 파는 C´-M´는 등가교환입니다. 유통에서 교환되는 두 항의 등가성이 전제됩니다. 기계, 공장, 원료 등의 가치는 자본가가 지불한 500원과 같으며, 노동자의 임금으로 지불한 500원도 노동자에게 정상적으로 지불된 임금입니다. 두 교환과정들에서는 새 가치가 만들어지지 않습니다. 남은 것은 p(생산과정)뿐입니다.

이윤은 유통과정에서가 아니라 생산과정에서 발생하고, 생산과정에서의 가치의 증대를 통해서 발생합니다. 이윤은 생산과정에서 발생하는 것이기 때문에 화폐는 생산수단 MP(500원)와 노동력 LP(500원)로 구성되는 생산자본으로 전형되고, 그것이 생산과정에서 서로 결합하여 잉여가치(300원)를 생산함으로써만, 자신을 증식시키는 가치물 즉 자본으로 전화될 수 있습니다.

그리고 자본의 이런 가치증식은 자본과 임금노동이란 관계 속에서만 가능하기 때문에, 자본은 자본-임노동 관계 그 자체이기도 합니다.

생산과정을 주체적으로 파악해 생산에서 인간과 자연의 관계를 생산력으로, 인간과 인간 사이의 사회적 관계를 생산관계로 파악합니다. 인간이 노동을 통해 자연과 관계에서 생산력 측면을 분석한 것이 노동과정 또는 사용가치의 생산입니다. 생산과정에서 인간들이 맺는 사회적 측면을 분석한 것이 가치증식과정 또는 잉여가치의 생산입니다. 생산과정을 개념적으로 구별되는 두 측면으로 나누어 분석합니다. 자본주의적 생산과정을 노동과정과 가치증식과정의 통일로서 분석합니다. 자본주의적 생산과정은 가치와 사용가치로서 상품의 생산과정이면서 동시에 가치의 증식과정이고, 자본-임노동이란 자본관계의 재생산과정이기도 합니다.[1]

노동력은 생산수단을 자본으로 유지하고, 자기 자신의 가치를 자본으로 재생산하고, 부불노동으로 추가자본의 원천을 제공하는 한에서만, 노동력으로 판매됩니다.

---

1 『자본론 함께 읽기』, 240쪽.

제3편 **절대적 잉여가치의 생산**

제6장_ 노동과정과 가치증식과정

맑스는 『자본론』 I 권 제1장에서 상품의 두 요소인 사용가치와 가치를 나누어 검토하고 노동을 구체적 유용노동과 추상적 인간노동으로 나누어 검토하였습니다. 이와 똑같이 맑스는 생산과정을 노동과정과 가치증식과정으로 나누어 검토합니다. 그리고 맑스는 사용가치를 생산하는 노동과정을 특정 사회형태와 관계없이 고찰합니다. 맑스는 제1장 제2절 상품에 체현되어 있는 노동의 이중성에서 "물적 부 중 자연이 미리 제공하지 않는 모든 요소[예: 저고리, 아마포]는 언제나 [특정의 자연소재를 특정의 인간욕망에 적응시키는] 특수한 합목적적인 생산활동을 거쳐 창조되지 않으면 안 됩니다. 그러므로 사용가치의 창조자로서의 노동, 유용노동으로서의 노동은 사회형태와 무관한 인간생존의 조건이며, [인간과 자연 사이의 물질 대사, 따라서 인간생활 자체를 매개하는] 영원한 자연적 필연성입니다.

노동과정(또는 사용가치의 생산)

자본가는 노동력을 사용하기 위해 구매합니다. 노동력의 사용이 바로 노동입니다. 노동력의 구매자는 노동력의 판매자에게 노동을 시킴으로써 노동력을 소비합니다. 노동력이 자연을 가공할 잠재적 능력이라면, 노동은 이런 잠재적 능력을 발휘하여 자연을 실제로 가공하는 활동입니다. 사용가치 또는 재화의 생산이 자본가를 위해 자본가의 감독 하에서 수행된다고 해서 그 생산의 일반적 성질이 달라지지 않습니다. 노동과정은 어떤 특정의 사회형태와 관계없이 고찰되어야 합니다.

노동은 무엇보다도 먼저 인간과 자연 사이에서 이루어지는 하나의 과정입니다. 이 과정에서 인간은 자신과 자연 사이의 신진대사를 자기 자신의 행위에 의해 매개하고 규제하고 통제합니다.
인간은 하나의 자연력으로 자연의 소재를 상대합니다. 인간은 자연의 소재를 자기 자신의 생활에 적합한 형태로 획득하기 위해 자기의 신체에 속하는 자연력의 팔과 다리, 머리와 손을 운동시킵니다. 그는 이 운동을 통해 외부의 자연에 영향을 미치고 그것을 변화시키며, 그렇게 함으로써 동시에 자기 자신의 자연(천성)을 변화시킵니다. 그는 자기 자신의 잠재력을 개발하며 이 힘의 작용을 자기 자신의 통제 밑에 둡니다.
우리가 상정하는 노동은 오로지 인간에게서만 볼 수 있는 형태의 노동입니다. 거미는 직포공들이 하는 일과 비슷한 일을 하며, 꿀벌의 집은 많은 인간 건축가들을 부끄럽게 합니다. 그러나 가장 서투른 건축가라도 가장 훌륭한 꿀벌보다 뛰어난 점은, 그는 집을 짓기 전에 미리 자기의 머릿속에서 그것을 짓고 있다는 점입니다. 노동과정의 끝에 가서는 그 시초에 이미 노동자의 머릿속에 존재하고 있던(즉 관념적으로 이미 존재하고 있던) 결과가 나오는 것입니다. 노동자는 자연물의 형태를 변화시킬 뿐만 아니라 자기가 의식하고 있는 목적을 자연물에 실현시킵니다. 그 목적은 하나의 법처럼 그의 행동방식을 규정하는데, 그는 자신의 의지를 이것에 복종시키지 않으면 안 됩니다. 그리고 이 복종은 결코 순간적인 행위가 아닙니다. 노동하는 신체기관들의 긴장 외에도 주의력으로서 나타나는 합목적적 의지가 노동이 계속되는 기간 전체에 걸쳐 필요합니다.

더욱이 그 의지는, 노동의 내용과 그 수행방식이 노동자의 흥미를 끄는 일이 적으면 적을수록, 따라서 노동자가 노동을 자기 자신의 육체적 및 정신적 힘의 자유로운 발휘로서 즐기는 일이 적으면 적을수록, 더욱 필요하게 됩니다.[2]

노동과정은 머릿속에 그린 것을 현실로 만들어내고, 목적을 의식적으로 실현하기 위해서는 힘든 노동을 감수하고 자제력을 발휘해야 합니다. 우리 행동에는 관념적인(정신적인) 것이 매개되고 있습니다. 건축가(하나의 은유로써)는 세상을 생각하고 그 세상을 자신의 생각에 맞추어 변형할 수 있는 능력이 있습니다.

이런 합목적적 또는 목적의식적 활동, 즉 노동에서의 구상과 실행의 통일을 인간노동의 고유한 특징으로 봅니다. 이 점은 이후 자본주의적 노동과정에서의 변화, 즉 구상과 실행의 분리에 따른 노동의 소외와 쇠퇴를 자본주의적 임노동의 비인간화로 비판하는 근거가 됩니다.

노동과정에 필요한 기본요소는 (1) 인간의 합목적적 활동 즉 노동력 그 자체 (2) 노동대상 (3) 노동수단입니다.

노동대상이란 노동이 가해지는 대상, 즉 노동을 통해서 가공되거나 변형되는 대상입니다. 노동대상으로 토지, 물, 천연자원, 원료 등을 들고 있습니다.

인간을 위해 최초부터 식량 또는 생활수단을 마련해 주고 있는 토

---

[2] 『자본론 I [상]』, 225~226쪽.

지(경제학적 관점에서는 물도 여기에 포함됩니다.)는 인간노동의 일반적 대상으로서 인간 측의 수고없이 존재합니다. 노동에 의해 자연환경과의 직접적 연결로부터 분리된 데 불과한 물건들도 모두 천연적으로 존재하는 노동대상입니다.

예를 들어, 그 자연환경이 물로부터 떨어져 나와 잡힌 물고기, 원시림에서 벌목된 원목들, 광맥에서 채취된 광석들이 그런 것들입니다. 이와는 반대로, 만약 노동대상 그 자체가 이미 과거 노동에 의해 여과되어 있다면, 우리는 그것을 원료라고 부릅니다. 예를 들면, 이미 채굴되어 세광과정에 들어가는 광석이 그것입니다. 그러나 모든 노동대상이 원료인 것이 아닙니다. 노동대상이 원료로 되는 것은 이미 노동에 의해 어떤 변화를 받은 경우뿐입니다.[3]

노동수단이란 노동자가 자신과 노동 대상을 연결시켜 작업을 효과적으로 하기 위해 이용하는 물건입니다.

노동수단은 노동자가 자기와 노동대상 사이에 끼워 넣어 그 대상에 대한 자기 활동의 전도체로서 이용하는 물건(또는 여러 가지 물건들의 복합체)입니다. 노동자는 여러 물질의 기계적·물리적·화학적 성질들을 이용해 그 물질들을 자기의 힘의 수단으로서 자기의 목적에 따라 다른 물질들에 작용하게 합니다. 노동수단에는 돌, 칼, 망치와 같은 단순한 도구부터 기계와 같은 복잡한 도구까지 모두 포함합니다. 노동수단의 사용과 제조는 인간 특유의 노동과정을 특징 짓습니다. 벤저민 프랭클린은 인간을 도구를 만드는 동물이라고 했습니다.[4]

경제적 시대를 구별하는 것은 무엇이 생산되는가가 아니고 어떻게, 어떠한 노동수단으로 생산되는가라는 것입니다. 노동수단은 인간의

---

[3] 『자본론 함께 읽기』 243~244쪽.
[4] 『자본론 함께 읽기』 244쪽.

노동력 발달의 척도일 뿐만 아니라 노동이 그 속에서 수행되는 사회적 관계의 지표이기도 합니다.[5]

인류시대를 구분할 때 석기시대, 청동기시대, 철기시대 등으로 구분하는 것도 이런 노동수단을 기준으로 합니다. 노동수단이 각 시대의 생산력을 반영하고 표현하기 때문입니다. 노동과 노동대상을 매개하는 노동수단 외에 노동과정의 수행에 필요한 모든 객체적 조건 즉 토지, 공장, 운하, 도로 등도 더 넓은 의미의 노동수단에 포함됩니다.

노동과정에서는 인간의 활동이 노동수단을 통해 노동대상에 처음부터 의도하고 있던 변화를 일으킵니다. 노동과정은 생산물 속에서는 사라집니다. 그 생산물은 하나의 사용가치이며, 자연의 소재가 형태변화에 의해 인간의 욕망에 적합하게 된 것입니다. 노동은 그 대상과 결합되었습니다. 즉 노동은 대상화되었고, 대상은 변형되었습니다. 인간의 육체 속에 존재하던 힘이 노동 과정을 거치면서 대상 속으로 들어가 고정된 형태가 되는 것입니다. 노동자측에서는 운동의 형태로 나타났던 것이 이제 생산물측에서는 고정된 정지성으로 존재의 형태로 나타납니다. 노동자는 방적 노동을 한 것이고, 그 생산물은 방적된 것(실)입니다.

생산이 이루어지기 위해서는 인간의 노동, 이러한 노동이 가해지는 노동대상, 노동과 노동 대상을 중간에서 연결시켜 주는 노동수단이 필요합니다.

이 과정 전체를 그 결과인 생산물의 입장에서 고찰하면, 노동수단과 노동대상은 생산수단으로 나타나며, 노동 그 자체는 생산적 노동으로 나타납니다.

---

[5] 『자본론 Ⅰ [상]』, 228쪽.

노동과정에서 생산수단이 사용되는 것 즉 생산수단이 소비되는 것인 생산수단과 개인의 필요를 충족하기 위한 개인적 소비를 구별합니다.

노동은 그 소재적 요소인 노동대상과 노동수단을 소비하는 것이고, 따라서, 따라서 노동은 소비행위입니다. 이 생산적 소비가 개인적 소비와 구별되는 것은, 개인적 소비가 생산물을 개인의 향유수단으로 소비하는 것에 비해, 생산적 소비가 생산물을 노동의 운전수단으로 소비한다는 점입니다. 그러므로 개인적 소비가 만들어내는 것은 소비자 자신이지만, 생산적 소비의 결과는 소비자와는 구별되는 생산물입니다.

여기까지 검토한 노동과정은 사용가치를 생산하기 위한 합목적적 활동이며, 인간의 욕망을 충족시키기 위해 자연에 존재하는 것을 사용하는 것이고, 인간과 자연 사이의 물질대사의 일반적 조건이며, 인간 생활의 영원한 자연적 조건입니다. 따라서 그것은 인간생활의 어떤 형태로부터도 독립하고 있으며, 오히려 인간생활의 모든 사회적 형태에 공통된 것입니다.

다음으로 노동과정은, 자본주의에서는 자본가가 자신이 구매한 노동력을 소비할 때, 즉, 자본가가 노동자로 하여금 노동을 통해 생산수단을 소비하게 할 때 이루어지는데 이 노동과정은, 자본가에 의해 노동력의 소비과정으로서는, 두 가지의 독특한 현상을 보여주고 있습니다.

첫째, 노동자는(그의 노동을 소유하는) 자본가의 감독 하에서 노동합니다. 자본가는 노동이 질서정연하게 수행되고 생산수단이 합목적적으로 사용되도록, 그리하여 원료가 낭비되지 않고 노동도구가 소중하게 취급되도록(다시 말하면 작업중의 사용에 의해 불가피한 정도로만 마멸되도록) 감시합니다.

둘째, 생산물은 자본가의 소유물이지 직접적 생산자인 노동자의 소유물이 아닙니다. 자본가가 노동력의 하루의 가치를 지불한다고 가정하면, 노동력을 하루 동안 사용할 권리는 자본가에게 속합니다. 그가 자본가의 작업장에 들어가는 그 순간부터 그의 노동력의 사용가치, 다시 말하면 그것의 사용 즉 노동은 자본가의 것으로 됩니다. 자본가는 노동력의 구매를 통해 노동 그 자체를 살아 있는 효모로서(역시 그의 것인) 죽어 있는 생산물 형성요소에 합체시키는 것입니다. 그의 입장에서 본다면, 노동과정은 자기가 구매한 노동력이라는 상품의 소비에 지나지 않지만 그는 이것을 생산수단을 첨가함으로써만 그것을 소비할 수 있는 것입니다. 노동과정은 자본가가 구매한 물건과 물건 사이의, 즉 그에게 속하는 물건과 물건 사이의 한 과정입니다. 그러므로 이 과정의 생산물은, 마치 그의 포도주 창고 속에 있는 발효과정의 생산물이 그의 것인 것과 똑같이, 그의 것입니다.[6]

자본가에 의한 노동력 소비과정으로서 노동과정이 자본가가 구매한 물건과 물건 사이의 과정이란 점, 즉 자본가에게는 노동과정이 물질적 과정으로 나타난다는 점입니다. 자본가의 입장에서 보면 노동자는 생산수단과 마찬가지로 하나의 생산요소에 불과합니다. 주류경제학에서 생산의 3요소로 토지, 자본, 노동을 병렬하는 것이 이를 잘 보여줍니다.

가치증식과정

자본주의적 생산과정에서 주요한 측면은, 노동과정이 아니라, 가치의 증식과정입니다. 생산과정을 사용가치가 아니라 잉여가치의 생산과정을 살펴봅시다. 상품생산에서 사용가치가 생산되는 것은 사용가

---

[6] 『자본론 I [상]』, 235쪽.

치가 오직 교환가치의 물질적 토대, 교환가치를 담는 그릇이기 때문입니다. 상품생산에서 자본가의 목적은 사용가치뿐만 아니라 가치를, 그리고 가치뿐만 아니라 잉여가치를 생산하는 것입니다.

자본주의뿐만 아니라 상품경제 일반, 즉 생산수단이 사적으로 소유되어 있고, 따라서 사회적 분업이 자연발생적으로 이루어지고 있어서 노동의 생산물이 상품으로 등장하는 사회에서는, 그 상품을 생산하는 노동과정은 동시에 가치를 생산하는 과정 즉 가치형성과정입니다. 이는 상품이란 것이 사용가치와 가치의 통일물이란 사실에서, 혹은 상품의 가치란 생산수단이 사적으로 소유되어 있는 조건 하에서 사회적 분업의 담당자 간의 노동이 사회적인 노동으로, 사회적으로 분배되는 방식이란 사실입니다.

자본주의적 상품생산과정은 단순한 가치형성과정에 그치지 않고, 가치를 증식하는 과정입니다. 가치증식과정이란, 노동과정과 가치형성과정으로서 생산과정이 시작될 때 투입된 가치의 양에 비해서 보다 큰 가치가 만들어지는 과정이란 뜻입니다. 그리고 자본주의적 상품생산과정이 이렇게 가치의 증식과정이 되는 것은 생산수단에 대한 단순한 사적 소유만이 아니라 그 자본주의적 사적 소유를 전제하고 있습니다. 생산수단이 자본가에게 배타적·독점적으로 소유되어 있는 반면에, 직접생산자인 노동자는 이 생산수단의 소유로부터 배제되어 무산자로 존재하는 것을 의미합니다.

가치증식과정에서 편의를 위해 맑스는 가상적인 상황을 제출하고 있습니다.

가치창조와 가치 이전을 구별해서 봅시다.

면화 10파운드+ 방추 1개+ 방적노동 6시간 =면사 10파운드
각각에 필요한 노동시간: 10시간+6시간+6시간=22시간

    이 경우 면사 생산에 필요한 노동시간(22시간)에는 면화나 방추의 생산에 필요한 노동시간(10시간+6시간)이 포함됩니다. 즉 면화와 방추에 포함되어 있는 과거노동은 살아 있는 노동인 방적노동을 매개로 면사라는 새로운 생산물로 이전됩니다. 이때 방적노동 6시간은 그만큼 새 가치를 창조한 것이지만, 면화와 방추에 포함된 과거노동 10시간과 6시간은 그대로 면사의 가치로 이전된 것입니다. 생산수단은 새 가치를 창조하는 것이 아니라 그 자체가 포함된 과거의 노동을 생산물에 그대로 이전할 뿐입니다. 살아 있는 노동만이 가치를 창조합니다. 노동과정에서 살아 있는 노동에 의해 새 가치가 창조되는 동시에 생산수단의 가치가 이전되는 과정을 가치형성과정이라 합니다.
    가치형성과정을 노동과정과 비교해 보면, 노동과정은 사용가치를 생산하는 유용한 노동에 의해 성립되며, 생산의 운동은 질적으로-생산물의 종류, 생산과정의 목적과 내용에 따라-고찰되고 있는 것을 알 수 있습니다. 가치형성과정에서는 이 동일한 노동과정이 오직 양적 측면에서 고찰됩니다. 여기에서 문제가 되는 것은 노동자의 작업시간, 즉 노동력이 유용하게 지출되는 계속시간뿐입니다. 노동과정에 들어가는 상품들은 더 이상 노동력이 일정한 목적에 따라 가공하는 물적 요소로 여겨지지 않습니다. 그것들은 오직 대상화된 노동의 일정량으로 여겨질 뿐입니다. 생산수단에 들어 있는 것인지 노동력에 의해 첨가되는 것인지를 묻지 않고, 노동은 오직 계속시간에 의해 계산될 뿐입니다. 그것은 몇 시간 또는 며칠 등으로 계산됩니다.[7]

---

[7] 『자본론 함께 읽기』, 248~249쪽.

제3편 **절대적 잉여가치의 생산**

제7장_ 불변자본과 가변자본

　가치형성과정에서 이루어지는 가치 이전과 가치 창조를 노동의 이중성(유용노동과 추상적 인간노동)과 연관시켜 다른 각도로 논의합니다. 노동자가 동일한 시간에 이중으로 노동하는 것은 아닙니다. 그는 새로운 가치를 첨가하는 바로 그 행위에 의해 종전의 가치를 보존, 이전하는 것입니다. 그러나 노동의 이중성에서 각각의 속성이 하는 역할은 서로 다릅니다. 살아 있는 노동의 유용노동의 측면이 생산수단(죽은 노동)이 가치를 생산물에 이전하고, 추상적 인간노동 측면이 새 가치를 창조한다는 것입니다. 이 가치이전은 자본가에게 무상선물입니다.[8]

　보일러를 가열시키기 위해 사용되는 석탄은 바퀴의 축에 바르는 기름 등과 마찬가지로 흔적 없이 사라져 버립니다. 염료나 기타 보조재료들도 사라져 버리기는 하지만 생산물의 속성으로 다시 나타납니다.

---

8 『자본론 함께 읽기』 253~254쪽.

원료는 생산물의 실체를 형성하지만 그 형태는 변합니다. 따라서 원료와 보조재료는 사용가치로서 노동과정에 들어갈 당시의 독자적인 모습을 잃어 버립니다.[9]

도구, 기계, 공장건물, 용기 등의 진정한 노동수단은 노동과정에는 전체적으로 참여하지만 가치형성과정에는 부분적으로만 참가합니다.

예컨대 어떤 기계의 가치가 1,000원의 가치가 있고 그 기계는 1,000일 뒤에 마멸된다고 가정합시다. 이 경우 기계의 가치는 매일 1/1,000씩 생산물로 넘어갑니다. 그와 동시에 비록 기계의 활동력이 점차 감퇴되기는 하지만 그 기계 전체가 노동과정에서 기능합니다.

다른 한편 어떤 생산수단은 노동과정에는 부분적으로 들어가지만 가치형성과정에는 전체적으로 들어갑니다. 가령 면화에서 실을 뽑을 때, 115원의 면화에서 매일 15원의 낙면이 생기며, 이 낙면은 면사로 되지 못하고 오직 솜부스러기가 된다고 가정합시다. 만약 이 15원의 낙면 발생이 방적의 평균적 조건 하에서는 정상적이고 불가피한 것이라면, 이 15원의 면화의 가치도 면사의 실체로 되는 100원의 면화의 가치와 꼭 마찬가지로 면사의 가치에 들어갑니다.

노동자는 원래의 가치를 보존하지 않고서는, 새 노동을 첨가할 수 없으며 새 가치를 창조할 수 없습니다. 왜냐하면 그가 첨가하는 노동은 반드시 특정의 유용한 형태이어야 하며, 생산물들을 새로운 생산물의 생산수단으로 사용해 그들의 가치를 새로운 생산물로 이전하지 않고서는 유용한 노동을 할 수 없기 때문입니다. 가치를 첨가하면서 가치를 보존한다는 것은 활동 중의 노동력(살아 있는 노동력)의 자연적 속성입니다. 이 자연적 속성은 노동자에게는 아무런 비용도 들지 않으나 자본가에게는 현존하는 자본가치의 보존이란 큰 이익을 가

---

9 『자본론 I [상]』, 258쪽.

져다줍니다. 경기가 좋은 동안에는 자본가는 돈벌이에 어두워 노동의 이 공짜 선물을 보지 못하지만, 노동과정의 강제적 중단, 즉 공황은 자본가로 하여금 이것을 절실하게 느끼도록 만듭니다.[10]

공황시 생산수단을 사용하지 않으면 자연적 마모나 손상이 발생해 생산수단의 가치가 보존되지 않기 때문에 생산수단의 가치를 이전하는 것은 자본가에게는 공짜선물입니다. 가치이전과 가치창조과정과 관련해 불변자본과 가변자본의 개념을 새롭게 도입합니다.

생산수단과 노동력은, 최초의 자본가치가[자기의 화폐형태를 벗어버리고 노동과정의 요소들로 전환할 때] 가지는 상이한 존재형태에 지나지 않습니다.

이와 같이 자본 중 생산수단[원료·보조재료·노동수단]으로 전환되는 부분은 생산과정에서 그 가치량이 변동하지 않습니다. 그러므로 이것은 자본의 불변 부분 또는 간단하게 불변자본(不變資本)이라고 말합니다. 불변자본은 현재의 노동과정에서 생산수단으로 사용되는 상품 속에 이미 응결되어 있는 과거 노동입니다. 이 가치는 원료나 기계 등을 생산하는 산업부문의 생산성에 따라 변동하고, 그러므로 이 자본을 불변자본이라 해서 그 가치를 고정된 것으로 간주해서는 안 됩니다.

이와 반대로, 자본 중 노동력으로 전화되는 부분은 생산과정에서 그 가치가 변동합니다. 이것은 자신의 등가물을 재생산하고 또 그 이상의 초과분, 즉 잉여가치를 생산하는데, 이 잉여가치는 역시 변동하며 상황에 따라 크게도 작게도 될 수 있습니다. 자본의 이 부분은 불변의 크기로부터 끊임없이 바뀔 수 있는 크기로 전환합니다. 그러므로

---

10 『자본론 I [상]』, 262쪽.

이것은 자본의 가변부분 또는 간단하게 가변자본(可變資本)이라고 말합니다.

노동과정의 입장에서는 객체적 및 주체적 요소(즉 생산수단과 노동력)로 구별되는 바로 그 자본요소들이 가치증식과정의 입장에서는 불변자본과 가변자본으로 구별됩니다.[11]

불변자본과 가변자본은 새로운 가치의 생산여부를 기준으로 자본을 나눕니다. 불변자본은 말 그래도 가치에 변화가 없는 자본이고, 가변자본은 가치에 변화를 낳은 자본입니다. 이 개념들은 자본주의적 축적의 역동성을 분석하는 데 매우 중요한 개념으로서 나중에 나올 잉여가치율, 자본의 유기적 구성도 등의 구성 요소가 됩니다.

고전파 경제학은 자본가 회계 관점에서 고정자본과 유동자본을 구별합니다. 고정자본은 한번 투하되면 오랫동안 쓰는 기계류, 공장 건물 등이며, 유동자본은 생산물에 매번 투하되어 소모되는 원료나 중간재, 노동력 등을 말합니다. 자본가의 시각에서는 투하하여 수차례 사용하는지, 아니며 한 번의 회전에서 모두 소비하는 등 자본의 회전과 관련한 것이 중요합니다. 이에 비해 마르크스는 생산과정에서의 가치증식 여부를 기준으로 불변자본과 가변자본을 구별합니다. 불변자본과 가변자본이 잉여노동과 착취를 드러내는 구별이라면 고정자본과 유동자본 개념은 잉여노동과 착취를 은폐하는 구별입니다.[12]

어떤 사회의 성격은 그 안에서 이 양대 요인이 결합하는 방식에 의해서 구별되는 것입니다. 생산의 사회적 형태가 어떠하든, 노동자와 생산수단은 언제나 생산의 요인입니다. 그러나 한쪽도 다른 쪽도 서로 분리되어 있는 상태에서는 단지 가능성으로 보아서 그러할 뿐입니다. 무릇 생산이 이루어지기 위해서는 그것들이 결합하지 않으면 안

---

11 『자본론 Ⅰ [상]』, 265쪽.
12 『자본론 함께 읽기』, 255~256쪽.

됩니다. 이 결합이 실현되는 방식과 양식이 사회구조의 다양한 경제적 시대를 구별합니다.

제3편 **절대적 잉여가치의 생산**

제8장_ 잉여가치율

자본주의적 생산에서 가장 중요한 착취를 표현하는 잉여가치율 또는 착취도, 필요노동시간과 잉여노동시간 개념을 정의합니다. 이 개념을 통해 당시 노동일 단축을 둘러싼 계급투쟁에서 나타난 부르주아의 이데올로기, 즉 하루 노동일 중 최후의 한 시간에 이윤이 생산된다는 주장의 허구성을 폭로합니다.

생산물가치와 가치생산물을 구별합니다. 생산물가치는 생산물의 가치를 말하며, 투하자본(불변자본+가변자본)에 잉여가치를 더한 것입니다. 여기서 불변자본에는 소모된 원료 및 보조재료에 전체 가치와 노동수단의 총가치 중 마모된 가치만이 포함됩니다. 가치생산물은 생산과정 속에서 실제로 창조된 새로운 가치를 말하며, 가변자본과 잉여가치를 더한 것입니다. 이는 부가가치 개념 즉 투입된 원료, 중간재, 설비감가비 등을 모두 비용으로 빼고 생산과정에서 새로 부가된 가치가 가치생산물입니다.[13]

---

[13] 『자본론 함께 읽기』 257~258쪽.

이를 그림으로 표시하면, 다음과 같습니다.

	생산물 가치	
	가치생산물	
불변자본(c)	가변자본(v)	잉여가치(m)

이때 사회의 재생산이 축소되지 않고 최소한 단순재생산이라도 반복하기 위해서는, 그 사회가 개인적으로 소비할 수 있는 가치의 한계는 바로 그 가치생산물의 크기를 넘지 않아야 합니다.

생산과정에 들어간 자본(Capital) C는 두 부분, 생산수단을 구입하는 데 들어간 불변자본(constant capital) c와 노동력을 구입하는 데 들어간 가변자본(variable capital) v로 구성됩니다. 따라서 다음과 같은 등식이 성립합니다.

C(처음에 들어간 자본)=c(불변자본)+v(가변자본)

예를 들어 처음에 들어간 자본이 모두 500원인데, 그 가운데 410원이 원료나 기계와 같은 생산수단을 구입한 비용이고, 90원이 노동력을 구입한 비용이라면 다음과 같은 등식이 성립합니다.

500원(C)=410원(c)+90원(v)

일정한 생산과정을 거치면 새로운 상품이 만들어지는데, 그 상품에는 잉여가치(surplus values)s가 추가되어 있기 때문에 그 상품의 가치량은 다음과 같이 구성됩니다.

C´(생산된 상품의 가치)=c(불변자본)+v(가변자본)+ s(잉여가치)

예를 들어 추가된 잉여가치가 90원이라면 새 상품의 총가치는 590원이 되므로 다음과 같은 등식이 성립합니다.

590원(C´)=410원(c)+90원(v)+90원(s)

처음에 들어간 자본이 500원(c+v)이라면, 나중에 생산된 상품의 가치는 여기에 잉여가치를 더해져 590원(c+v+s)이 됩니다. 잉여가치는 노동력이 자신의 가치를 넘어서서 만들어낸 것이기 때문에, 잉여가치(s)는 노동력 구입에 들어간 가변자본(v)의 증가분(v´)이라고 할 수 있습니다. 따라서 v+s=v+v´이 됩니다. 여기서 가변자본의 가치증식 비율, 즉 가변자본이 잉여가치를 생산하는 상대적 비율을 잉여가치율이라고 부릅니다.

잉여 가치율=s(잉여가치)/v(가변자본)=잉여노동/필요노동

잉여 가치율은 노동력의 구입에 사용된 가변 자본이 얼마만큼의 잉여 가치를 만들어 냈는지를 비율로 냈는지를 비율로 나타낸 것입니다. 이 경우에는 잉여가치가 90원이고 가변 자본도 90원이기 때문에 잉여가치율은 100%가 됩니다.

90원(s)/90원(v)=100%[14]

---

[14] 『자본론 함께 읽기』 89~90쪽.

잉여가치율은 자본이 노동력을 착취하는 정도 또는 자본가가 노동자를 착취하는 정도의 정확한 표현입니다. 따라서 잉여가치율은 자본가와 노동자의 계급관계를 가장 직접적으로 표현한 개념입니다. 사회에서는 사람들 사이의 사회관계를 중심으로 파악하기 때문에 잉여가치율 개념을 중시합니다.

이러한 잉여가치율을 필요노동과 잉여 노동의 구성 비율을 중심으로 살펴봅시다.

노동력의 가치는 노동력을 재생산하는 데 필요한 노동시간에 의해 결정됩니다. 즉, 노동자가 생계를 유지하기 위해 생활필수품을 마련하고, 교육을 받거나 기술을 배우는 데 들어가는 노동시간에 의해 결정됩니다. 만약 노동력을 유지하기 위해 필요한 시간이 하루 6시간이라면, 노동자는 6시간 동안 노동력의 가치에 해당되는 생산물을 생산합니다. 이것은 노동자가 받은 임금에 해당되는 노동 시간입니다. 노동 시간 가운데 이렇게 노동력의 재생산을 위해 사용되는 부분을 필요 노동 시간이라고 부르며, 이때 수행되는 노동을 필요노동이라고 합니다. 필요노동은 노동자가 자신의 육체적·정신적 능력을 유지하고 재생산하는 데 필요한 노동입니다. 이것은 사회 형태와는 상관없이 어느 사회에서나 필요한 노동입니다.

다른 한편으로 노동자는 6시간의 필요 노동을 넘어서서 추가 노동을 합니다. 이 노동은 노동자 자신에게는 아무런 이익도 가져다주지 않으며, 자본가에게만 이익을 줍니다. 이것이 잉여가치입니다. 이렇게 노동 시간 가운데 잉여 가치를 만들어내는 부분을 잉여 노동 시간이라고 부르며, 이때 수행되는 노동을 잉여노동이라고 합니다. 하루 12시간의 노동을 했을 때 그 가운데 6시간의 노동이 필요노동이라고 한다면, 그 나머지 6시간의 노동은 잉여 노동입니다.[15]

잉여가치율을 이윤율과 혼동해서는 안 되며, 이 두 가지를 분명하게 구분해야 합니다. 잉여가치율 개념은 자본가들이 투자의 기준으로 삼는 이윤율 개념과는 구별됩니다. 잉여가치율은 가변자본이 잉여가치를 만들어낸 비율입니다. 즉 노동력이 어느 정도의 잉여가치를 만들어냈는지를 비율로 보여준 것입니다. 이에 비해 이윤율은 불변자본과 가변자본을 합한 총 투자 자본이 잉여 가치를 만들어낸 비율입니다. 즉 생산 과정에 들어간 총자본이 어느 정도의 잉여가치를 만들어냈는지를 비율로 보여준 것입니다.

$$이윤율 = 잉여가치/투하자본 = 잉여가치/불변자본 + 가변자본 = s/c+v$$

이윤율이 노동자의 착취도를 훨씬 낮게 표현합니다. 어떤 생산물의 가치가 590원(C′)=410원(c)+90원(v)+90원(s)이라고 가정합시다. 이 경우에 이윤율=s/(c+v)=90원/(410원+90원)=18%입니다. 반면에 잉여가치율=s/v=90원/90원=100%입니다. 자본가는 자신이 투자한 총자본이 어느 정도의 잉여가치, 즉 이윤을 만들어 냈는지에 관심이 있기 때문에 이윤율을 중시합니다. 그러나 불변자본은 잉여가치를 만들지 않고, 가변자본에 해당되는 노동력만이 잉여 가치를 만들기 때문에 이윤율은 노동에 대한 착취도를 정확하게 나타내지 못합니다.

---

15 『자본론 함께 읽기』, 90~91쪽.

제3편 **절대적 잉여가치의 생산**

제9장_ 노동일

노동과 노동력의 차이의 크기는 무엇보다도 노동일의 길이에 달려 있습니다. 노동자가 계속 번식하여 자신의 대체자를 생산하는 한, 자본가는 노동일의 길이를 인간이 견딜 수 있는 한계까지 연장하려고 기를 쓰게 되어 있습니다.

노동가치론의 세계와 노동력 가치의 세계는 다릅니다.
노동가치론은 사회적 필요노동시간이 노동자에 의해 어떻게 상품 속에 응결되는지를 다룹니다. 이 사회적 필요노동시간은 화폐상품과 화폐 일반에 의해 표시되는 가치의 기준입니다. 그러나 노동력의 가치는 단지 시장에서 판매되는 노동력이라는 상품의 가치일 뿐입니다. 이 상품은 어떤 점에서는 다른 상품들과는 같지만, 역사적·도덕적 요소가 포함되기에 다릅니다.[16]
노동력의 가치는 다른 모든 상품의 가치와 마찬가지로 그것을 생산

---

[16] 『맑스 자본 강의』, 254쪽.

하는 데 필요한 노동시간에 의해 결정됩니다. 만약 노동자가 매일 평균적으로 소비하는 생활수단의 생산에 6시간이 필요하다면, 그가 자신의 노동력을 매일 생산하기 위해서는, 또는 그것을 판매해서 받은 가치를 재생산하기 위해서는 평균적으로 하루에 6시간씩 노동하지 않으면 안 됩니다.[17]

그러나 노동력의 가치 6시간를 규정하는 것만으로는 노동일 자체의 길이가 결정되지 않습니다. 잉여노동시간에 따라 노동일의 길이가 변동하기 때문입니다. 노동자의 하루 노동 시간을 필요 노동 시간과 잉여 노동시간으로 구성됩니다.

이제 선분 A-B는 이를테면 6시간에 해당하는 필요노동시간의 길이를 표시한다고 가정합시다. 노동이 AB를 넘어서 1시간, 3시간 또는 6시간 등으로 연장됨에 따라 우리는 다음과 같은 세 노동시간 형태를 얻게 됩니다.

      Ⅰ, A------B-C   (1시간+1시간=7시간)
      Ⅱ, A------B---C   (6시간+3시간=9시간)
      Ⅲ, A------B------C (6시간+6시간=12시간)

이 세 개의 선분은 각각 7시간, 9시간, 12시간으로 이루어지는 세 개의 서로 다른 노동일을 표시하고 있습니다. 연장선 BC는 잉여노동의 길이를 표시합니다. 1일 노동일= AB+BC, 즉 AC이므로 1노동일은 가변량 BC와 함께 변화합니다. AB는 주어져 있기 때문에 AB에 대한 BC의 비율은 항상 측정될 수 있습니다. BC는 노동일 Ⅰ에서는 AB

---

17 『자본론 Ⅰ [상]』 291쪽.

의 1/6이고, 노동일 Ⅱ에서는 3/6이고, 노동일 Ⅲ에서는 6/6입니다. 또 더 나아가 필요노동시간에 대한 잉여노동시간의 비율은 잉여가치율을 규정하는 것이므로, 잉여가치율은 AB에 대한 BC의 비율에 의해 주어지고 있습니다. 그것은 세 개의 서로 다른 노동일에서 각각 16⅔%, 50%, 100%입니다. 다른 한편, 잉여가치율만으로는 노동일의 길이를 알 수 없을 것입니다. 가령 그것이 100%라고 하더라도 노동일은 8시간, 10시간, 12시간 등등으로 될 수 있을 것입니다. 100%의 잉여가치율은 노동일의 두 개의 구성부분[즉 필요노동과 잉여노동]의 크기가 같다는 것을 보여주지만, 그 부분들 각각의 크기가 얼마인지는 보여주지 않습니다.

이처럼 노동일은 불변량이 아니라 가변량인 것입니다. 노동일의 두 부분 중 하나가 노동자 자신의 노동력의 재생산을 위해 필요한 노동시간에 의해 결정되는 것은 사실이지만, 노동일의 전체 길이는 잉여 노동의 길이[또는 계속시간]에 따라 변동합니다. 그러므로 노동일은 규정될 수 있어도 그 자체로서 불확정적인 것입니다.[18]

하루 노동시간은 필요노동시간에 잉여노동시간을 더한 것으로, 잉여노동시간에 따라서 달라집니다. 노동시간이 고정적이 아니라 유동적인 것은 분명하지만 일정 한도 안에서만 변동할 수 있습니다. 만약 우리가 연장선 BC 즉 잉여노동을 0이라고 가정한다면, 하나의 최소한 즉 하루 중 노동자가 자기 자신의 생존을 유지하기 위해 반드시 노동하지 않으면 안 되는 부분이 되어 노동시간을 더 이상 줄일 수 없습니다. 따라서 전체노동시간은 필요 노동 시간과 같은 6시간이 됩니다. 이것이 노동 시간의 최소 한계가 될 수 있습니다. 그렇지만 잉여노동

---

[18] 『자본론 Ⅰ [상]』 291~292쪽.

시간이 0인 경우에는 자본가에게는 잉여 가치, 즉 이윤이 생기지 않기 때문에 자본주의 사회에서 노동시간은 항상 필요 노동 시간보다 더 길어야 합니다.

잉여 가치를 더 많이 얻으려고 잉여노동시간을 표시하는 선분 B-C의 길이는 한계가 있습니다.

첫째, 노동력의 육체적 한계에 의해 규정됩니다. 인간은 24시간이라는 1자연일 동안에는 일정량의 노동력만 지출할 수 있습니다. 말도 날마다 일하는 경우 하루 8시간밖에 일할 수 없습니다. 인간은 하루 중 일정한 시간 휴식을 취하고 잠을 자지 않으면 안 되며, 또한 일정한 시간 그 밖의 육체적 욕망인 식사를 하거나 세수와 목욕을 하거나 의복을 입는 등을 충족시키지 않으며 안 됩니다. 둘째, 노동자는 지적 및 사회적 욕망을 충족시키기 위한 시간을 필요로 합니다. 이들 욕망의 크기나 종류는 일반적인 문화수준에 의해 규정됩니다. 그러므로 노동일의 길이는 육체적·사회적 한계 안에서 변동합니다.[19]

그러므로 노동 시간의 길이는 육체적 및 사회적인 한계 안에서 변동하는 것입니다. 그러나 이 두 한계는 모두 매우 탄력적인 것이어서 그 변동의 여지는 매우 큽니다. 예를 들어 우리는 7시간, 9시간, 12시간, 14시간, 16시간, 18시간 등 그 길이가 매우 다양한 노동시간을 볼 수 있습니다.

노동시간을 둘러싸고 자본가와 노동자의 투쟁을 봅시다.

자본가는 노동력을 그 하루의 가치로 구매하였습니다. 하루 노동시간은 노동력의 사용가치는 자본가에게 속합니다. 즉 자본가는 하루 동안 자기를 위해 노동자에게 일을 시킬 수 있는 권리를 가집니다. 그

---

[19] 『자본론 I [상]』, 293쪽.

런데 하루 노동 시간이란 무엇일까요? 자본가는 노동 시간의 필연적인 한계에 대해 독특한 견해를 가지고 있습니다. 자본가는 오직 인격화된 자본에 지나지 않습니다. 자본가의 혼은 자본의 혼입니다. 그런데 자본은 단 하나의 충동이 있을 따름입니다. 즉 자신을 가치증식시키며, 잉여가치를 창조하며, 자기의 불변부분인 생산수단으로 하여금 가능한 한 많은 양의 잉여노동을 흡수하게 하려는 충동이 그것입니다. 자본은 죽은 노동인데, 이 죽은 노동은 흡혈귀처럼 오직 살아 있는 노동을 흡수함으로써만 활기를 띠며, 그리고 그것을 많이 흡수하면 할수록 점점 더 활기를 띠는 것입니다. 그래서 자본가는 더 많은 잉여가치를 얻기 위해 노동자의 노동 시간을 최대한 늘리려는 강한 욕구를 갖습니다. 노동 시간을 늘릴수록 잉여 노동 시간도 늘어나므로 자본가가 얻는 잉여 가치나 이윤의 양도 늘어납니다. 이렇게 노동시간의 연장을 통해 잉여 가치를 얻는 방식을 절대적 잉여 가치의 생산이라고 합니다.

노동자가 노동하는 시간은 자본가가 자신이 구매한 노동력을 소비하는 시간입니다. 만약 노동자가 자본가의 처분에 맡긴 시간을 자기 자신을 위해 사용한다면 그것은 자본가의 물건을 훔치는 것이 됩니다. 자본가는 상품교환의 법칙을 들고 나옵니다. 그는 다른 모든 구매자와 마찬가지로 자기 상품의 사용가치로부터 될 수 있는 대로 많은 이익을 짜내려 합니다.

자본가는 노동 시간을 최대한 연장하여 더 많은 잉여 가치를 얻으려고 하지만, 이런 자본가들의 시도에 반대하여 노동자들은 노동력 상품의 판매자로서 권리를 주장하며 반박합니다.

내가 당신에게 판매한 상품은, 그것을 사용하면 가치가 그것도 그 자체의 가치보다 더 큰 가치가 창조된다는 점에서 다른 잡다한 상품들과는 다릅니다. 자본가가 노동력을 구매한 이유도 거기에 있었습니다. 당신에게는 자본의 가치증식으로 나타나는 것이 나에게는 노동력의 초과지출로 됩니다. 당신과 나는 시장에서 단 하나의 법칙 즉 상품교환의 법칙밖에 모릅니다. 그리고 상품의 소비는 상품을 양도하는 판매자에게 속하는 것이 아니라 그것을 사들이는 구매자에게 속합니다. 그러므로 내 하루 노동력의 사용은 당신의 것입니다. 그러나 나는 매일 그것을 팔아 얻은 돈으로 매일 그것을 재생산하고, 따라서 반복해서 그것을 팔 수 있어야 합니다. 연령 등에 기인하는 자연적 건강약화는 별도로 치고, 나는 내일도 오늘과 마찬가지로 정상적인 상태의 힘과 건강과 원기를 가지고 노동할 수 있어야만 합니다.

나는 노동력의 정상적인 유지와 건전한 발달에 적합한 정도로만 매일 그것을 지출하고 운동시키고 노동으로 전환시킬 것입니다. 당신은 노동일을 무제한 확장시킴으로써 내가 사흘 걸려서 회복할 수 있는 것보다 더 많은 노동력을 하루 동안 써버릴 수도 있습니다. 그리하여 당신이 노동으로부터 이득을 보는 것만큼 나는 노동 실체를 잃어버립니다. 나의 노동력을 이용하는 것과 그것을 강탈하는 것은 전혀 상이한 것입니다.

이것은 우리들의 계약에도 위반되며 또 상품교환의 법칙에도 위반됩니다. 그러므로 나는 정상적인 길이의 노동시간을 요구합니다. 더욱이 나는 당신의 동정에 호소함이 없이 그것을 요구합니다. 왜냐하면 상거래에서는 인정이란 있을 수 없기 때문입니다. 나는 표준노동일을 요구합니다. 왜냐하면, 다른 모든 판매자와 마찬가지로 나도 나의 상품의 가치를 요구하기 때문입니다.

약간의 매우 탄력적인 제한을 가하는 것을 별도로 친다면, 상품교환 그 자체의 성질은 노동일 그리고 또 잉여노동에 어떠한 한계도 부과하지 않습니다. 자본가가 노동일을 될수록 연장해서 가능하다면 1노동일을 2노동일로 만들려고 할 때, 그는 구매자로서의 자기의 권리를 주장하는 것입니다. 다른 한편, 판매된 이 상품의 특수한 성질은 구매자에 의한 이 상품의 소비에 일정한 한계가 있음을 암시하고 있는데, 노동자가 노동일을 일정한 표준적인 길이로 제한하려고 할 때 그는 판매자로서의 자기의 권리를 주장하는 것입니다. 따라서 여기에는 하나의 이율배반이 일어나고 있습니다. 즉, 쌍방이 모두 동등하게 상품교환의 법칙에 의해 보증되고 있는 권리를 주장하고 있습니다. 동등한 권리가 서로 맞서 있을 때는 힘이 문제를 해결합니다. 그리하여 자본주의적 생산의 역사에서 노동일의 표준화는 노동일의 한계를 둘러싼 투쟁, 다시 말하면 총자본(즉 자본가 계급)과 총노동(즉 노동자 계급) 사이의 투쟁으로서 나타나는 것입니다.

표준노동시간의 강제제정이 오랜 자본가계급과 노동자계급의 오랜 투쟁의 산물임을 보여줍니다.
마르크스는 상품형태가 공식적으로 강제되는 시간대의 결정이, 그리고 정상적 노동일의 창출이 어떻게 자본가계급과 노동계급 사이의 다소 은폐된 장기화된 내전의 산물이었는가를 보여줍니다.
노동의 시간적 구조를 규율했던 그 강제 법률들을 가리켜 마르크스는 이 법적 세부사항들은 결코 의회의 기호(嗜好)의 산물이 아니었습니다. 그것들은 근대적 생산양식의 자연법으로서 환경으로부터 서서히 발전되어 나왔습니다. 그것들의 형성, 공식적 인정, 그리고 국가에 의한 선포는 기나긴 계급투쟁 결과였습니다. 라고 말합니다.
노동계급이 더 적은 시간의 노동과 동시에 사회적 부에서 차지하는 자신의 몫을 유지하고 또 계속 증가시키는 데 성공하는 과정 속에서 노동계급의 힘의 발전도 발견합니다. 노동자들이 노동일의 길이를 투쟁으로 단축시킴에 따라 빠르게 진행된 기계류의 발전이 생산성 증대의 수단일 뿐만 아니라 노동의 속도와 강도를 막대하게 증가시키는 수단으로 판명되었습니다. 기계류가 노동자에게 주어진 시간 안에 증가된 노동 지출을, 노동력의 고도화된 긴장을, 노동일의 구멍들에 대한 좀 더 세밀한 메꾸기를 강제했는지를 보여줍니다.

노동계급의 투쟁으로 노동시간의 단축은 자본가계급이 새로운 전략을 찾도록 했습니다. 공장에서 비지불노동 축소에 대한 자본의 한 대응은 공장 밖에서 비임금 노동을 확장하는 것이었습니다. 사회 공장에 대한 분석이 밝혀주는 것은, 노동시간이 단축되고 여성과 어린이가 공장노동을 하지 못하도록 되었지만 노동력의 질을 유지하고 향상시키기 위해 자본이 가정과 학교에서 수행되는 노동을 증가시키는 것을 통해 이것이 부분적으로 상쇄되었다는 점입니다. 이런 증가가 공장노동시간의 축소를 완전히 보충하지 못했다는 점을 고려하면, 다른 종류의 변화가 필요했습니다. 자본이 자신의 통제력을 유지하고 재생산하며 확장하기 위해 노동을 기계로 대체하여 더 적은 인간 노동이 여전히 이전만큼 혹은 이전보다 더 많이 생산하게 하는 것입니다. 생산성을 높이려는 시도는 자본주의적 착취의 또 다른 측면일 뿐만 아니라 노동자의 힘의 성장에 의해 자본주의적 착취에 강제된 자본의 전략적 계획의 변화입니다.

노동력 가격의 지속적 인상을 노동시간의 연장에 의해 보충할 수 없었기 때문에, 자본은 더 높은 가격을 지불하고도 이윤을 유지하거나 증대시키기 위한 유일한 수단으로서 생산성향상에 의존합니다. 이것이 상대적 잉여가치 전략입니다. 이 전략에 의해 부의 성장이 가능하고 또 자본과 노동계급 모두 힘을 절대적으로 키우는 것이 가능합니다. 노동력의 가치는 잉여가치에 비해 상대적으로 떨어지고 이로써 이윤이 증대되지만, 노동계급에 의해 획득되는 사용가치의 절대량은 여전히 늘어날 수 있는 것입니다. 가격과 생산성 사이의 변화하는 관계가 그 힘의 상대적 배분을 결정합니다.

노동계급의 임금인상요구가 자본가로 하여금 과학과 기술을 발전시킵니다. 이는 자본위기면서 동시에 노동계급에게는 새 체제의 토대가 됩니다.

임금과 생산성을 연동시킴으로써 자본은, 상품형태의 가격을 둘러싼 노동계급의 투쟁이 새로운 방식으로 자본이 성장하는 바로 그 원동력이 되는 상황을 창출하려고 합니다. 노동일을 단축시키는 것에 노동계급이 성공한 것이 자본으로 하여금 새 전략을 발전시키도록 강제하듯이, 그렇게 공장에서의 임금인상 압력은 자본으로 하여금 생산성을 빠르게 상승시킬 수 있게 하기 위해 과학과 기술을 발전시키도록 강요합니다.

생산성 향상의 본질적 의미는 사람들이 덜 일하고 더 많은 생산물을 얻는다는 것인데, 자본의 지배 아래서는 생산성 증대가 더 적은 노동은커녕 더 많은 노동으로 변합니다.

노동계급이 자신의 발전을 위해 자본을 이용함에 따라 그 계급은, 믿을 수 없을 정도의 생산성 향상 때문에 그들이 바라는 사회적 부가 점점 자신들의 노동을 덜 필요로 하게 된다는 사실을 알게 됩니다. 노동계급은 노동집약적 생산방법에서부터 고도의 자본집약적 생산방법에로의 진화가 점점 노동계급 요구들의 압력하에서 이루어진 자본에 의한 과학 및 기술의 개발에 기초해 왔음을 알게 됩니다.

자본의 노동 강제의 척도는 가치이며 자본의 통제의 지표는 잉여가치나 이윤입니다. 만약 기계류 발전이(오늘날 4차 산업의 매우 발전된 형태) 자본이 노동의 필요를 제거하는 지점에까지 이르면, 그때 자본은 근본적 위기에 직면합니다. 자본 그 자체는 움직이는 모순입니다. 위기가 일어나는 이유는 자본주의적 생산이 생산 그 자체에 관심을 갖는 것이 아니라 상품형태를 통한 노동강제 및 가치의 실현을 통한 사회적 통제에 관심이 있기 때문입니다. 그러나 만약 직접적 형태의 노동이 부의 거대한 샘이기를 그치면 노동시간은 부의 척도이기를 멈추고 또 멈추어야 하며 따라서 교환가치는 사용가치의 척도이기를 멈추어야 합니다.

마르크스는 이 모순의 발전 속에서 노동자들이 자신들을 노동으로부터 해방하고 자본을 폐지할 수 있는 잠재력이 성장하는 것을 보았습니다. 사회적 생산성의 상승 수준과 더 많은 노동에 대한 자본의 지속적 요구 사이에 모순이 커져감에 따라, 노동계급 투쟁은 점점 더 노동에 대한 투쟁의 성격을 띠게 되었습니다. 이것은 자본이 상품형태를 통해 어떤 가격에서건 노동을 강제할 힘을 갖고 있는가 없는가 라는 물음을 제기합니다.

부의 척도는 더 이상 노동시간이 아니라 가처분시간입니다. 노동계급의 요구에 의해 계속 운전되어 온 자본의 발전은 잉여노동을 정립하기 위해 필요노동을 축소하는 것을 넘어 사회의 필요노동을 최소한으로 축소하는 것에 이바지하는 체제로 나아갈 실제적인 물질적 기반을 창출했습니다.[20]

이 계급투쟁은 동등한 권리들끼리의 힘에 의해 결정됩니다. 이것은 오늘날 자본주의 정치를 이해하는 데에도 중요한 단서를 제공합니다. 국제사면위원회는 정치적·사회적 권리에 대해서는 매우 잘 다루지만 경제적 권리로까지 자신의 영역을 확대하는 데에는 어려움을 겪고 있습니다. 이는 경제적 권리의 문제는 자본이나 임노동 가운데 어느

---

[20] 『자본을 어떻게 읽을 것인가』, 208~217쪽.

한쪽 편에 서지 않고서는 해결책을 찾기 어렵기 때문입니다. 동등한 권리를 가진(두 사람 모두 교환의 법칙에 따르기로 되어 있는) 사람들 사이에서 공정한 판결을 내릴 방법은 존재하지 않는 것입니다. 여기에서 말하는 힘의 의미는 정치적인 힘, 즉 표준적인 노동일을 입법화할 수 있는 권력을 가진 국가기구에 영향을 끼칠 수 있는 정치적 연대나 노동조합 같은 정치조직을 건설하고 동원할 수 있는 능력을 가리킵니다.[21]

잉여노동에 대한 갈망

자본이 잉여노동을 발명한 것이 아닙니다. 사회의 일부 사람들이 생산수단을 독점하고 있는 곳이라면 어디에서나 노동자는, 그가 자유로운 노동자이든 자유롭지 못한 노동자이든, 자기 자신을 유지하는 데 필요한 노동시간에다 여분의 노동시간을 첨가해서 생산수단의 소유자를 위한 생활수단을 생산하지 않으면 안 됩니다. 그것은 이 생산수단의 소유자가 아테네의 귀족이건 에트루리아의 신정관이건, 로마의 시민이건, 노르만디의 영주이건, 미국의 노예소유자이건, 현대의 지주 또는 자본가이건 다 마찬가지입니다. 그러나 한 가지 분명한 것은 생산물의 교환가치가 아니라 그 사용가치가 지배하고 있는 경제적 사회구성체에서는 잉여노동은 대체로 한정된 욕망의 범위에 의해 제한되며, 잉여노동에 대한 무제한한 욕망이 생산 그 자체의 성격으로부터 발생하지 않는다는 사실입니다. 그리하여 고대에는 교환가치를 그 독립적인 화폐형태로 획득하려고 하는 곳, 즉 금이나 은의 생산에서만 과도노동이 무서울 정도로 나타났던 것입니다. 거기에서는 죽도록 일을 시키는 강제노동의 공인된 형태였습니다. 이것은 고대에서는

---

21 『맑스 자본 강의』, 257~259쪽.

예외적인 일이었습니다.[22]

　자본주의 이전의 봉건제 시대에는 봉건영주들이 농노에게 지대를 거둔 뒤 전쟁을 수행할 때 외에는 수시로 파티를 열었습니다. 수탈한 지대로 그저 먹고 썼던 것입니다. 그런데 사람이 아무리 많이 먹어도 하루 세끼 이상 먹을 수는 없습니다. 사용가치에 대한 인간의 욕구가 제한되어 있기 때문에 잉여생산물에 대한 욕구가 제한되었습니다.

　그런데 자본주의에 이르면 더 이상 사용가치가 생산의 목적이 아니라 교환가치가 생산의 목적이 됩니다. 교환가치는 무한하므로 수억, 수조 원을 쌓아도 끄떡없습니다. 잉여노동에 대한 무제한적 갈망이 생산 자체의 성격에서 오는 것은 자본주의에 고유합니다. 그러므로 자본으로서 화폐의 유통은 무한히 반복될 수 있습니다. 자본의 축적 과정에서 축적을 위한 축적, 축적하라! 축적하라! 라는 십계명처럼 자본의 인격화인 자본가에게 내면화됩니다. 이처럼 자본주의는 잉여노동에 대한 자본가의 무제한적인 탐욕이라는 측면에서 그 이전의 계급사회와 구별됩니다.

　자본주의적 생산양식이 지배하고 있는 세계시장에 노예노동·부역노동이 결합되면 잔학성이 최고조에 달합니다.

　아직도 노예노동·부역노동 등의 비교적 낮은 형태에 의거하여 생산을 영위하는 민족들이, 자본주의적 생산양식이 지배하고 있는 세계시장의 소용돌이 속으로 끌려 들어가서 그들 생산물의 해외 판매를 주요한 관심사로 삼게 되면, 노예제나 농노제 등의 야만적인 잔학성 위에 과도노동이라는 문명화된 잔학성이 접목됩니다. 그러므로 미국의 남부 주들이 흑인노동도 생산의 목적이 주로 직접적인 지방수요의 충족

---

[22] 『자본론 I [상]』, 297쪽.

이었던 때에는 온건한 가부장적 성격을 유지할 수 있었습니다. 그러나 면화의 수출이 남부 주들의 사활문제로 됨에 따라 흑인에게 과도노동을 시키는 것, 때로는 흑인의 생명을 7년간의 노동으로 소모해 버리는 것이 계획적인 수익증대요인으로 되었던 것입니다. 이제는 흑인으로부터 어느 정도의 유용한 생산물을 뽑아내는 것은 중요하지 않게 되었습니다. 이제 중요한 문제는 잉여가치 그 자체의 생산이었습니다.

다뉴브 제후국에서 보여지는 잉여노동에 대한 갈망을 영국의 공장에서의 그것과 비교해 보는 것은 특히 흥미 있는 일입니다. 잉여노동은 부역노동에서는 하나의 독립적이고 곧 알아볼 수 있는 형태를 취하기 때문입니다. 다뉴브제후국에게 종속된 농민들이 수행하는 노동은 자신의 생계를 유지하기 위한 필요 노동과 대지주를 위한 잉여 노동이 분명하게 구분됩니다. 농민은 필요노동을 자기 자신의 경작지에서 수행하고, 잉여노동은 영주의 농장에서 수행합니다. 부역노동에서는 잉여노동은 필요노동과 명확히 분리되어 있습니다. 그러나 공장주에게 고용된 노동자들이 수행하는 노동은 잉여노동과 필요노동은 서로 융합되어 있습니다. 둘은 쉽게 구분되지 않습니다.[23]

잉여노동은 그것이 부역노동이라고 불려지든 임금노동이라고 불려지든, 여전히 노동자 자신에게는 아무런 등가물도 주지 않은 무상노동인 것입니다. 그러나 잉여노동에 대한 갈망은 자본가의 경우에는 노동일을 무제한으로 연장하려는 충동으로 나타나며, 봉건적 제후국의 경우에는 훨씬 단순하게 부역일수에 대한 직접적인 추구로 나타납니다.

1831년 러시아 장군 키셀료프는 농노제를 폐지한다는 구실을 내세

---

[23] 『자본론 I [상]』, 298~299쪽.

위, 부역노동을 법으로 규정한 구성법을 제정했습니다. 농민은 지주에게 일정한 분량의 현물공납 외에 다음과 같은 의무를 부담하여야 하였습니다. 12일의 일반노동, 1일의 경작노동, 1일의 목재운반노동, 이상을 합계하면 1년에 14일입니다. 여기서 1일 노동이란 어떤 힘센 장사라도 24시간 안에는 도저히 해낼 수 없는 그런 양이었습니다. 12일의 일반노동이란 36일의 육체노동으로, 1일의 경작노동이란 3일의 경작노동으로, 그리고 1일의 목재운반노동도 역시 그 3배로 이해해야 합니다. 이는 결국 합계 42부역일이 됩니다. 그러나 그 위에 특별한 필요에 따라 영주에게 바치는 노동봉사가 있었는데, 이는 각 농민 1인당 14일로 되어 있습니다. 따라서 부역노동의 총 56일에 달합니다. 러시아에서는 추운 계절이나 명절 등을 빼면 실제로 농사를 지을 수 있는 날은 140일 정도입니다. 필요노동에 대한 부역노동의 비율은 56/84로, 잉여가치율 또는 착취율은 약 66%에 이릅니다.[24]

러시아 구성법이 잉여노동에 대한 갈망의 긍정적 표현이고, 합법화시켜주는 것이라면, 영국의 공장법은 이 동일한 갈망의 부정적 표현이라고 할 수 있습니다. 자본가의 경우 잉여노동에 대한 탐욕은 노동일의 무제한 연장하려는 충동으로 나타납니다. 자본가에게 노동자는 노동시간의 인격화에 불과합니다. 이 법률은 국가가 노동일을 강제적으로 제한함으로써 노동력을 무제한 착취하려는 자본의 충동을 억제하고 있기 때문입니다. 공장법을 제정하는 이유는 날이 갈수록 그 위협이 증가되고 있는 노동운동 때문이기도 하지만, 다른 한편 이윤에 대한 맹목적인 욕망이 국민의 생명력을 뿌리째 파괴하여 노동력을 고갈시킬 위험이 있었기 때문입니다.

하루 평균 10시간 노동을 규정한 1850년의 공장법 하에서도 자본

---

[24] 『자본론』, 106~107쪽.

가들이 잉여노동에 대한 탐욕 때문에 노동자들의 식사 시간과 휴식 시간까지 빼앗아가는 사례를 보여줍니다. 1850년에 제정된 공장법은 하루 평균 10시간의 노동을 규정하고 있습니다. 평일 5일 동안은 아침 6시부터 저녁 6시까지 근무하는데, 거기에는 아침식사를 위한 30분, 점심식사를 위한 1시간이 포함되어 있어서 노동 시간은 10시간 30분입니다. 그리고 토요일에는 아침 6시부터 오후 2시까지 근무하는데, 거기에는 아침 식사를 위한 30분이 포함되어 있어서 노동 시간은 7시간 30분입니다. 따라서 1주일의 노동시간은 60시간이 됩니다. 이 법을 지키도록 감독하기 위해 내무부 장관 직속의 공장 감독관이 임명되었으며, 이들은 6개월마다 보고서를 작성하여 의회에 제출했습니다. 이 보고서들에는 공장법을 어겨가면서 불법으로 노동시간을 늘리려는 자본가들의 행동이 잘 드러나 있습니다.

사기꾼 같은 공장주는 아침 6시보다 15분 빠르게 작업을 시작해서 오후 6시보다 15분 늦게 작업을 끝마칩니다. 또 그는 명목상 아침식사를 위해 할당된 반 시간의 처음과 마지막에서 5분씩을 떼어내며, 점심시간 1시간의 앞과 뒤에서 10분씩 떼어냅니다. 토요일에는 오후 2시보다 15분 늦게 작업이 끝납니다. 이로부터 공장주가 얻은 이득은 1주일에 총 340분, 즉 5시간 40분이나 되는데, 이것을 1년 50주로 계산하면 27일이나 됩니다.

법정시간을 넘는 과도노동에서 얻은 초과이윤은 많은 공장주들에게는 도저히 물리칠 수 없는 큰 유혹인 것같이 보입니다.

그들은 적발되지 않을 것을 기대하며, 또 적발되는 경우라도 벌금액과 재판비용은 얼마 되지 않기 때문에, 그 차액은 역시 그들의 이익으로 될 것이라고 계산하고 있습니다. 하루 중 조금씩 훔친 것들의 누적에 의해 추가시간이 얻어지는 경우에는, 감독관들이 위법행위를 입증하는 것은 매우 어렵습니다.

자본이 노동자의 식사시간과 휴식시간에서 훔쳐낸 이 좀도둑질을 공장 감독관들은 분 도둑, 분 뜯어내기라고 부르며, 노동자들이 쓰는 말로는 식사시간 야금야금 깎아 먹기라고 합니다.[25] 자본가들은 노동자들의 노동력을 단순히 12시간 구매하는 것에 그치지 않습니다. 그들은 이 12시간의 1분 1초가 모두 최대한의 노동강도로 사용되도록 만들어야 합니다. 그리고 이것이 바로 공장규율과 감독 제도가 지향하는 바입니다.

만약 나에게 매일 10분씩만 시간의 노동을 시킬 수 있도록 허락해 준다면, 당신은 나의 주머니 속에 매년 1000원을 집어넣어 주는 셈이라고 아주 존경받는 공장주가 나에게 말했습니다. 순간순간이 이윤의 요소입니다.

1850년 공장법을 적용을 받지 않아 착취의 법적 제한이 없는 영국의 일부 산업부분에서 장시간 노동의 착취가 계속되는 현실을 봅니다. 도자기 제조업, 부인복 제조업, 성냥 제조업, 벽지 공장, 빵 제조업 등에서 13세 미만 아동과 18세 미만 미성년자에게 하루 12~16시간의 과도 노동을 강요했습니다. 심지어 7세 아이가 15시간 노동을 하기도 했습니다. 당연히 이 부문에 종사하는 노동자는 병들고 수명이 단축되었습니다.[26]

12시간 주야 맞교대제가 잉여노동을 추구하는 자본주의적 생산의 내재적 충동 때문입니다.

불변자본인 생산수단은 가치증식과정의 관점에서 보면 오직 노동을 흡수하기 위해서만, 그리고 노동의 한 방울 한 방울과 함께 그것

---

25 『자본론 I [상]』, 306~307쪽.
26 『자본론 함께 읽기』, 270쪽.

에 비례하는 양의 잉여노동을 흡수하기 위해서만 있습니다. 생산수단이 이렇게 하지 않는 한, 생산수단의 존재는 자본가에게는 일종의 소극적 손실입니다. 왜냐하면 생산수단이 사용되지 않은 동안은 쓸모없이 투하된 자본을 대표하기 때문입니다. 그리고 이 손실은 중단되었던 생산을 재개하려면 추가적 지출이 필요한 경우에는, 적극적 손실이 됩니다. 노동일을 자연일의 한계를 넘어 야간에까지 연장하는 것은 임시방편에 지나지 않으며, 노동자의 살아 있는 피에 대한 흡혈귀적 갈증을 약간 풀어주는 데 기여할 뿐입니다. 그러므로 노동을 하루 24시간 전체에 걸쳐 착취하려는 것이 자본주의적 생산의 내재적 충동입니다. 그러나 동일한 노동력을 낮과 밤 계속 착취하는 것은 육체적으로 불가능하기 때문에, 이 육체적 장애를 극복하기 위해서는 주간에 소모하는 노동력과 야간에 소모하는 노동력을 교대할 필요가 생깁니다.[27]

이 교대에는 여러 가지 방법이 있을 수 있는데, 예를 들어 노동인원의 일부가 어떤 주에는 주간노동만 하고 다른 주에는 야간노동만 하도록 하는 방법이 있습니다. 이와 같은 교대제 또는 윤번제는 영국 면공업의 매우 왕성한 성장기에 성행하였으며, 현재에도 모스크바의 면방적 공장에서 성행하고 있습니다. 공장법의 적용을 받지 않는 금속가공 공장 등의 공업 분야 다수에서 시행되었고, 특히 공장주들이 비용 절감을 위해 18세 미만 미성년자에게도 야간 노동을 시켰음을 여러 사례를 들어 폭로합니다.

노동일이란 무엇인가? 에 대해 다음과 같이 답합니다.

노동일은 하루 24시간 전체를 포함하는데, 그중에서 노동력이 다시

---

[27] 『자본론 I [상]』 325쪽.

봉사하기 위해 절대로 필요한 약간의 휴식 시간은 뺀다고. 먼저 명백한 것은 노동자는 자기 생애에 걸쳐 노동력 이외의 아무것도 아니며, 따라서 그가 처분할 수 있는 모든 시간은 자연적으로나 법률상으로나 자본의 가치증식을 위해 바쳐질 노동시간이라는 것입니다. 교육, 정신적 발달, 사회적 기능의 수행, 사고, 육체적·정신적 생명력의 자유로운 활동 등을 위한 시간, 그리고 심지어 일요일의 안식 시간까지도 모두 자본가의 것이라는 말입니다. 참으로 기가 찰 노릇입니다!

그러나 자본은 잉여노동에 대한 무제한적인 맹목적인 충동으로 말미암아, 노동일은 그 사회적 한계뿐 아니라 순전히 육체적 한계까지도 넘어버립니다. 자본은 신체의 성장, 발육, 건전한 유지에 필요한 시간을 빼앗습니다. 자본은 신선한 공기와 햇빛을 이용하는 데 필요한 시간을 도둑질합니다. 자본은 식사시간을 깎아 내고, 자본은 생명력을 회복하고 갱신하며 활력을 부여하는 데 필요한 건전한 수면을, 기진맥진한 유기체가 소생하는 데 절대적으로 필요한 불과 몇 시간의 무감각 상태로 감축시켜버립니다. 노동력의 정상적 유지가 노동일의 한계를 규정하는 것이 아니라 반대로 노동력의 가능한 최대한도의 일상적 지출[그 지출이 아무리 병적이고 강제적이며 고통스러운 것이라 할지라도]이 노동자의 휴식 시간의 한계를 규정합니다. 자본은 노동력의 수명을 문제 삼지 않습니다. 자본의 관심을 가지는 것은 오로지 1노동일 안에 운동시킬 수 있는 노동력의 최대한도뿐입니다. 자본은 노동력의 수명을 단축시킴으로써 이 목적을 달성하는데, 그것은 마치 탐욕스러운 농업경영자가 토지의 비옥도를 약탈함으로써 수확량을 늘리려는 것과 같습니다.

그리하여 본질적으로 잉여가치의 생산이고 잉여노동의 흡수인 자본주의적 생산은, 노동일의 연장에 의해 노동력으로부터 그 정상적인 도덕적 및 육체적 발달조건과 활동조건을 탈취함으로써, 인간노동력의 위축의 가져올 뿐만 아니라 노동력 그 자체의 조기소모와 사망을 가져옵니다. 그것은 노동자의 수명을 단축시킴으로써 주어진 기간 안에서 노동자가 생산하는 데 필요한 시간을 연장합니다.

노동력의 가치는 노동자의 재생산[노동자 계급의 계속적인 존재]에 필요한 상품의 가치를 포함합니다. 그러므로 만약[자본이 자기증식에 대한 무제한의 충동에서 필연적으로 추구하게 되는] 노동일의 반자연적 연장이 개개의 노동자의 수명을, 그리하여 그들의 노동력의 생존기간을 단축시킨다면, 소모된 노동력의 더 신속하게 보충이 필요하게 될 것이며 따라서 노동력의 재생산을 위한 비용은 더 많아질 것입니다. 그러므로 자본은 자기 자신의 이해관계에 의해 표준노동일을 제정하는 방향으로 나아가는 것같이 보입니다.[28]

표준노동일 제정이 자본가의 계급적 이해관계에도 필요함을 논리적으로 따져보지만, 자본주의 현실에서 자본가의 형태를 조사한 것을 토대로 이런 계급적 필요성이 실현되지 않음을 확인합니다. 경험이 자본가에게 일반적으로 보여주는 것은 과잉인구가 항상 존재한다는 사실이기 때문에 개별자본가는 표준노동일을 제정할 필요성을 느낄 수 없다는 것입니다. 자본가들은 노동력이 과다노동으로 빨리 소모되면 다른 과잉인구를 가져다 쓰면 된다고 생각합니다.

미국 남부의 노예주들이 노예가 과다노동으로 7년 만에 죽으면 버리고 다시 노예를 사서 쓰듯이, 새로운 노동력을 과잉인구에서 보충하면 된다는 것입니다. 자본주의와 자본가의 본질에 대한 중요한 통찰력 즉 개별자본의 이해관계와 총자본의 이해관계가 일치하지 않는다는 점과 표준제정일 제정이 수 세기에 걸친 계급투쟁에 의해 강제되

---

28 『자본론 I [상]』 335~337쪽.

없습니다.[29]

　자유경쟁이라는 조건에서 개별 자본가들은 더 많은 이윤을 쌓아 경쟁에서 살아남기 위해 어쩔 수 없이 자본의 본성에 내재한 법칙에 따라야 합니다.

　과잉인구는 자본가들이 노동자들의 건강이나 복지를 전혀 고려하지 않은 채 초과착취를 할 수 있도록 만들어줍니다. 자본가들은 일반적으로 경험하는 것은 항상적인 과잉인구[즉 자본이 당면한 증식욕구에 비해 상대적으로 과잉인 인구]입니다. 과잉인구는 자본가가 노동력의 건강, 복지, 기대수명 등에 신경을 써야 할지의 여부에 영향을 미칩니다.

　표준 노동 시간의 제정은 자본가와 노동자 사이에 수 세기 동안 벌어진 투쟁의 산물입니다. 노동자들의 저항이 활발하지 않았던 14세기부터 18세기 중엽까지 제정된 영국의 노동 법규는 노동시간을 강제로 늘리려는 목적을 갖고 있었습니다. 18세기 이전에는 농업분야에서 공업 분야로 많은 인구가 이동했습니다. 따라서 공업 분야에 종사하는 공장주나 자본가는 항상 새로운 노동력을 얻으려고 했습니다. 그들은 지나친 노동력을 착취하여 더 많은 잉여 가치를 얻으려 했습니다. 그들은 지나친 노동에 따른 노동자의 조기 사망과 노동력 고갈문제를 걱정할 필요가 없었습니다. 그래서 그 당시에는 노동시간을 연장하는 법이 제정되었던 것입니다.[30]

　임금관계를 법적으로 강제하고, 노동일의 길이를 확대하고, 거지나 부랑자가 되는 것을 불법화하기 위한 법률이 공표되었습니다. 국민을 임노동자로 만들기 위한 교화장치가 만들어진 것입니다. 시간개념에

---

29 『자본론 함께 읽기』, 274쪽.
30 『자본론』, 119쪽.

따라 받아들이기 시작하고 거의 아무런 생각없이 이 시간개념에 따라 살아가도록 배우기 시작한 시점에 정부가 등장했습니다. 우리 모두는 이 시간개념을 받아들임으로써 시간 그리고 시간과 관련된 관행들에 대한 일정한 사고방식의 포로가 됩니다.

공포의 집이나 구빈원의 공간조직은 노동자들을 가르치기 위한 교화 장치의 일부입니다. 보호시설, 형무소, 진료소 등에 관한 교화적 자본주의는 노동자들이 자본주의적 노동과정의 시공간적 논리를 받아들이도록 사회화되고 교화되어야 한다는 것입니다.

노동자들을 교화시키는 문제는 오늘날에도 여전히 존재합니다. 즉 말을 잘 따르지 않고 실수를 반복하거나 심지어 아예 일탈해버리는 사람들에 대한 문제가 그것입니다. 이런 사람들은 미쳤거나 반사회적인 사람들이라고 불리고 정신병원이나 감옥에 갇힙니다. 정상적인 사람이 되기 위해서는 자본주의 생산양식에 잘 맞는 일정한 시간적·공간적 규율을 받아들여야만 합니다. 마르크스는 이것이 결코 정상적인 것이 아니라고 말합니다.

매뉴팩쳐 노동자대중이 나태와 방탕 또는 낭만적인 자유의 환상을 근절시키기 위해서, 그리고 더 나아가서 구빈세의 경감과 근로정신의 조장 그리고 매뉴팩쳐에서 노동가격의 인하를 위해서 자본이 충실한 대변자인 우리의 에카르트는 공적 자선에 의지하는 이런 노동자[즉 피구휼민]를 하나의 이상적 구빈원에 가두어두자는 확실한 수단을 제안합니다. 이런 집은 공포의 집이 되어야만 합니다. 이 공포의 집, 즉 이 전형적인 구빈원에서는 완전히 12시간이 남도록, 다시 말해서 적당한 식사시간을 포함하여 하루 14시간의 노동이 수행되어야 합니다.[31]

자본이 정상적인 노동 시간을 낮 시간에 해당되는 12시간까지 최대

---

31 『맑스를 읽다』, 327쪽.

한 연장하는 데는 수 세기가 걸렸지만, 18세기 산업혁명을 통해 자본주의적 생산양식이 변혁되어 잉여노동에 대한 탐욕이 그 물적 토대를 확보함에 따라 노동시간은 12시간 이상으로 훨씬 더 연장되었습니다. 대공업시대에 노동일의 모든 장애를 극복하여 연장되었습니다. 도덕과 자연, 연령과 성별, 낮과 밤이 설정하는 모든 한계는 부숴졌습니다. 옛날의 법령에서는 너무도 단순했던 낮과 밤에 대한 개념조차 모호해졌습니다. 자본은 그야말로 방자한 향연을 벌였습니다.

이런 노동일 연장에 대한 노동자계급의 저항은 대공업의 발생지인 영국에서 시작되었습니다. 그러나 19세기 초반 30년 동안 노동자 계급이 싸워서 얻어 낸 양보는 명목에 지나지 않았습니다. 의회는 1802년부터 1833년까지 5개의 노동법을 통과시켰지만, 그 법을 강제하기 위한 필요한 직원 등에 대한 경비지출은 한 푼도 의결하지 않았습니다.

이상적인 구빈원 즉 1770년의 공포의 집에서는 하루 12시간의 노동이 이루어졌습니다. 근대 산업의 표준 노동 시간은 면화나 모직 공장 등에 적용되는 1833년의 공장법에서 전면 실시되었습니다. 공장의 보통 노동 시간은 아침 5시 반에 시작해 저녁 8시 반에 끝나야 하며, 이 한도 안에서 즉 15시간의 범위 안에서는 13~18세 미성년자를 하루 중 어떤 시간에 고용하건 합법이었고, 단지 12시간 이상 일을 시키지 않으면 되었습니다. 영국에서 노동 시간이 단축했을 때 마치 영국공업에는 최후의 심판일이 닥친 것 같았습니다. 또 노동자에게 하루 중 적어도 1시간 30분 이상의 식사 시간을 주어야 합니다. 취리히에서는 10세 이상의 아동노동은 12시간으로 제한되고 있었습니다. 아르가우(스위스 북부의 주)에서는 1862년 13~16세의 청소년노동이 12와1/2시간에서 12시간으로 단축되었고, 오스트리아에서는 1860년 14~16세의 청소년이 똑같이 12시간으로 단축되었습니다. 자본의 혼이 아직 꿈만 꾸고 있던 1770년의 피구휼민을 위한 공포의 집이 불과 몇 년 뒤에는 매뉴팩쳐 노동자들을 위한 거대한 구빈원으로 나타났습니다. 그것은 공장입니다. 자본가들은 새로운 릴레이 제도를 발명해 공장법을 그 정신뿐만 아니라 규정에서까지 무효로 만들어버렸습니다.

공장 노동자들은 1838년부터 보통선거권을 요구하는 인민헌장을 자신들의 정치적 구호로 내세우는 동시에 10시간 노동법을 경제적 요구로 제시했습니다. 공장주들은 지주계급에 맞서 곡물법 폐지를 위한 투쟁 중이었고, 이 투쟁에서 승리하려면 노동자들의 도움이 필요했습니다. 그러므로 공장주들은 자유무역 이상국에서 임금이 두 배로 될 뿐만 아니라 10시간 노동법도 채용될 것임을 약속했던 것입니다. 1844년에 추가된 공장법 조항은 부녀자들 노동시간을 12시간으로 제한하면서 야간노동을 금지함으로써 부녀자들은 미성년자들과 동등하게 취급되었습니다. 성인노동까지 공장법의 통제를 받게 된 것은 결코 의회가 만든 것이 아니라 노동자들이 장기간에 걸쳐 투쟁한 결과였습니다. 대체로 1844년부터 1847년까지는 12시간 노동이 공장법의 적용을 받는 모든 산업 부문에서 실시되었습니다.

1846~1847년은 영국 경제사에서 획기적인 시기였습니다. 곡물법이 폐지되고, 면화와 기타 원료에 대한 관세가 폐지되었으며, 자유무역이 입법의 지침으로 선포되었습니다. 또한 차티스트운동과 10시간 노동시간을 위한 운동이 그 절정에 달했습니다. 그처럼 오랫동안 투쟁해온 10시간 노동법안이 드디어 의회에서 통과되었습니다.

1848년 차티스트운동의 실패와 지도자들의 투옥, 프랑스 파리 노동자들의 6월 혁명과 잔혹한 탄압 등의 여파로 노동계급은 법의 보호를 박탈당하고, 각종 탄압법의 단속을 받게 되었습니다. 자본가들은 거의 폐지되다시피 한 성인 노동자의 야간 노동을 부활시켰습니다. 이때 악랄한 릴레이 제도가 등장했습니다. 10시간 노동법을 사실상 무력화한 이 릴레이 제도는 자본가의 압력으로 법적 승인을 받고, 미성년자와 부녀자에게까지 적용되었습니다.

  자본가들의 10시간 노동법의 무력화에 맞서 노동자들은 적극적 저항으로 떨쳐나섰습니다. 여러 곳에서 위협적인 대규모 집회를 열고 항의하여 1850년 추가적인 공장법이 통과되었습니다. 제대로 지켜지지 않던 미성년자와 부녀자의 10시간 노동법은 1853년에야 제대로 적용되기 시작했습니다. 공장법이 대규모 공장들에 적용되면서 1853부터 1860년까지 공장 노동자들의 육체적·정신적 건강상태가 크게 좋아졌습니다.

  영국의 공장법이 대공장은 물론 매뉴팩쳐나 수공업, 가내공업에까지도 일반적으로 적용될 수밖에 없었다는 점과 표준노동일의 제정은 장기간에 걸친 자본가계급과 노동자계급 사이의 다소 은폐된 내전의 산물이었다는 점을 확인합니다.

  프랑스는 영국의 뒤를 천천히 따라오고 있습니다. 프랑스는 1848년 2월 혁명에 의해 12시간 노동법이 제정되었습니다. 프랑스는 영국과 달리 전체 작업장과 공장에 동일한 노동일 제한을 한꺼번에 혁명적으로 부과했습니다. 미국은 1865년 남북전쟁 후 8시간 노동일을 위한 운동이 확산되었습니다. 미국에서 1866년 전국노동자대회는 이 나라의 노동을 자본주의적 노예제도로부터 해방시키는 데 필요한 최대의 급선무는 아메리카 연방의 모든 주에서 표준노동일을 8시간으로 만드는 법률의 제정입니다. '우리는 이 영예로운 성과를 달성하기까지 전력을 다할 것을 결의합니다.'라고 선언하며 일찌감치 8시간 노동제 실시를 요구했습니다.

  비슷한 시기인 1866년 제1인터내셔널 대회 즉 국제 노동자대회에서 결의문에서 노동일의 제한은 그것 없이는 개선과 해방을 위한 앞으로의 모든 노력이 좌절되지 않을 수 없는 예비조건이라고 우리는 선언합니다. 우리는 8시간을 노동일의 법정한도로 제안합니다.

　노동일의 길이를 둘러싼 계급투쟁과 표준노동일 제정의 의미에 대해 총괄합니다. 시장에서 그는 노동력이라는 상품의 소유자로 다른 상품 소유자와 상대하고 있었습니다. 노동자는 자유로운 계약을 통해 자본가에게 자신의 노동력을 판매하고 그 대가로 임금을 받습니다. 거래가 완결된 뒤에야 비로소 그는 자유로운 행위자가 결코 아니었다는 점, 그가 자유롭게 자기의 노동력을 판매할 수 있는 기간은 그가 어쩔 수 없이 그것을 판매해야만 하는 기간이라는 것, 사실상 흡혈귀는 착취할 수 있는 한 조각의 근육, 한 가닥의 힘줄, 한 방울의 그 피라도 남아 있는 한 그를 놓아주지 않는다는 것이 폭로됩니다.
　노동자는 자본과의 자발적인 계약에 의해 자기 자신과 자기 가족을 죽음과 노예상태로 팔아넘기는 것을 방지해줄 매우 강력한 사회적 장벽(계급으로서 하나의 법률)을 제정하도록 강요하지 않으면 안 됩니다. 양도할 수 없는 인권이란 화려한 목록 대신 법적으로 제한된 노동일이란 겸손한 대헌장이 등장하는데 그것은 노동자가 판매하는 시간은 언제 끝나며, 자기 자신의 시간은 언제 시작되는가를 비로소 명확히 밝혀주고 있습니다. 이전과 비교해 얼마나 큰 변화인가요.
　노동일의 연장에 의해 생산되는 잉여가치를 절대적 잉여가치라 합니다. 노동일 연장에 의해 이루어지는 절대적 잉여가치 생산방법이 자본주의적 생산의 기본 형태입니다. 자본가계급은 노동자계급의 계급투쟁 때문에 어쩔 수 없이 공장법을 수용했으며, 더 이상 노동일의 무제한 연장을 통한 절대적 잉여가치 생산을 추구할 수 없게 되었습니다. 자본가들은 잉여가치에 대한 무제한적 열망을 실현할 다른 방법을 궁리합니다. 그래서 나오게 되는 것이 상대적 잉여가치 생산방법입니다.

잉여가치량을 규제하는 요인인 노동력의 가치, 잉여가치율, 노동자의 수 등의 관계를 살펴봅니다. 특정한 시기에 노동력의 가치는 주어진 것으로 볼 수 있으므로 노동력의 가치는 불변이라고 가정합니다.

잉여가치율은 개별 노동자가 일정한 시간에 자본가에게 제공하는 잉여가치량을 직접적으로 우리에게 알려줍니다.

예를 들어 필요노동이 하루에 6시간이고 그것을 화폐로 표현한 것이 3원이라고 한다면, 3원은 1노동력의 하루 가치 또는 1노동력을 사는 데 투하되는 가변자본의 가치입니다. 만약 잉여가치율이 100%라고 한다면, 이 3원의 가변자본은 3원의 잉여가치량을 생산할 것입니다. 바꾸어 말하면, 노동자는 매일 6시간의 잉여노동량을 제공할 것입니다.[32]

가변자본은 자본가가 동시적으로 고용하는 모든 노동력의 총가치의 화폐적 표현입니다. 따라서 투하된 가변자본의 가치는 1노동력의 평균가치에다 고용된 노동력의 수를 곱한 것과 같습니다.

$$가변자본의 총액(V) = 1노동력의 평균가치(v) \times 고용노동력의 수(n)$$

노동력의 가치가 주어져 있는 경우, 가변자본의 크기는 동시적으로 고용되는 노동자의 수에 정비례합니다. 생산되는 잉여가치량은 개별노동자의 1노동일이 제공하는 잉여가치에다 고용된 노동자의 수를 곱한 것과 같습니다. 더 나아가 개별노동자가 생산하는 잉여가치량은 잉여가치율에 의해 결정되기 때문에 다음과 같은 제1법칙이 나옵니

---

32 『자본론』, 125쪽.

다. 그것은 동일한 자본가에게 동시적으로 착취당하는 노동력의 수와 개별 노동력의 착취도의 곱에 의해 결정됩니다.[33]

$$잉여가치량(S) = 가변\ 자본의\ 총액(V) \times 잉여가치율(잉여가치(s))/가변자본(v)$$
$$= 평균노동력의\ 가치(P) \times 착취도(잉여노동(a´)/필요노동(a))$$
$$\times 노동자의\ 수(n)$$

만약 노동자의 수가 줄어들어 가변자본의 총액이 적어질 경우에 잉여가치량을 유지하기 위해서는 잉여가치율을 높여야 합니다. 즉 노동력에 대한 착취도를 높여야 합니다. 하루는 24시간으로 제한되어 있기 때문에 착취도, 즉 필요노동시간에 대한 잉여노동시간의 비율을 늘리는 데는 한계가 있습니다. 가변자본의 감소를 잉여가치율의 증대에 의해 보상하는 것의 절대적 한계, 또는 착취되는 노동자수의 감소를 노동력의 착취도의 제고에 의해 보상하는 것의 절대적 한계를 이루고 있습니다.

이 자명한 제2법칙은 이후에 전개되는 자본의 경향 즉 고용되는 노동자의 수[노동력으로 전환되는 가변적 자본부분]를 가능한 축소시키려는 자본의 경향—이것은 가능한 한 많은 잉여가치량을 생산하려는 자본의 또 다른 경향과는 모순되는 경향—으로부터 발생하는 수많은 현상들을 설명하기 위해 중요합니다. 만약 고용되는 노동력의 양이 잉여가치율이 감소하는 것과 같은 비율로 증대하지 못한다면, 생산되는 잉여가치량은 감소할 것입니다.

---

[33] 『자본론 함께 읽기』, 286쪽.

제3법칙은 생산되는 잉여가치량이 잉여가치율과 투하가변자본량이란 두 요인에 의해 결정된다는 사실로부터 나옵니다. 만약 잉여가치율[노동력의 착취도]과 노동력의 가치[필요노동시간]가 주어져 있다면, 크면 클수록 생산되는 가변자본의 가치량과 잉여가치량도 더 커진다는 것은 자명합니다. 만약 노동일의 한계가 주어져 있고 또 필요 노동부분의 한계가 주어져 있다면, 개별 자본가가 생산하는 가치와 잉여가치의 양은 전적으로 그가 움직이는 노동량에 의해 결정됩니다.[34]

자본가들은 더 많은 잉여가치를 얻기 위해 잉여가치율(착취도)을 높이거나, 더 많은 노동자를 고용하여 가변자본의 총량을 늘려야 합니다. 따라서 잉여가치에 대한 무한한 욕망을 지닌 자본가들은 착취도를 강화하면서 동시에 공장규모를 키워 더 많은 노동자를 고용하려고 합니다.

중세의 길드 제도는 개별 장인이 고용할 수 있는 최대 노동자의 수를 매우 적은 수로 제한해 수공업적 장인이 자본가로 전환되는 것을 강제로 저지하려 했습니다. 화폐 소유자 또는 상품 소유자는 생산을 위해 투하하는 최소금액이 중세의 최대한도를 훨씬 초과하게 될 때 비로소 현실의 자본가로 전환됩니다. 개별적인 화폐 소유자 또는 상품 소유자가 자본가로 전환하기 위해 반드시 필요한 가치액의 최소한도는 자본주의적 생산의 발전 단계에 따라 달라지며, 또 주어진 발전단계에서도 생산 분야가 다르면 각 분야의 특수한 기술적 조건에 따라 달라집니다.

자본가는 인격화된 자본으로서 자본의 운동을 대변합니다. 그래서 자본가는 노동자가 자신의 일을 규칙적으로, 또한 매우 높은 강도로 수행하도록 감시합니다. 자본가는 노동자에게 자기 노동력의 가치보

---

34 『자본론 I [상]』 388쪽.

다 더 많은 노동을 하도록 요구합니다. 자본가의 생산방식은 그 정력과 탐욕과 능률 측면에서 이전의 모든 생산 방식을 넘어섭니다.

만약 우리가 생산과정을 단순한 노동과정의 입장에서 고찰한다면, 노동자는 생산수단을 자본으로서 대하는 것이 아니라 자기의 합목적인 생산활동의 단순한 수단 및 재료로서 대하는 것입니다.

예를 들어 가죽공장에서 그는 가죽을 단순히 자기의 노동대상으로 취급합니다. 그가 무두질하는 것은 자본가를 위한 것이 아닙니다. 그러나 생산과정을 가치증식과정의 입장에서 고찰할 때 사정은 달라집니다. 생산수단은 즉시 타인의 노동을 흡수하기 위한 수단으로 전환됩니다. 더 이상 노동자가 생산수단을 사용하는 것이 아니라 생산수단이 노동자를 사용합니다. 노동자가 생산수단을 자기의 생산활동의 소재적 요소로 소비하는 것이 아니라, 생산수단이 노동자를 자기 자신의 생활과정에 필요한 효모로 소비하는데, 자본의 생활과정은 자기증식하는 가치로서 자본의 운동에 지나지 않습니다.[35]

자본으로서 생산수단은 잉여가치를 늘리기 위한 자본의 도구에 지나지 않습니다.

야간에 가동이 중단되어 살아 있는 노동을 조금도 흡수하지 못하는 용광로와 작업장은 자본가로 보아서 순전한 손실입니다. 용광로와 작업장은 노동력의 야간노동을 요구할 권리를 가지고 있습니다. 화폐가 생산과정의 객체적 요소(즉 생산수단)로 전환되자마자, 생산수단은 당연한 권리와 힘에 의해 타인의 노동과 잉여노동을 요구할 자격을 얻게 됩니다. 죽은 노동과 살아 있는 노동 사이(즉 가치와 가치 창조력 사이)의 이와 같은 전도 또는 왜곡은 자본주의적 생산에 특유한 특징입니다. 이 과정에서 노동자가 주체성과 자율성을 잃고 생산 수단에

---

[35] 『자본론 I [상]』, 394쪽.

종속되는 노동소외가 발생합니다.

노동소외에 대해서 살펴봅시다.

인간은 노동을 통해 자신의 정신·본질을 대상(자연)에게 투영하고 그것을 익숙한 것으로 만듭니다. 외화(外化)라는 것은 이렇듯 인간의 정신·본질이 객관화되고 대상화되는 과정이며, 자연을 대상적 인간으로 생산해내는 과정입니다. 대상세계는 인간에게서 외적인(객관적)존재가 되어 인간과 마주하게 됩니다. 소외(疏外)는 낯설게 만드는 것이란 의미입니다. 노동을 통해 외화된 대상이 그 자체로, 나에게 익숙한 것으로, 내가 전유·향유할 수 있는 것으로 남아 있는 것이 아니라, 나에게 낯선 것, 나와 대립하는(나아가 지배하는) 자립적인 힘으로 될 때 이를 소외(된 노동이)라고 합니다.

자본주의 사회의 특성 즉 사적 소유와 분업, 그로 인한 계급적 사회관계는 자유로운 노동을 억압하고 왜곡함으로써 유적 존재로서 인간이 자신의 본질을 억압하고 왜곡함으로써 유적 존재로서 인간이 자신의 본질을 실현하는 것을 가로막는다는 것입니다. 소외는 인간이 만든 생산물이 인간으로부터 분리되어 자립하면서 인간에게 낯설고 대립적인 존재가 되고, 나아가 인간을 억압하여 종속시키는 힘으로 작용함으로써 인간이 주체성과 자율성을 상실하게 되는 현상입니다.

1. 노동생산물로부터 소외−노동생산물은 노동이 대상화된 것인데, 자본주의 사회에서는 사적 소유 때문에 노동자가 그 대상물을 전유하지 못하고 상실합니다. 노동자는 임금을 받고 고용되기 때문에 노동생산물을 자신이 향유하지 못하고 자본가에게 빼앗깁니다. 자신이 생산한 생산물이 낯선 존재로 자립화하면서 자기에게 오히려 대립하는 것으로 나타납니다.

2. 생산과정으로부터 소외−생산수단을 소유하지 못한 노동자는 생

계 유지하기 위해 어쩔 수 없이 자본가에게 고용되어 자본가가 시키는 일을 할 수밖에 없습니다. 그 결과 노동은 자발적인 것이 아니라 강제적인 것이 되며, 그 자체가 욕구의 충족이 아니라 다른 욕구를 충족하기 위한 수단으로 전락합니다. 그래서 노동자는 노동과정에서 행복보다는 불행을 느끼며 비인간화됩니다. 이런 두 가지 소외에서 유적 본질로부터 소외가 발생합니다.

3. 유적 본질로부터 소외─노동이 신체적 욕구를 충족시키기 위해 어쩔 수 없이 해야 하는 생계수단으로 전락함으로써 인간은 노동을 통해 자신의 유적 본질을 자유롭게 실현하지 못합니다. 또한 자신의 노동 생산물을 상실하고 그것과 대립함으로써 노동생산물을 통해 유적 존재로서의 자기 의식하지 못합니다. 자유롭고 의식적인 활동이 되지 못함으로써 노동은 유적 본질을 실현하는 계기가 아니라 오히려 비인간화를 조장합니다.

4. 인간의 인간으로부터 소외─이런 소외들로부터 인간이 다른 인간과 맞서고 대립하는 소외가 발생합니다. 노동자와 자본가가 대립하는 적대적인 인간관계 즉 계급관계가 형성됩니다.

분업은 노동의 생산력 및 사회의 풍부함과 세련성을 높이지만, 노동자를 기계로 전락시키기도 합니다. 분업이 노동생산성을 향상시키고 생산물을 풍부하게 만듦으로써 사회를 발전시키는 데 기여한 것은 사실이지만, 분업의 과정에서 노동자는 기계적인 작업을 반복함으로써 노동소외를 겪습니다. 분업이 사회적 부를 증진시키는 데 기여하지만, 개인적인 차원에서는 개인의 능력을 오히려 퇴화시키는 부작용을 낳습니다.

분업이 시작되면서 정신적 활동과 육체적 활동, 향유와 노동, 생산과 소비가 이것들과 전혀 무관한 개인들의 몫으로 돌아갈 가능성, 아니 그런 현실성이 있습니다. 사회적 분업 때문에 정신적 활동과 육체적 활동, 향유와 노동, 생산과 소비가 분리되고 이로 인해 생산활동에 참여하지 않은 사람들이 생산물을 독점하여 향유하고 소비할 수 있다는 것입니다. 사회적 분업은 생산과 향유를 분리시켜 노동자들이 자신의 생산물을 향유하지 못하게 하고, 각 개인에게 배타적인 활동 영역을 할당하여 자신의 능력을 전면적으로 발휘하지 못하게 만듭니다. 그래서 생산력 같은 사회적 힘이 낯선 힘이 되어 오히려 인간을 지배하는 인간소외의 문제가 발생합니다.

작업장 내부에서의 기술적 분업에 따른 소외는 다음과 같습니다. 중세 도시에서는 노동자들은 자신의 작업 과정 전체를 통제하고 관리할 수 있었기 때문에 노동에 대한 자율성과 관심, 흥미가 있었으며 그래서 때로는 창의력을 발휘하고 예술성도 가미할 수가 있었습니다. 이에 비해 근대 공장 노동자들은 작업 과정에서 기술적 분업이 심화되었기 때문에 세분화되고 파편화된 작업을 반복적으로 해야 하며, 그 결과 자신의 창의성과 자율성을 발휘하지 못하고 노동소외를 겪습니다.

맑스는 〈경제학-철학 수고〉에서 인간을 유적 존재로 규정합니다. 그는 소유욕과 경쟁에 사로잡혀 사적 이익을 추구하는 개별적인 인간이 아니라 유로서의 인간 즉 유적 존재로서 인간 종족 전체의 특성을 지닌 보편적인 인간을 탐구합니다. 이는 인간이 매우 다양하고 상이한 성격을 지녔기 때문에 함께 있을 때 비로소 완전한 인간이 된다는 의미입니다. 포이어바흐도 이 유를 공동체로 대체합니다. 유(類)란 용어는 사회적 존재로서 인간이 갖고 있는 사회성 또는 공동체성이라는 특성을 내포하고 있습니다. 맑스는 이 용어를 통해서 사회성뿐만 아니라 자유로운 활동으로서 노동이라는 특성도 강조합니다.

맑스는 유적 존재로서 인간의 본질은 자유로운 의식적 활동에 있으며, 이 점에서 동물과 다릅니다. 동물은 본능적인 신체적인 욕구를 충족시키기 위해 생산하지만, 인간은 신체적 욕구에서 벗어나서 자유롭게 생산합니다. 동물은 자신의 욕구와 수준에 따라 생산하지만, 인간은 사물의 고유한 특성과 수준을 고려하여 미적으로 생산합니다. 자연은 동물에게 단지 신체적 욕구를 충족시키기 위한 대상에 불과하지만, 인간에게는 학문적·예술적 대상이 됩니다. 인간은 신체적 욕구에서 벗어나서 사물들을 다양한 목적과 관점에서 다룬다는 점에서 보편적이고 자유로운 존재라 할 수 있습니다.

동물은 자신의 생존활동에만 매달리지만, 인간은 자신의 활동 자체를 자신의 의지와 인식의 대상으로 삼는다는 것입니다. 인간은 노동을 통해서 자신의 삶을 대상화시키고 이렇게 대상화된 세계에서 자신을 발견하고 인식합니다. 또한 자신의 소질을 발휘하고 꿈을 실현하기 위해 노동을 하며, 노동의 과정과 그 생산물에서 자신의 힘과 모습을 봅니다. 인간은 자신의 활동을 스스로 뒤돌아보고, 이를 통해 자신이 어떤 존재인지를 인식하는 자기의식을 지닌 존재입니다.

사회적 존재로서 인간은 자유로운 활동인 노동을 통해서 유적 존재로써 자신의 본질을 드러내며, 노동의 결과물들을 통해 자기를 의식합니다. 노동은 단지 생계의 수단이 아니라, 자신의 본질을 실현하고 그것을 확인하는 계기입니다. 즉 노동은 인간이 인간답게 살기 위한 본질적인 행위입니다.

노동은 인간의 욕구를 충족하기 위한 활동이자 보편적인 삶의 활동입니다. 노동과정은 인간의 삶의 특정형태와는 무관하며, 인간 삶의 모든 사회적 형태에 공통된 것입니다. 노동은 특정한 사회에서만이 아닌 모든 사회에서 보편적으로 이루어지는 삶의 활동입니다.

노동은 특정한 목적을 실현하기 위한 합목적적 활동입니다. 인간의 노동은 자신이 미리 구상한 목적을 실현하기 위한 합목적적 활동입니다. 합목적적 노동으로 인해서 인간은 더 복잡하고 세밀한 것들을 만들 수 있으며 또한 기존의 생산방식에서 벗어나 더 발전된 생산방식을 개발할 수 있습니다.

　노동은 인간과 자연의 상호작용의 활동이자 자아실현의 과정입니다. 유적 존재로서 인간의 본질적인 측면은 노동이며, 인간은 자유롭고 의식적 활동인 노동을 통해 자아를 실현하고 자신의 본질적인 모습을 유지합니다.

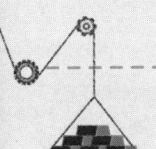

제4편

상대적 잉여가치의 생산

제10장_ 상대적 잉여가치의 개념
제11장_ 협업
제12장_ 분업과 매뉴팩쳐
제13장_ 기계와 대공업

제4편 **상대적 잉여가치의 생산**

제10장_ 상대적 잉여가치의 개념

    상품의 가치는 상품 속에 응결된 사회적 필요노동시간에 의해 결정되고 이 가치는 생산성이 상승함에 따라 감소합니다.
    일반적으로 말해서 노동생산력이 높을수록 어떤 물품의 생산에 필요한 노동시간은 그만큼 작고 또 그 물품에 응결되어 있는 노동량도 그만큼 작으며 따라서 그 물품의 가치도 그만큼 작아집니다.
    하나의 상품으로서의 노동력의 가치는 온갖 역사적·문화적·사회적 요인에 의해 영향을 받습니다. 그러나 그것은 또한 노동자들이 자신과 그 부양가족을 주어진 생활수준으로 재생산하는데 필요한 상품들의 가치와 결합되어 있습니다.
    다른 조건이 불변이라면 노동력의 가치는 노동자의 재생산에 필요한 상품을 생산하는 산업에서 생산성이 상승할 경우 감소할 것입니다.[1]

    표준노동일을 둘러싼 역사적인 계급투쟁의 전후에 발생한 자본주

---

1 『맑스 자본 강의』, 303~304쪽.

의적 생산방법의 변화를 포착하기 위해서 상대적 잉여가치 개념을 도입합니다.

표준노동일이 제정되어 노동일 연장에 의한 잉여가치 생산이 제한되자 자본이 잉여가치를 늘리는 방법으로 추구한 것이 상대적 잉여가치생산방법입니다.

노동일의 연장에 의해 생산되는 잉여가치를 절대적 잉여가치라고 부릅니다. 이에 대해 필요노동시간의 단축과 이에 따라 노동일의 두 부분들의 길이 변화로부터 생기는 잉여가치를 상대적 잉여가치라고 부릅니다.

1850년대에 10시간 노동제가 실시된 이후 상대적 잉여가치 생산방법이 도입되었다는 것은 아닙니다. 역사적으로 이 시점 이후 잉여가치 생산방법은 절대적 잉여가치 생산에서 상대적 잉여가치 생산으로 그 중점이 이동했을 뿐입니다. 가장 발달한 상대적 잉여가치 생산방법인 기계제 대공업 시대는 산업혁명에 의해 이미 1760년대부터 시작되었습니다. 이 무렵은 표준노동일을 둘러싸고 19세기 전반기의 50년에 걸친 계급투쟁이 본격화되기 전입니다. 그러므로 절대적·상대적 잉여가치 생산은 어디까지나 자본주의적 생산에서 잉여가치 생산방법을 파악하는 개념적인 구별입니다. 현실의 자본주의적 생산은 절대적·상대적 잉여가치를 동시에 생산합니다.[2]

역사적 구별은 자본주의적 생산에서 잉여가치 생산방법이 중점을 어디에 두느냐에 따라 달라집니다. 19세기 전반기는 잉여가치 생산의 주된 방법이 절대적 잉여가치 생산에서 상대적 잉여가치 생산 쪽으로

---

2 『자본론 함께 읽기』, 294쪽.

변화한 시기였다고 할 수 있습니다. 상대적 잉여가치 생산은 진정한 자본주의적 생산방식이라 할 수 있습니다. 상대적 잉여가치 생산방법이 가장 발전한 단계인 기계제 대공업에 이르러 자본주의적 생산양식은 비로소 자신의 물질적 토대를 완성하기 때문입니다.

노동자는 노동력 가치를 재생산하는 필요노동시간을 넘어 2시간, 3시간, 4시간, 6시간 등을 더 일할 수 있었습니다. 이 연장의 크기는 잉여가치율과 노동일의 길이가 결정되었습니다.

필요노동시간은 불변이었지만, 1노동일 전체는 가변적인 것이었습니다. 노동시간을 늘림으로써 생산된 잉여가치를 절대적 잉여가치라고 합니다. 자본가가 다른 방식으로 잉여가치를 늘리는 방법을 살펴봅시다.[3]

필요노동과 잉여노동의 상대적인 비율을 변화시킴으로써 얻어진 잉여가치가 상대적 잉여가치에 대해서 살펴봅시다.

어떤 사회에서 하루 노동일 길이인 12시간이 주어졌다고 합시다. 직선AC가 12시간 노동시간으로 표시되며, AB부분은 10시간 필요노동을, BC부분은 2시간의 잉여노동을 표시한다고 합시다.

노동시간 I : A----------B--C(10시간+2시간=12시간)

직선 AC 즉 하루 총노동시간 12시간을 더 연장하지 않고, 어떻게 잉여가치의 생산을 증대시킬 수 있을까요? 다시 말해 어떻게 잉여노동을 연장시킬 수 있을까요? 노동시간 AC의 한계가 주어져 있지만,

---

3 『자본론 I [상]』, 134~136쪽.

BC는 그 종점 C를 넘어 연장하지 않더라도 그 시발점 B를 반대방향인 A쪽으로 이동시킴으로써 연장될 수 있을 것입니다. 즉 직선AB에 해당되는 필요노동시간을 줄이면 BC에 해당되는 잉여노동시간이 늘어나서 잉여가치도 늘어납니다. 예를 들어 AB가 1시간 줄어들어 필요노동시간이 9시간이 되면, BC는 1시간 늘어나서 잉여노동시간은 3시간이 됩니다. 이를 직선의 길이로 표시하면 다음과 같습니다.

노동시간 Ⅱ : A---------B---C(9시간+3시간=12시간)

여기에서 노동시간은 종전과 마찬가지로 12시간이지만 잉여노동시간은 2시간에서 3시간으로 증가하여 잉여노동은 50% 증가합니다. 노동시간의 두 가지 예에서 보듯이 전체노동시간의 길이가 아니라 필요노동 시간과 잉여 노동 시간의 비율에서 차이가 납니다. 잉여노동의 연장에는 필요노동의 단축이 되어야 합니다. 필요노동시간을 줄임으로써 노동 시간의 두 부분 사이의 길이가 변화하여 얻게 되는 잉여 가치를 상대적 잉여가치라 합니다. 필요노동과 잉여노동의 상대적인 비율을 변화시킴으로써 얻어진 잉여가치가 상대적 잉여가치입니다.

필요노동시간은 노동력을 유지하는 데 필요한 노동 시간이기 때문에, 필요노동시간을 줄이기 위해서는 노동력을 유지하는 데 필요한 생활 수단의 가치를 떨어뜨려야 합니다. 즉 생활 수단을 생산하는 데 들어가는 노동시간을 줄여야 합니다.

이전에는 노동력을 유지하는 데 필요한 노동시간이 10시간에 생산되던 것과 동일한 양의 생활수단이 이제는 9시간에 생산된다는 것을 의미합니다. 그런데 이것은 노동생산성의 향상 없이는 불가능합니다. 예를 들어 어떤 제화공이 주어진 생산수단으로써 12시간에 한 켤레의 장화를 만들 수 있다고 합시다. 그가 이와 동일한 시간인 12시간에 두 켤레의 장화를 만들 수 있으려면 그의 노동생산성이 2배가 되어야 합니다. 그리고 이것은 그의 노동수단이나 노동방법 또는 이 두 가지가 변화하지 않고서는 불가능합니다. 노동생산성이란 노동과정에 변화가 일어나 상품의 생산에 사회적으로 필요한 노동시간이 단축되며, 그리하여 주어진 양의 노동이 더 많은 양의 사용가치를 생산할 수 있게 되는 것을 의미합니다.[4]

노동생산성의 향상은 생산과정에 새로운 기술을 도입하거나 생산조직을 좀 효율적으로 개선없이는 불가능합니다. 노동생산성이 향상되면 생활필수품(구)을 포함한 여러 생활수단(가죽, 왁스, 실 등)가격이 낮아져 노동력을 재생산하는 데 필요한 노동 시간이 줄어들며, 그 결과 노동력의 가치도 떨어집니다.

생활필수품의 총량을 구성하는 다양한 산업부문의 노동생산성 상승과 그에 의한 노동시간 단축의 총계만큼 노동력 가치가 저하되고, 따라서 필요노동시간은 단축됩니다.

상대적 잉여가치는 계급전략에 의해 만들어진다는 논리가 오늘날 미국에서는 자유무역의 장점과 관련하여 이야기됩니다.

월마트 현상과 중국으로부터의 저가 수입이 열렬한 환영을 받고 있는데 이는 값싼 수입품이 노동계급의 생계비를 낮추기 때문입니다. 지난 30년간 노동자들의 임금이 별로 오르지 않았음에도 불구하고 노동자들이 구입할 수 있는 상품의 양은 오히려 늘어났기 때문에 이것은 별로 문제가 되지 않았습니다. 19세기 영국 산업부르주아들이 값싼 수입품을 통해 노동력의 가치를 하락시키려 했던 것과 마찬가지 방식으로 오늘날 미국에서 값싼 수입품을 개방하려 하는 것은 노동력의 가

---

[4] 『자본론』, 399쪽.

치를 안정적으로 유지하려는 필요성 때문입니다.

노동력의 가치에 개입하기 위한 많은 전략들이 국가에 의해 조직된 사례는 역사에서 흔히 찾아볼 수 있습니다. 때때로 자본가들은 집세의 규제나 저가의 주택(공공주택), 그리고 집세와 농산물에 대한 보조금 등의 정책을 지지하곤 하는데 이것 역시 노동력의 가치를 낮게 유지해주는 것이기 때문입니다.[5]

자본주의적 생산의 내재적 법칙이 개별자본가에게는 경쟁이 강제하는 법칙으로 나타납니다. 자본주의적 생산의 내재적 법칙은 노동자계급의 계급투쟁으로 절대적 잉여가치 생산이 제한되면서 자본의 내적 본성인 잉여노동에 대한 무제한의 충동이 막히자, 필연적으로 상대적 잉여가치 생산을 추구하는 경향이 생기고, 이는 노동생산성 향상에 대한 충동으로 나타난다는 의미입니다. 노동생산성을 향상시키는 것은 개별자본가에게 경쟁이 강제하는 법칙으로 나타나지만, 사실은 잉여노동에 대한 무제한의 충동이라는 자본의 내적 본성 또는 자본주의적 생산의 내재적 법칙 때문입니다. 개별자본가는 특별잉여가치를 추구하기 때문에 노동생산성을 향상시키려고 합니다.

상품의 현실적 가치는 각각의 개별적인 경우에는 실제로 소요되는 노동시간에 의해서가 아니라 이 상품의 생산에 사회적으로 필요한 노동시간에 의해 측정됩니다.

보편화된 기술을 사용했을 때 필요노동시간과 잉여노동시간이 각각 5시간이라고 합니다. 이때 신기술을 개발해 생산능력을 두 배로 높이면 필요노동시간과 잉여노동시간은 2시간 30분으로 줄어들고, 잉여노동시간은 7시 30분으로 늘어납니다. 그러면 기술혁신에 성공한

---

[5] 『맑스 자본 강의』, 306~307쪽.

자본은 다른 자본에 비해 2시간 30분의 잉여노동에 해당하는 가치를 더 가져갈 수 있게 됩니다. 다른 자본가들보다 생산성 수준을 높여서 얻게 되는 잉여가치를 특별잉여가치라고 합니다.

　개별자본가의 특별잉여가치 추구와 그로 인한 노동생산성 향상은 경쟁을 통해 새로운 생산방식을 확산시키고, 그래서 새로운 생산방식이 일반화되면 특별잉여가치는 사라집니다.
　특별잉여가치는 일시적으로만 존재할 수 있습니다.
　새로운 생산방식이 일반화되고, 그리하여 상품의 개별가치와 사회적 가치 사이의 차이가 제거되자마자, 이 특별잉여가치는 사라집니다. 노동시간에 의한 가치 결정 법칙은 새로운 생산방법을 채용하는 자본가로 하여금 자기의 상품을 그 사회적 가치 이하로 판매하도록 강요하는 것으로 스스로를 드러내며, 그리고 또 바로 이 법칙이 경쟁의 강제법칙으로 작용해 자기 경쟁자로 하여금 새로운 생산방법을 도입하지 않을 수 없게 하는 것입니다. 이런 과정 전체를 거쳐 최후로 일방적 잉여가치율이 상승하는 것은, 노동생산성의 증가가 생활필수품 생산에 기여하는 산업부문들에서 일어나서 노동력의 가치를 구성하는 상품들을 값싸게 했을 때 비로소 가능합니다.[6]
　상품의 가치는 노동생산성에 반비례합니다. 노동력의 가치도 역시 노동생산성에 반비례합니다.
　왜냐하면 노동력의 가치는 상품의 가치에 의해 규정되기 때문입니다. 그러나 상대적 잉여가치는 노동생산성에 정비례합니다. 그것은 노동생산성의 증가에 따라 증가하며, 그 저하에 따라 저하합니다. 그러므로 상품을 값싸게 하기 위해 그리고 그렇게 함으로써 노동자 자체

---

[6] 『자본론 함께 읽기』, 302쪽.

를 값싸게 하기 위해, 노동생산성을 증가시키려는 것은 자본의 내재적 충동이며 끊임없는 경향입니다.[7]

기계는 가치의 원천이 아니지만 개별자본가에게 상대적 잉여가치의 원천은 될 수 있는 것입니다. 그런데 이 기계들이 일단 일반화되고 나면 노동력 가치의 하락을 통해 모든 자본가계급에게서 상대적 잉여가치의 원천은 사라지고 맙니다. 이것의 결론은 독특합니다. 즉 기계는 가치의 원천이 될 수 없지만 잉여가치의 원천은 될 수 있는 것입니다. 이것이 자본주의에 의한 기술발전의 동학입니다.

잉여가치를 생산하기 위해서 기계를 사용한다는 말 속에는 하나의 내적 모순이 존재합니다. 왜냐하면 기계의 사용이 일정 크기의 자본에 의해 창출된 잉여가치의 두 가지 요인 가운데 한 요인인 잉여가치율을 증가시키기 위해서는 오로지 다른 한 요인인 노동자 수를 감소시키는 수밖에 없습니다. 착취당하는 노동자 수가 상대적으로 감소하면 상대적 잉여노동뿐 아니라 절대적 잉여노동의 증가를 통해서도 이를 보충하고자 무리하게 노동일을 연장하려고 합니다.

기계의 자본주의적 사용은 한편으로는 노동일을 무제한으로 연장하려는 강력한 동기를 새로 만들어내고, 또 노동양식과 사회적 노동조직의 성격을 이런 경향에 맞서 저항하지 못하도록 변혁시킵니다. 다른 한편으로 그것은 노동자계급 가운데 지금까지 자본의 수중에 들어가지 않았던 모든 계층을 자본에 편입시키고 또 기계에 의해 밀려난 노동자들을 해고함으로써, 자본이 지시하는 법칙에 따르지 않을 수 없는 과잉 노동자인구를 만듭니다. 그리하여 기계는 노동일의 관습적 장애와 자연적 장애를 모두 제거해버리는 현상이 일어납니다. 그 결과 노동시간을 단축하기 위한 가장 강력한 수단이 노동자와 그 가족의 모든

---

[7] 『자본론 I [상]』, 407~408쪽.

생활시간을 자본의 가치증식에 이용할 수 있는 노동시간으로 전화시키는 가장 확실한 수단으로 뒤바뀌는 경제학적 역설이 생겨납니다.[8]

자본주의적 생산에서는, 노동생산성의 발전에 의한 노동의 절약은 결코 노동시간의 단축을 목적으로 하지 않습니다. 그것이 겨냥하는 것은 오직 일정한 양의 상품을 생산하는 데 필요한 노동시간의 단축입니다.

그 목적은 노동자가 하루 노동시간 가운데 자본가에게 무상으로 제공하는 잉여노동시간을 늘리는 것입니다. 노동생산성이 발전해도 노동자의 노동시간은 단축되기는커녕 오히려 연장되기도 합니다. 자신의 노동생산력이 상승하여 노동자가 1시간 동안 예를 들어 과거에 비해 10배의 상품을 생산하게 되고, 그리하여 하나의 상품을 생산하는 데 필요한 노동시간이 과거에 비해 1/10만 소요된다 해도, 이것은 그가 여전히 종전처럼 12시간 동안 노동하고 또 12시간 동안에 종전의 120개 대신 1200개를 생산한다는 사실에 아무런 영향을 미치지 않습니다. 아니 오히려 그의 노동일은 더욱 연장하여 이제 그는 14시간 동안 1500개를 생산하게 될지도 모릅니다.

---

[8] 『맑스를 읽다』, 357쪽.

제4편 **상대적 잉여가치의 생산**

제11장_ 협업

　동일한 하나의 생산과정[또는 서로 다르지만 관련되어 있는 생산과정들]에서 많은 사람들이 계획적으로 함께 협력하면서 일하는 노동의 형태를 협업이라고 합니다.
　협업은 자본주의적 생산방식의 기본 형태로 규정되며 매뉴팩쳐나 기계적 대공업을 이해하는 데 기초가 됩니다. 자본주의적 노동과정에서 일어나는 최초의 변화를 분석합니다.
　자본주의적 생산은 각 개별 자본이 다수의 노동자를 동시에 고용하고 따라서 노동과정이 대규모로 수행되어 대량의 생산물을 공급하게 되는 그때부터 비로소 실제로 시작됩니다. 많은 노동자가 같은 시간에, 같은 장소에서, 같은 종류의 상품을 생산하기 위해, 같은 자본가의 지휘 밑에서 함께 일한다는 것은 역사적으로나 개념적으로나 자본주의적 생산의 출발점을 이룹니다. 초기의 매뉴팩쳐는 동일한 개별 자본에 의해 동시적으로 고용된 노동자의 수가 보다 많다는 것 이외는 길드의 수공업과 거의 구별되지 않습니다. 처음에는 그 차이는 순전히 양적인 것입니다.[9]

작업방식에 변동이 없더라도 많은 노동자의 동시적 고용은 노동과정의 객체적 조건에 혁명을 일으킵니다. 노동자들이 일하는 건물, 창고, 기구, 장치 등등 즉 생산수단의 일부분이 이제는 노동과정에서 공동으로 소비됩니다. 공동으로 사용되는 생산수단은 개개의 생산물에 자기 가치의 보다 적은 부분을 이전하게 되어 절약됩니다.

생산수단의 절약은 자본가로 하여금 상품을 저렴하게 하여 노동력의 가치를 저하시키는 측면이 있습니다. 그리하여 상대적 잉여가치를 더 많이 얻을 수 있습니다. 하나의 동일한 생산과정에 많은 사람이 계획적으로 함께 협력해서 일하는 노동형태를 협업이라 합니다. 10명이 일할 때보다 20명이 일할 때 더 넓은 건물이 필요한 것은 사실이지만, 그렇다고 건물의 건축비가 2배로 늘어나는 것은 아니기 때문에 그 비용을 절약할 수 있습니다.

기병 1개 중대의 공격력이나 보병 1개 연대의 방어력이 개별 군인이 제각기 전개할 수 있는 공격력이나 방어력의 합계와는 본질적으로 구별되는 것과 마찬가지로, 개별 노동자들의 기계적인 힘의 총계는 많은 사람이 동시에 동일한 불가분적인 작업에 참가할 때 발휘하는 사회적 역량과는 본질적으로 구별됩니다. 예를 들어 무거운 짐을 올리거나 장애물을 제거할 때 협업은 큰 힘을 발휘합니다.

결합노동의 성과는 고립된 개별 노동에 의해서는 결코 달성될 수 없거나 또는 훨씬 더 많은 시간이 들거나 또는 매우 작은 규모로만 달성될 수 있을 것입니다. 협업에 의해 개인의 생산력이 제고될 뿐만 아니라 하나의 새로운 생산력 즉 집단적인 힘이 창조되는 것입니다.[10]

다수의 힘이 하나의 총력으로 융합되는 데서 생겨나는 새로운 역량을 도외시하더라도, 대부분의 생산적 노동에서는 단순한 사회적 접촉

---

9 『자본론』 139쪽.
10 『자본론』 140쪽.

만으로도 벌써 개별 노동자들의 작업 능률을 증대시키는 경쟁심이나 혈기라는 자극이 생겨납니다. 그 결과 함께 일하는 12명은 144시간이라는 집단적 1노동일에 각각 12시간씩 제각기 일하는 12명의 고립된 노동자들보다 또는 12일 동안 계속해서 일하는 1명의 노동자보다, 훨씬 더 많이 생산해 내는 것입니다. 이것은 사회적 동물이라는 데 기인합니다. 협력해서 작업하는 노동자 집단은 앞과 뒤로 팔과 눈을 가지고 있어 어느 정도까지 전면성을 가지고 있습니다. 그리하여 생산물의 상이한 부분들이 동시적으로 완성되어 갑니다.

협업은 작업이 넓은 공간에서 수행할 수 있도록 해주며, 그렇기 때문에 어떤 노동과정에서는 노동대상의 공간적 배치 그 자체가 벌써 협업을 요구합니다. 예를 들면, 배수공사, 제방공사, 관개공사, 운하건설, 도로건설, 철도부설 등에서 그렇습니다. 협업은 생산규모를 확대시키면서 생산의 공간적 영역을 상대적으로 축소시킬 수 있어 장소 이동에 따른 비용을 줄여 줍니다.

결합된 노동 시간은 그것과 동일한 크기의 개별 노동시간의 합계에 비해 보다 많은 양의 사용가치를 생산하며, 따라서 주어진 유용효과의 생산에 필요한 노동시간을 감소시킵니다. 결합된 노동시간이 이와 같이 생산성을 증대시키게 되는 원인이 무엇이든 협업의 특수한 생산력은 어떤 경우라도 노동의 사회적 생산력 또는 사회적 노동의 생산력입니다. 이 생산력은 협업 그 자체로부터 발생합니다. 다른 노동자들과 체계적으로 협력하고 있는 노동자는 그의 개인적 한계를 벗어나 그의 종족적 능력을 발전시킵니다. 이처럼 협업은 새로운 집단적 힘의 창조, 생산규모의 확대, 작업 공간의 효율적 사용, 대규모 노동력의 집중 사용, 개인의 경쟁심 자극, 생산수단의 공동 사용에 따른 비용 절감 등을 통해서 노동생산성을 높입니다. 협업은 상대적 잉여가치의 원천이 됩니다.

대규모로 수행되는 모든 사회적인 노동 또는 공동노동은, 개인들의 활동을 조화시키기 위해, 그리고 일반적 기능을 수행하기 위해 지휘자를 필요로 합니다.

바이올린 독주자는 자신이 직접 지휘자가 되지만 교향악단은 독립적인 지휘자를 필요로 합니다. 지휘와 감독과 조절의 기능은 자본의 지배하에 있는 노동이 협업적으로 되자마자 자본의 기능이 됩니다. 자본의 독자적인 기능으로서, 지휘의 기능은 자신의 특수한 성격을 획득하게 됩니다.

자본주의적 생산을 추진하는 동기, 그리고 이것을 규정하는 목적은 자본을 가능한 최대한도로 증식시키는 것, 다시 말하면, 가능한 최대한 잉여가치를 생산하는 것, 따라서 가능한 최대로 노동력을 착취하는 것입니다. 협업하는 수가 증가함에 따라 자본의 지배의 압력도 필연적으로 증대합니다. 자본가의 지휘는 그 내용면에서는 이중적 성격을 띠고 있습니다. 그것은 그가 지휘하는 생산과정 자체가 한편으로는 생산물의 생산을 위한 사회적 노동과정이며, 다른 한편으로는 자본의 가치증식과정이라는 이중적 성격을 띱니다. 그러나 자본가의 지휘는 그 형식에서는 독재적입니다.[11]

다수 임노동자들의 협업이 발전함에 따라 자본의 지휘는 노동과정 자체의 수행을 위한 필요조건[즉 하나의 현실적인 생산조건]으로 발전해갑니다. 이 구별은 자본에 의한 형식적 포섭과 실질적 포섭 사이의 구별입니다. 자본은 돈을 주고 노동력을 구매함으로써 그들의 노동력을 자본의 일부(가변자본)로 포섭합니다. 선대제도 하에서는 상업자본가가 원료를 노동자의 집으로 가져다주고 나중에 완성된 생산

---

11 『자본론 I [상]』, 421~423쪽.

물을 수집해옵니다. 노동자들은 감시받지 않으며 노동과정은 집 안에서 이루어집니다. (여기에는 종종 가족노동이 포함되며 생계를 보조해주는 농업도 병행됩니다.) 그러나 집에 사는 사람은 화폐수입을 상업자본가에게 의존했으며 자신들이 만든 생산물을 소유하지 못했습니다.

이와 같이 그들에게 일정 시간 동안 이걸 만들라 저걸 만들라 지휘하고 명령할 수 있지만, 노동자들의 노동 자체를 장악하여 지휘할 순 없습니다. 즉, 자본은 노동력을 자신의 지휘아래 자신의 의지 아래 복속 시키지만 노동과정, 실제 생산과정의 현실적 방법은 처음부터 본질적인 변경이 이뤄지진 않습니다. 바로 노동과정에서는 노동자의 관리, 자율의 영역이 확보되어 있습니다. 이런 의미에서 노동에 대한 자본의 포섭은 형식적일 뿐이며 결코 실질적으로 노동 자체를 포섭했다고 말할 수 없습니다. 이것이 형식적 포섭입니다.

산업혁명으로 인해 노동방식의 근본적 변화가 나타났고 노동은 숙련노동의 성격을 점차 잃어갔고 노동과정의 리듬은 기계에 의해 장악됩니다. 자본가들은 기계의 운동을 장악함으로써 노동의 리듬을 실질적으로 장악할 수 있었고, 이로써 노동에 대한 실질적 포섭이 가능하게 됩니다. 다시 말해 노동자의 노동력을 산 자본가는 노동력의 사용가치 노동(혹은 생산과정)까지 실질적으로 포섭하기에 이른 것입니다.

노동자가 임금을 받기 위해 공장 안으로 들어오면 그때부터 노동자와 노동과정은 모두 자본가의 직접적 감독을 받게 됩니다. 이것이 실질적 포섭입니다. 즉 형식적 포섭은 공장 바깥에서의 의존적 상태를 가리키며 실질적 포섭은 공장 안에서 자본가의 직접적 감독을 받는 것을 가리킵니다. 후자는 초기비용(따라서 초기자본)이 더 많이 들어갑니다. 자본주의 초기에는 자본이 귀했고 따라서 형식적인 착취체계가 보다 유리했을 것입니다. 그러나 맑스는 시간이 흐르면서 형식적 포섭이 실질적 포섭에 자리를 내주었다고 생각했습니다. 그러나 오늘날 계약노동이나 가내노동 같은 것들의 재등장은 일종의 형식적 포섭으로의 복원이 충분히 가능하다는 것을 보여줍니다.

협업의 규모가 확대됨에 따라 이 독재도 자기의 특유한 형태들을 전개합니다. 자본가는 이제 개별 노동자들과 노동자 집단들에 대한 직접적이고 끊임없는 감독의 업무를 특수한 종류의 임금노동자들에게 넘겨줍니다. 군대가 장교와 하사관을 필요로 하듯이, 공장의 협업 방식에서는 지배인과 십장, 감시자를 필요로 합니다. 감독이라는 업무가 그들의 전문기능으로 확정됩니다.

협업에서 발휘되는 노동의 사회적 생산력은 자본의 생산력으로 나타납니다. 서로 독립한 인격으로서 노동자들은 제각각인 사람들이며, 그들은 자본가와 관계를 맺지만, 자기들 서로 간에는 아무런 관계도 맺지 않습니다. 그들의 협업은 노동과정에서 비로소 시작되는데, 그 때는 이미 노동자들은 자기 자신에 속하지 않습니다. 왜냐하면 노동과정에 들어가자마자 그들은 자본에 편입되어버리기 때문입니다. 협업하는 사람으로서, 또는 하나의 활동하는 유기체의 구성원으로서, 노동자들은 자본의 특수한 존재양식에 지나지 않습니다. 그러므로 노동자가 협업에서 발휘하는 생산력은 자본의 생산력입니다.[12]

노동의 사회적 생산력은 노동자들이 일정한 조건 아래 놓일 때는 언제나 무상으로 발휘되며, 그리고 자본은 노동자들을 바로 이런 조건 아래 놓습니다. 노동의 사회적 생산력은 자본에게는 아무런 비용도 들지 않는 것이고, 또 노동자의 노동이 자본에 속하기 전에는 노동자 자신에 의해 발휘되지 못하기 때문에, 노동의 사회적 생산력은 자

---

12 『자본론 I [상]』 423~425쪽.

본이 본래부터 가지고 있는 생산력으로, 자본에 내재한 생산력으로 나타납니다.

단순협업의 엄청난 효과는 고대 아시아인, 이집트인 등이 세운 거대한 건축물에서 볼 수 있습니다.

고대 아시아 국가들은 행정비와 군사비로 사용하고 남은 잉여생산물을 갖고 있었기 때문에, 그것을 호화로운 궁전과 사원을 짓거나 다른 토목 공사를 하는 데 사용할 수 있었습니다. 비옥한 나일강 유역에 위치한 이집트는 농사를 짓지 않은 수많은 비농업 인구를 먹여 살릴 식량을 생산했고, 왕과 사제들은 이 식량을 이용하여 거대한 기념비 등을 세울 수 있었습니다. 인간의 노동력을 활용하여 자재를 대량을 운반해서 거대한 석상과 피라미드를 만들었습니다. 이 국가들은 개인의 육체적 힘 이외에는 다른 수단을 갖고 있지 않았습니다.

아시아와 이집트의 왕들이 가졌던 권력이 근대사회에서는 자본가에게로 넘어갔습니다. 고대와 중세 및 근대 식민지에서 수행된 협업은 대부분 지배와 예속관계를 바탕으로 한 노예제가 중심이 됩니다. 이에 비해 근대 자본주의에서 수행된 협업은 자신의 노동력을 자유롭게 판매하는 임금노동자가 중심이 됩니다. 노동자들의 협업은 노동생산성을 크게 향상시킴으로써 자본주의적 생산 방식을 발전시키는 데 기여했습니다.[13]

---

[13] 『자본론』, 142~143쪽.

제4편 **상대적 잉여가치의 생산**

제12장_ 분업과 매뉴팩쳐

　상대적 잉여가치의 두 번째 특수한 방법으로 분석한 것은 작업장 안의 분업입니다. 분업에 의거한 협업은 매뉴팩쳐에서 그 전형적인 형태를 취합니다. 그리고 그것은 자본주의적 생산과정의 하나의 특징적인 형태로서 대략 16세기 중엽에서 18세기의 중엽까지 진정한 매뉴팩쳐 시대를 통해 지배적이었습니다.
　매뉴팩쳐는 두 가지 방식으로 발생합니다.
　첫째, 여러 종류의 독립적 수공업에 종사하는 노동자들이―어떤 하나의 생산물이 완성되기까지는 이들의 손을 통과하지 않으면 안 됩니다.―동일한 자본가의 통제 하에 하나의 작업장으로 결합되는 경우입니다. 예를 들어 이전에는 한 대의 마차는 수레바퀴 제조업, 마차 제조공, 재봉공, 자물쇠공, 가구공, 선반공, 레이스 공, 유리공, 화공, 도장공, 도금공 등 수많은 독립수공업자들의 생산물이었습니다.
　그러나 마차 매뉴팩쳐에서는 이들 각종 수공업자들 모두가 하나의 작업장에 모여 거기서 미완성품을 이 사람으로부터 저 사람에게 이전시킵니다. 오래지 않아 하나의 중요한 변화가 일어납니다. 재봉공, 자물쇠공, 가구공 등은 이제 마차제작을 전업으로 하게 되며, 그리하여 자기들의 종전의 수공업을 그 전체적 범위에서 수행하는 습관과 능력을 점차 잃게 됩니다. 그러나 다른 한편 그들은 전적으로 일면화된 활동이 이런 협소해진 활동영역에 가장 적합한 형태를 취하게 됩니다. 점차 마차생산은 각종 부분적 과정들로 세분되었고, 각각의 부분적 과정들은 특정 노동자의 전문적 기능으로 고정되었으며, 전체로서의 매뉴팩쳐는 이와 같은 부분 노동자들의 결합에 의해 수행되었습니다.

둘째, 위와는 반대 방식으로, 하나의 자본가가 같은 작업 또는 같은 종류의 작업을 수행하는[예를 들어 종이, 활자, 바늘 등을 만드는] 수많은 수공업자들을 동시에 동일한 작업장에 고용합니다. 이것이 가장 단순한 형태의 협업입니다. 점차 작업장 내에 분업이 발생해 각각의 수공업자가 작업의 전 공정을 수행하는 것이 아니라 작업을 점차 여러 공정으로 분할하고 각각의 공정을 서로 다른 수공업자에게 할당함으로써 전체 작업이 협업하는 노동자들에 의해 수행됩니다. 상품은 여러 가지 작업을 수행하는 하나의 수공업자의 개인적 생산물로부터 각자가 언제나 단 한 가지의 부분작업만을 수행하는 수공업자 연합체의 사회적 생산물로 됩니다.

그 사례로 바늘을 만들 경우에 예전에는 한 명의 수공업자가 작업과정 전체를 혼자 맡아서 일을 했습니다. 그러나 매뉴팩쳐에서는 철사를 자르는 과정, 바늘의 귀를 만드는 과정, 바늘의 끝을 날카롭게 연마하는 과정 등을 각각 나누어 수공업자들이 각자 한 가지 작업 과정만을 전문적으로 맡습니다. 바늘을 제조하는 영국의 매뉴팩쳐에서 20가지의 작업 과정을 20명의 수공업자가 각자 한 가지씩 나눠 맡아서 일을 합니다.

분업체계 속에서 노동자를 사회적으로 특정한 작업에 묶어버리는 것은 노동자를 특정한 작업도구에 결합시켜버림으로써 그들이 자신들의 자유를 잃어버리게 만듭니다.

　수공업에서 매뉴팩쳐가 성장하는 방식은 이중적이지만, 그 최종적 형태는 동일합니다. 즉 인간을 그 기관으로 하는 생산 메카니즘입니다. 매뉴팩쳐 내의 분업을 이해하기 위해 다음 두 가지를 명심해야 합니다. 첫째, 생산과정을 그 특수국면으로 분할하는 것은, 수공업을 각종 부분작업으로 분할하는 것과 완전히 일치합니다. 각각의 작업은 언제나 손으로 수행되고, 수공업적 성격을 보존하고 있으며, 따라서 각각의 작업은 각 노동자가 자기의 도구를 사용할 때 발휘하는 힘과 기교와 민첩성과 정확성에 의존합니다.
　수공업이 여전히 그 토대이며, 그 기술적 토대가 협소하기 때문에 생산과정을 그 구성부분들로 과학적으로 분할하는 것은 불가능합니다. 왜냐하면 생산물이 통과하는 각각의 부분과정은 손으로 수행될 수 있어야 하고, 하나의 독립된 수공업을 형성할 수 있어야 하기 때문입니다. 이와 같이 수공업자의 숙련이 여전히 생산과정의 토대로 되어 있기 때문에, 각 노동자는 오로지 하나의 부분적 기능만을 수행하게 되고, 그의 노동력은 이 부분적 기능의 평생의 기관으로 전환되는 것입니다. 둘째, 이 분업은 하나의 특수한 종류의 협업이며, 그것의 이점 중 많은 것은 협업 일반의 성질로부터 나오는 것이지 협업의 이 특수한 형태로부터 나오는 것은 아닙니다.[14]

　협업이 하나의 동일한 생산과정에 또는 서로 다르지만 상호연관된 생산과정에 많은 사람이 계획적으로 함께 협력해 일하는 노동형태이며, 하나의 새로운 생산력, 즉 집단적인 힘을 창조한다고 말합니다.

---

14 『자본론 I [상]』, 432쪽.

분업이 가능한 것은 바로 이런 협업을 전제하기 때문입니다. 외관상 분업으로 보이지만 그 토대는 협업이고, 따라서 분업은 협업의 특수한 형태에 지나지 않으므로 분업의 이점 중 많은 것은 협업 일반의 성질로부터 나오는 것입니다.

매뉴팩쳐의 가장 단순한 요소들인 부분노동자와 그의 도구를 분석해 매뉴팩쳐 내 집단적 노동자의 주요 특징을 포착합니다.

일생 동안 하나의 동일한 단순작업을 수행하는 노동자는 자기의 신체를 그 작업을 위한 자동적이고 일면화된 도구로 전환시킨다는 점입니다. 따라서 그 작업을 하는 데 있어 그는 작업 전체를 순차적으로 수행하는 수공업자보다 적은 시간을 소비합니다. 매뉴팩쳐의 살아 있는 메커니즘을 형성하고 있는 집단적 노동자는 순전히 이와 같이 일면적으로 전문화된 부분노동자들로 구성되어 있습니다. 노동생산성이 제고됩니다. 더욱이 이 부분노동이 한 사람의 전문적 기능으로 확립되면 부분노동의 방법도 개선됩니다. 동일한 단순작업을 계속해서 반복하고 그 작업에 주의를 집중하기 때문에, 어떻게 하면 힘을 가장 적게 들여 소기의 효과를 얻을 수 있을지를 경험을 통해 알게 됩니다. 이렇게 체득한 기술과 작업요령은 확립되고 축적되며 또 다음 세대로 전달됩니다.[15]

작업장 안의 분업체계가 노동자의 숙련을 생산해 노동생산성을 향상시킨다면, 매뉴팩쳐는 또한 도구를 발전시켜 노동생산성을 더욱 향상시켰습니다.

노동생산성은 노동자의 숙련뿐만 아니라 그의 도구의 질에도 달려 있습니다. 매뉴팩쳐의 특징은 노동도구의 분화와 특수화인데, 노동도구의 분화에 의해 도구가 특수한 용도에 맞는 형태로 고정되며, 노동도구의 특수화에 의해 각각의 특수한 도구들은 특수한 부분 노동자의

---

15 『자본론 I [상]』, 433쪽.

손에서만 그 능력을 충분히 발휘할 수 있게 됩니다. 매뉴팩쳐시대에는 노동도구를 각 부분노동자들의 전문적인 특수기능에 적합하게 만듦으로써 그것을 단순화하고 개량하며 다양하게 합니다. 그리하여 또한 이 시대에는 다수의 간단한 도구를 결합으로 구성되는 기계의 출현을 위한 물질적 조건의 하나를 창조합니다.[16]

매뉴팩쳐에는 두 가지 기본형태인 이질적 매뉴팩쳐와 유기적 매뉴팩쳐가 있습니다.

매뉴팩쳐의 두 가지 형태는 기계에 의한 근대적 공업으로 전환될 때 전혀 상이한 역할을 합니다. 이 둘은 서로 뒤섞여 있는 경우도 있지만, 근본적으로 서로 다른 종류입니다. 이질적 매뉴팩쳐는 서로 다른 종류의 부품을 각각 만든 다음에 그것들을 단순하게 조립하여 제품을 만드는 것입니다. 예를 들면 시계의 경우 태엽 제조공, 지침반 제조공, 나사못 제조공, 나선형 용수철 제조공, 보석 구멍 뚫는 사람, 시계바늘 제조공, 나사못 제조공 등 여러 노동자들이 개별 부품들을 각자 만든 다음에, 한두 사람의 조립공이 그 부품들을 조립하여 하나의 시계를 완성합니다.

이에 비해 유기적 매뉴팩쳐는 서로 연관된 전후 단계들을 통과하는 즉 일련의 과정들을 한 단계씩 차례차례 통과하는 제품을 생산합니다. 예를 들어 바늘 매뉴팩쳐에서 철사는 72명, 때로는 심지어 92명의 특수한 부분노동자의 손을 통과합니다.[17]

생산성과 효율은 개별 노동자들에게 달려 있는 것이 아니라 전체 노동자의 적절한 조직화 여부에 달려 있습니다. 생산의 시간적·공간적 조직형태와, 노동과정 전반에 대한 시간적·공간적 재편성을 통해

---

16 『자본론 I [상]』, 435~436쪽.
17 『자본론』, 146~147쪽.

얻어지는 효율에 대해 관심을 가져야 합니다. 시간의 낭비를 줄임으로써 생산성을 높일 수 있습니다. 공간을 조직하는 방식을 합리화함으로써 우리는 동작비용을 절약할 수 있습니다. 그래서 전체적인 시공간 구조는 자본주의가 작동하는 조직적 문제가 됩니다.

매뉴팩쳐에서 여러 노동자들이 수행하는 각종 작업에는 단순한 작업과 복잡한 작업, 저급 작업과 고급 작업이 있기 때문에, 개별 노동자들은 서로 다른 훈련을 받으며 그에 따라 노동력의 가치에도 차이가 생깁니다. 매뉴팩쳐로 말미암아 노동력의 등급제가 발전하고, 그 결과 임금에도 등급이 생깁니다. 개별 노동자는 한정된 기능에 일생 동안 묶이고, 그들의 선천적·후천적 능력에 따라 등급이 매겨진 각종 작업이 각자에게 주어집니다. 전문 교육이나 훈련이 많이 요구되는 숙련공과 그렇지 않은 미숙련공이 구분됩니다. 단순작업을 반복하는 미숙련공의 경우에 교육비나 훈련비가 거의 들지 않으며, 또한 전문 숙련공의 경우에도 그 기능이 많이 단순화되어 교육비나 훈련비가 독립수공업자보다 매우 적게 들어갑니다. 이로 말미암아 어느 경우가 되었든지 간에 노동력의 가치는 떨어지며, 따라서 필요노동시간도 감소하고 그 결과 상대적 잉여가치가 증가합니다.

사회적 분업과 작업장 안의 분업에 대해 살펴봅시다.

처음에 생산물의 교환은 서로 다른 가족들이나 서로 다른 종족들이 서로 접촉하는 지점에서 이루어졌습니다. 서로 다른 자연 환경에서 형성된 공동체들은 서로 다른 생산물을 생산하기 때문에 상호 간에 접촉을 통해 서로에게 필요한 생산물을 교환합니다. 이렇게 생산물 교환을 매개로 서로 다른 공동체나 서로 다른 생산 부문들 사이에 상호의존성이 커지면서 사회적 분업이 생겨납니다. 즉 서로 독립된 생산영역들 사이에서 교환이 이루어지면서 사회적 분업이 발생하게 되는 것입니다. 인류 역사를 살펴보면, 도시와 농촌의 분리에 기반을 둔 공업과 농업의 분리가 사회적 분업의 중요한 역사적 토대가 됩니다. 그리고 인구의 크기와 밀도도 사회적 분업에서 중요한 요소로 작용합니다. 대체로 한 사회에서 인구의 크기와 밀도가 크면 클수록 사회적 분업도 더욱 빨라지는 경향이 있습니다.

사회적 분업이 서로 다른 생산 부문들 사이에서 발생하는 분업이라면, 작업장 안의 분업은 한 작업장 안에서 발생하는 분업입니다. 상품생산과 상품유통은 자본주의적 생산양식의 일반적 전제이므로, 매뉴팩쳐의 분업은 사회 내부의 분업이 이미 일정한 정도로 발전하고 있는 것을 필요로 합니다. 또한 거꾸로 매뉴팩쳐의 분업은 사회분업에 반작용해서 그것을 발전시키며 증가시킵니다. 한 작업장 안에서 이루어지는 분업의 여러 과정 가운데 어떤 한 부분이 분리되어 독립된 생산 부문으로 바뀌는 경우도 있기 때문입니다. 노동도구의 분화에 따라 이 도구를 생산하는 산업들도 더욱더 분화됩니다.

사회적 분업과 작업장 안의 분업은 비슷한 점도 있지만 근본적인 차이점도 있습니다. 사회적 분업은 서로 다른 산업 부문의 독립 생산자들이 각자 상품을 생산하여 서로 교환하는 방식을 따릅니다. 반면에 작업장 안의 분업은 한 사람의 자본가에게 고용된 노동자들 사이에서 서로 분업이 이루어지는 방식을 따릅니다. 사회적 분업은 전체를 통제하는 사람이 없기 때문에 생산과정이 시장 가격의 변동에 의해 사후적으로 조절됩니다. 반면에 작업장 안의 분업은 작업 과정 전체를 통제하는 자본가에 의해서 미리 계획되고 관리됩니다.

매뉴팩쳐적 분업은 노동자들에 대한 자본가의 무조건적 권위를 내포합니다. 사회적 분업은 경쟁이라는 권위 외는[즉 상품생산자들 상호 간의 이해관계의 대립이 그들에게 가하는 강제 외에는] 다른 아무런 권위도 인정하지 않는 독립적 상품생산자들을 서로 대립시킵니다.

가치관계를 지배하는 일정한 균형을 달성하는 데에는 수요와 공급의 법칙과 경쟁의 강제법칙이 모두 반드시 필요합니다.

자본주의적 생산양식이 지배하는 사회에서 사회적 분업에서의 무정부상태와 매뉴팩쳐적 분업에서의 독재가 서로 다른 것의 조건으로 되고 있다면, 그와는 반대로[직업의 분화가 자연발생적으로 발전하여 응고되고 최후로 법률에 의해 고정된] 이전의 사회형태에서는, 한편으로 사회의 노동이 공인된 권위적인 계획에 따라 조직되는 것을 볼 수 있으며, 다른 한편으로 작업장에서는 분업을 완전히 배제하든가 그렇지 않으면 그것을 작은 규모로 간헐적 우연적으로만 발전시키는 것을 볼 수 있습니다.

중세 길드 제도는 장인이 고용할 수 있는 직공이나 도제의 수를 엄격하게 규제함으로써 장인이 자본가로 되는 것을 막았습니다. 이에 비해 자본주의 사회에서는 자본가가 생산수단이나 노동력의 규모를 확대하는 데 어떠한 제한도 받지 않기 때문에, 작업장 안의 분업 방식을 채택하는 매뉴팩쳐가 발전할 수 있었습니다. 따라서 여러 사회 형태들에 존재하는 사회적 분업과 달리 작업장 안의 분업은 자본주의적 생산 양식의 독특한 창조물이라고 할 수 있습니다.[18]

매뉴팩쳐는 단순협업과 달리 작업장 안의 분업을 통해 노동방식을 변혁함으로써 노동생산성을 향상시키는 상대적 잉여가치 생산을 추구했는데, 이것이 노동자계급에 어떤 영향을 끼쳤는지 분석합니다. 작업장 내 분업이 노동자를 부분노동자로 전락시켜 불구자로 만듦으로써 매뉴팩쳐 노동자에게 자본의 소유물이라는 낙인을 찍습니다.

노동력의 불구화와 동전의 양면을 이루는 것으로서, 자본주의적 노

---

18 『자본론』, 147~150쪽.

동과정의 중요한 특징으로 언급되는 구상과 실행의 분리, 즉 육체노동과 정신노동의 분리가 매뉴팩쳐에서 본격적으로 발전한다는 점입니다.[19]

야만인이 모든 전쟁기술을 개인의 책략으로서 발휘한 것과 마찬가지로, 비록 작은 규모이었으나 독립적인 농민 또는 수공업자도 지식과 판단력과 의지를 발휘하였습니다.

그러나 매뉴팩쳐에서는 그러한 능력은 다만 작업장 전체를 위해서만 요구될 뿐입니다. 생산상의 정신적 능력이 한 방면에서는 확대되면서 다른 여러 방면에서는 완전히 소멸됩니다. 부분노동자들이 잃어버리는 것은 그들과 대립하고 있는 자본에 집적됩니다. 부분노동자들이 물질적 생산과정의 정신적 능력을 타인의 소유물로서 또 그들을 지배하는 힘으로서 상대하게 되는 것은 매뉴팩쳐적 분업의 결과입니다.

이 분리과정은, 개개인의 노동자에 대해 자본가가 집단적 노동유기체의 통일성과 의지를 대표하게 되는 단순협업에서 시작됩니다. 그리고 이 분리과정은 노동자를 부분노동자로 전락시켜 불구자로 만드는 매뉴팩쳐에서 더욱 발전합니다. 이 분리과정은 과학을 노동과는 별개인 생산능력으로 만들고, 과학을 자본에 봉사하게 만드는 대공업에서 완성됩니다.

애덤 스미스는 〈국부론〉에서 다음과 같이 말하고 있습니다. 대다수 사람들의 지적 능력은 필연적으로 그들의 일상의 직업에 의해 형성됩니다. 몇 개의 단순한 작업을 수행하는 데 일생을 보내는 사람은 자기의 지적 능력을 사용할 기회가 없습니다. 그는 일반적으로 인간으로서의 가장 우둔하고 무지하게 됩니다. 그래서 분업에 의해 국민 대중이 완전히 퇴화되는 것을 방지하기 위해 국가가 국민교육을 실시할 것

---

[19] 『자본론 함께 읽기』, 321~322쪽.

을 권장하고 있습니다.[20]

매뉴팩쳐의 자본주의적 성격이 상대적 잉여가치 생산의 특수한 방법이며, 노동에 대한 자본의 지배를 강화하여 생산력을 발전시켰다는 점에서 역사의 진보입니다. 그러나 더 문명화되고 세련된 착취방법에서는 큰 문제점을 낳았습니다.

사회적 생산과정의 독특한 자본주의적 형태의 하나인 매뉴팩쳐적 분업은 상대적 잉여가치를 생산하는 하나의 특수한 방법, 또는 노동자의 희생 위에서 [흔히 사회적 부, 국민의 부 등으로 불리우는] 자본의 자기증식을 증대시키는 하나의 특수한 방법에 지나지 않습니다. 매뉴팩쳐적 분업은 노동의 사회적 생산력을, 노동자를 위해서가 아니라 자본가를 위해서, 더욱이 개별노동자를 불구로 만듦으로써, 증대시킵니다. 매뉴팩쳐적 분업은 노동에 대한 자본의 지배를 강화하는 새로운 조건을 조성합니다. 그것은 역사적으로 사회적 경제과정의 진보 및 필연적 측면으로서 나타나며, 또한 보다 문명화되고 세련된 착취의 한 방법으로 나타납니다.[21]

매뉴팩쳐가 발전하면서 노동자에 대한 자본가의 지배가 강화되었지만, 이러한 지배는 주요한 장애에 부딪칩니다.

비록 매뉴팩쳐는 노동자들을 숙련노동자와 미숙련노동자로 간단히 구분하여 그들을 등급구조에 배치하지만, 숙련노동자의 압도적 우세를 가졌습니다. 매뉴팩쳐는 부녀자와 아동에 대한 착취의 길을 개척하기는 했지만, 이와 같은 경향은 대체로 습관과 성인 남자노동자들의 저항에 부딪쳐 좌절됩니다. 비록 수공업적 활동의 분할은 노동자의 육성비를 저하시키며 따라서 그의 가치를 저하시키기는 하지만 그

---

20 『자본론』 151쪽.
21 『자본론 I [상]』 463~464쪽.

것이 불필요한 경우에도 노동자들은 그것을 열렬히 고집합니다.

예를 들어 영국에서는 7년간의 수업기간을 규정한 도제법이 매뉴팩쳐 시대의 말기까지 완전한 효력을 유지하였으며, 그것이 완전히 폐지된 것은 대공업의 출현 이후였습니다. 수공업적 숙련이 여전히 매뉴팩쳐의 토대이며, 매뉴팩쳐의 메커니즘 전체가 노동자 자신들로부터 독립된 그 어떤 객관적 골격을 가지고 있지 않기 때문에, 자본은 끊임없이 노동자의 불복종행위와 싸우지 않으면 안 되었습니다.

그러므로 매뉴팩쳐시대 전체를 통해 노동자의 규율부족에 대한 불평이 그치지 않습니다. 16세기로부터 대공업시대에 이르기까지 자본은 매뉴팩쳐 노동자들의 이용가능한 노동시간 전체를 자기의 것으로 만드는 데 성공하지 못했다는 것입니다.

매뉴팩쳐는 사회의 생산 전체를 완전히 장악할 수도 없었고 그것을 근본적으로 변혁할 수도 없었습니다. 매뉴팩쳐는 도시의 수공업과 농촌의 가내공업이라는 광범위한 기반 위해 우뚝 선 인위적인 경제조직이었습니다. 매뉴팩쳐가 일정한 발전단계에 이르자, 매뉴팩쳐 자신의 협소한 기술적 토대는 매뉴팩쳐 자신에 의해 만들어진 생산상의 필요와 모순하게 되었습니다.

매뉴팩쳐적 분업의 성과인 이 작업장은 이번에는 기계를 생산하였습니다. 기계는 사회적 생산의 원동력이었던 수공업적 노동자들의 역할을 제거합니다. 그리하여 한편으로는 노동자를 일정한 부분적 기능에 일생 동안 얽매어 두는 기술적 근거가 제거되며, 다른 한편으로는 자본의 지배를 방해하는 온 장애물들도 소멸되어 버립니다.[22]

---

22 『자본론 I [상]』, 466~468쪽.

제4편 **상대적 잉여가치의 생산**

제13장_ 기계와 대공업

자기 자신의 두 발로 선 자본주의적 생산양식의 기술적 토대인 기계적 대공업에 대해 방대한 분량으로 분석합니다. 자본주의적 생산양식은 협업, 분업과 매뉴팩쳐를 거쳐 기계와 대공업에서 이윤 생산을 위한 물적 토대를 완성했습니다. 기계 도입에 대한 분석은 부르주아 이론가들의 기술결정론, 즉 기계가 모든 것을 바꾸었다는 주장과 명확하게 구별합니다. 생산관계 즉 상대적 잉여가치의 생산이라는 관점에서 기술의 변화 자체도 분석합니다. 생산관계와 생산력 차원 모두에서 매뉴팩쳐가 상대적 잉여가치 생산에 지니는 장애와 모순을 극복하는 가운데 기계가 등장했습니다. 기계제 생산이 생산관계에 미치는 영향을 중점적으로 이야기합니다. 이를 자본주의적 생산의 고유한 특징으로 분석하고, 이런 특징이 상대적 잉여가치 생산의 특수한 방법으로서 협업·매뉴팩쳐에 이어 어떻게 기계제 대공업에서 더욱 완성된 형태로 나타나는지 이야기합니다. 기계제 대공업의 분석은 기술결정론에 따른 것이 아니라는 점이 중요합니다. 조직 형태로서 협업, 분업에 의한 협업의 발전이 필연적으로 기계를 낳고, 이제 기계들의 단순한 협업 또는 기계

들의 분업에 의한 협업으로 발전한 것이 기계제 대공업입니다.[23]

제1절 기계의 발달

노동의 노고를 덜어주기 위해 디자인되었으리라 여겨지는 기계의 발명이 사실은 전혀 그런 것이 아니라는 데 대한 놀라움을 표현한 밀(J. S. Mill)이야기에서 시작합니다. 사실 기계는 대개 노동의 노고를 오히려 악화했습니다. 기계는 노동의 노고를 덜기 위한 것이 아니라 잉여가치를 생산하는 데 사용되기 때문입니다. 기계는 잉여가치를 생산하기 위한 수단입니다. 그런데 이것은 약간의 아귀가 맞지 않는 이야기처럼 들리는데, 왜냐하면 기계가 죽은 노동(불변자본)이며 가치를 생산할 수 없다고 주장했기 때문입니다. 그러나 기계는 잉여가치의 원천이 될 수 있습니다. 임금재 부문의 생산성 향상에 의한 노동력가치의 하락은 자본가계급에 상대적 잉여가치를 만들어주는 한편 가장 우수한 기계를 가진 자본가는 보다 높은 생산성을 갖춘 생산자에게 돌아가는 일시적인 특별잉여가치를 얻게 됩니다. 그래서 자본가들이 기계가 가치를 생산한다는 물신적 믿음을 품는 것은 전혀 놀라운 일이 아닙니다.

자본주의적으로 사용되는 기계의 목적은 결코 누구의 수고를 덜어주기 위한 것이 아닙니다. 기계는 노동생산성을 발전시키는 다른 모든 수단과 마찬가지로 상품의 값을 싸게 하면, 노동시간 중 노동자가 자기 자신을 위하여 필요로 하는 부분을 단축하며, 노동일 중 자본가에게 공짜로 제공하는 다른 부분을 연장하기 위한 것입니다. 기계는

---

[23] 『자본론 함께 읽기』, 326~327쪽.

잉여가치를 생산하기 위한 수단입니다.[24]

생산방식의 변혁은 매뉴팩쳐에서는 노동력으로부터 시작되고 대공업에서는 노동수단으로부터 시작됩니다. 그러므로 우선 노동수단은 어떻게 도구로부터 기계로 전환되는가, 또는 기계와 수공업의 도구와의 차이는 무엇인가 하는 것을 연구할 필요가 있습니다. 기계제 공업에서 기계와 매뉴팩쳐에서의 도구를 구분할 수 있는 엄밀한 경계선은 존재하지 않지만, 그 두 가지를 구분할 수 있는 일반적 특징은 존재합니다. 부르주아 경제학자들이 도구는 단순하지만, 기계는 복잡하다거나 도구는 인력을 사용하지만 기계는 자연력을 사용한다거나 하는 설명이 있지만 이는 본질적인 차이가 없다고 비판합니다.

멸종된 동물의 신체조직을 인식하는 데 유골의 구조가 중요한 것과 마찬가지로 몰락한 경제적 사회구성체를 판단하는 데에는 노동수단의 유물이 똑같은 중요성이 있습니다. 무엇이 만들어졌느냐가 중요한 것이 아니라 어떠한 노동수단을 사용하여 어떻게 만들었느냐가 각 경제시대를 구분 짓습니다. 노동수단은 인간노동력의 발전수준을 측정하는 바로미터일 뿐만 아니라 노동이 이루어지는 사회적 관계의 계기판이기도 합니다.[25]

완전히 발달한 기계는 어느 것이나 본질적으로 서로 다른 세 부분, 즉 동력기, 전동장치, 작업기로 이루어집니다. 동력기는 전체 메카니즘의 동력으로 작용합니다.

그중에는 증기기관·열기관과 같이 자기 자신이 동력을 만들어 내는 것도 있으며, 또는 수차가 떨어지는 물로부터, 풍차가 바람으로부터 받는 것같이 어떤 외부의 기존 자연력으로부터 충격을 받는 것도 있습

---

[24] K. 마르크스, 『자본론 I [하]』, 김수행 옮김, 비봉출판사, 1996, 475~476쪽, 이하 이 저서에 대한 인용문은 『자본론 I [하]』으로 약함.
[25] 『맑스 자본 강의』, 349~350쪽.

니다.

전동장치는 동력을 조절하고 변형하여 작업기에 전달하는 장치입니다. 여기에는 속도를 조절하는 바퀴, 톱니바퀴, 축, 도르래, 벨트, 로프 등이 있습니다. 이것들은 필요한 경우에는 운동의 형태를 변경시키고[예컨대 수직운동을 원운동으로 전환시키고], 운동을 작업기에 분배하고 전달합니다. 동력기와 전동장치의 목적은 오직 작업기를 운동시킴으로써 작업기로 하여금 노동대상을 포착하여 그것을 원하는 형태로 변화시킬 수 있게 하기 위해서만 존재합니다.[26]

여기에는 망치, 톱, 바늘, 절삭기에서 칼 등이 있습니다. 이러한 작업기는 18세기 산업혁명의 출발점입니다. 현재에도 수공업적 생산 또는 매뉴팩쳐적 생산이 기계제 생산으로 이행할 때에는 언제나 이 작업기가 출발점으로 됩니다.

작업기는 대체로 수공업자와 매뉴팩쳐 노동자가 사용하던 것과 같은 장치와 도구입니다. 그러나 이것은 이제는 인간의 도구가 아니고 기계장치의 도구, 즉 기계적 도구입니다.

기계와 도구의 차이는 인간 자신이 아직도 여전히 원동력인 경우일지라도 곧 눈에 뜨입니다. 인간이 한꺼번에 동시에 사용할 수 있는 도구의 수는 그 자신의 자연적인 생산도구[즉 인간 자신의 육체적 기관]의 수에 의하여 제한됩니다.

독일에서는 처음으로 한 명의 방적공에게 두 대의 물레를 돌리게 해 보려고, 즉 두 손과 두 발로 동시에 작업시켜 보려고 하였습니다. 그러나 그것은 너무 어려웠습니다. 그 뒤에 발로 움직이는 두 개의 방추를 가진 물레가 발명되었으나, 두 올의 실을 동시에 뽑을 수 있는 능

---

26 『자본론 I [하]』, 477~478쪽.

숙한 방적공은 머리를 둘 가진 사람만큼이나 드물었습니다. 이와는 달리 여러 개의 방추를 가진 제니 방적기는 처음부터 12~18개의 방추로써 방적하며, 양말 직조기는 단번에 수천 개의 바늘을 가지고 뜹니다. 이와 같이 하나의 작업기가 동시에 움직이는 도구의 수는 인간의 육체적 기관의 제한성으로부터 해방되어 있습니다.

작업기 규모의 확대 및 그 작업도구 수의 증대는 이것을 가동시킬 보다 큰 기계장치를 요구하며, 이 기계장치는 그 자체의 저항력을 극복하기 위하여 인간의 동력보다 더 강력한 동력을 요구합니다.[27]

마력은 두뇌를 가지고 있고, 비용이 많이 들며 제한된 범위에서만 공장에서 사용될 수 있기 때문에 모든 동력 중에 가장 나쁩니다. 풍력은 바람이 너무나 일정하지 않아서 통제할 수 없습니다. 수력은 물을 마음대로 증대될 수 없었고, 일년 중 어떤 계절에는 고갈되기도 하였고, 지역적으로 이용하기 힘든 곳도 있었습니다. 와트의 증기기관은 석탄과 물의 소비하여 인간이 완전히 통제할 수 있으며, 이동이 가능하고 지역적 사정들에 의해 제약을 받지 않기에 도시에 집중해서 설치할 수도 있습니다.

와트의 위대함은 그가 1784년 4월에 얻은 특허권 목록에 나타나 있는데, 거기에는 증기 기관이 특정한 목적만을 위해 발명된 기계가 아니라 대공업의 보편적 동력기라고 설명하고 있습니다. 예를 들면 와트는 증기기관을 응용하여 증기 망치를 만들 수 있다고 보았는데, 이것은 50년 후에 실용화되었습니다.

도구가 인간유기체의 도구로부터 기계장치의 도구, 즉 작업기의 도

---

27 『자본론 I [하]』, 479~481쪽.

구로 전환된 뒤에야 동력장치도 비로소 인력의 제한성으로부터 완전히 해방되어 독립적인 형태를 취하게 되었습니다. 이제는 증기기관과 같은 한 개의 동력기가 많은 작업기를 동시에 가동시킬 수 있게 되었습니다. 동시적으로 운동하는 작업기의 수가 증대됨에 따라 동력장치도 커지며, 전동장치의 규모도 거대해졌습니다.

매뉴팩쳐적 생산과 기계제 생산 사이에는 하나의 본질적인 차이가 나타납니다. 전자에서는 노동자들이 개별적으로든 집단적으로든 그들의 손도구를 가지고 각각의 특수한 부분과정을 수행하지 않으면 안 됩니다. 주체적인 분업원칙은 기계제 생산에서는 없어집니다. 여기에서는 총과정은 객체적으로 고찰됩니다. 그것을 구성하고 있는 여러 단계들로 분할됩니다. 각각의 부분과정을 어떻게 수행하고 그리고 상이한 부분과정을 어떻게 통합하는가 등의 문제는 기계학, 화학 등의 기술적 응용에 의하여 해결됩니다.

매뉴팩쳐에서는 부분노동자들의 직접적 협업이 부분노동자 집단들 사이에 일정한 비율을 확립한 것같이, 편성된 기계체계에서도 한 부분 기계는 다른 부분 기계와 끊임없이 서로 관련되어 움직이고 있으므로 그것들 사이에도 수·규모·속도의 일정한 비율이 확립됩니다. 집단적으로 작용하는 작업기는 총과정이 연속적이면 연속적일수록, 즉 원료가 첫 단계로부터 마지막 단계로 이행하는 과정에서 중단되는 일이 적으며 적을수록, 따라서 원료가 인간의 손에 의해서가 아니라 기계장치 그 자체에 의해서 생산의 한 단계로부터 다른 단계로 추진되면 될수록, 더욱 완전한 것으로 됩니다. 매뉴팩쳐에서는 각 부분과정들의 분리가 분업의 성질이 요구하는 조건이라면, 이와는 반대로 발달된 공장에서는 각 부분과정들의 연속이 지배합니다.[28]

---

[28] 『자본론 I [하]』, 483~487쪽.

매뉴팩쳐가 노동자의 노동능력을 중심으로 한 분업이라면, 기계제 생산방식은 기계의 동작을 중심으로 한 분업입니다.

발명의 수가 증가하고 또 새로 발명된 기계에 대한 수요가 증대함에 따라, 한편으로는 기계 제작업이 다양한 독립적 부문으로 분화되었고, 다른 한편으로는 기계제작 매뉴팩쳐 내부에서의 분업이 더욱더 발전하였습니다.

그러므로 우리는 이 매뉴팩쳐는 기계를 생산하였는데, 그 기계의 도움에 의하여 대공업은 그것이 최초로 장악한 생산부문들에서 수공업 생산과 매뉴팩쳐 생산을 폐지하였던 것입니다. 이와 같이 기계 제 생산은 기계제 생산에 적합하지 않은 물질적 토대 위에서 자연발생적으로 일어난 것입니다.

기계제 생산은 일정한 발전단계에 도달하였을 때, 그동안 종래의 형태로 더욱 발전해 온 이 빌어온 토대를 타도하여 자신의 생산방식에 상응하는 새로운 토대를 창조하지 않으면 안 되었습니다. 대공업도 그것에 특징적인 생산수단인 기계 그 자체가 개인의 힘과 개인의 숙련에 의존하고 있던 동안은 그 발전이 불완전하였습니다. 일정한 발전단계에 이르러서는 대공업은 수공업과 매뉴팩쳐가 제공한 기술적 토대와 양립할 수 없게 되었습니다. 다수의 기술적 문제가 발전과정에서 자연발생적으로 생겨났습니다.

동력기와 전동장치와 작업기의 규모가 확대되며, 작업기의 구성부분들이 더욱 복잡다양하게 되고 더욱 엄격한 규칙성에 의해 운전되어야 함에 따라, 작업기는 그것의 제작을 처음 지배하고 있었던 수공업적 모형과 점점 괴리되고 그것의 기계적 과업에 의해서만 규정되는 자유로운 형태를 취하게 되었습니다.

공업의 한 분야에서 일어난 생산방식의 혁명은 다른 분야에서도 변화를 낳습니다. 예를 들어 기계 방적업은 기계 방직업의 발전을 요구했으며, 이것은 표백이나 날염, 염색작업에서 역학적·화학적 혁명을 필요로 하였습니다. 그리고 이러한 공업 및 농업에서 이루어진 생산방식의 혁명은 사회적 생산과정의 일반적인 조건들 즉 통신과 운송수단의 혁명을 요구했습니다.

대공업은 그 특징적인 생산수단인 기계 그 자체를 기계로써 생산하지 않으면 안 되었습니다. 이때부터 비로소 대공업은 자기에 적합한 기술적 토대를 창조하였으며 자기 자신의 두 발로 서게 되었습니다. 19세기의 첫 수십 년간에 기계제 생산이 증대됨과 동시에, 기계제 생산은 점차 작업기의 제작을 담당하게 되었습니다. 기계에 의한 기계의 생산에 가장 필수적인 생산조건은[어떠한 출력도 낼 수 있으며 또 그와 동시에 인간이 완전히 통제할 수 있는] 원동기였습니다. 이 조건은 증기기관에 의해서 이미 충족되고 있었습니다. 그러나 그와 동시에 기계의 개별적인 부분들에 필요한 엄밀한 기하학적 형태 즉 직선·평면·원·원통·원주·구를 기계로 생산하는 것이 필요하였습니다.

이 문제는 1810년대에 헨리 모즈레가 선반활대를 발명함으로써 해결되었는데 이것은 곧 자동적 기구로 전환되었으며, 그리고 처음에는 선반용으로 계획되었던 것이 그 후 변경된 형태로 다른 공작기계들에도 적용되었습니다. 이 기계적 장치는 어떤 특수한 도구를 대체한 것이 아니라 사람의 손을 대체하였으며, 절삭공구의 끝을 예컨대 철이나 다른 노동재료에 가져가서 그것으로부터 일정한 형태를 만들어 내었습니다.

기계의 형태를 취한 노동수단은 인간력을 자연력으로 대체하도록 하며, 경험적 숙련을 자연과학의 의식적 응용으로 대체하지 않을 수 없도록 합니다. 매뉴팩쳐에서는 사회적 노동과정의 조직은 순전히 주체적이며 또 부분노동자들의 결합인데, 기계체계에서의 대공업은 전적으로 객체적인 생산조직-노동자는 이미 존재하는 물질적 생산조건의 단순한 부속물로 됩니다-을 갖습니다. 단순협업, 그리고 또 분업에 의하여 전문화된 협업에서조차, 결합된[사회화된] 노동자가 고립된[개별화된] 노동자를 몰아내는 것은 아직도 어느 정도 우연적인 현상입니다. 그런데 기계는 나중에 말하게 될 약간의 예외를 제외하고는 오직 결합노동 또는 공동노동[집단노동]에 의해서만 기능을 수행합니다. 따라서 여기에서는 노동과정의 협업적 성격은 노동수단 자체의 성질에 의하여 강요되는 기술적 필연성으로 됩니다.[29]

기술과 그 조직적 형태가 정신적 개념이나 사회적 관계, 혹은 일상생활과 노동과정 등은 물론 자연과의 일정한 관계까지도 모두 내부화하고 있습니다.

이런 내부화 덕분에 기술과 그 조직적 형태에 대한 연구는 필연적으로 다른 모든 요소들에 대한 많은 것들을 나타내거나 드러내는 것입니다. 거꾸로 이 모든 요소들은 기술의 본질과 관련된 어떤 것을 내부화합니다. 예를 들어 자본주의하에서의 일상생활을 상세히 탐구하게 되면 자연, 기술, 사회적 관계, 정신적 개념, 생산의 노동과정 등과 우리와의 관계에 대한 많은 것이 드러납니다. 마찬가지로 현재 우리와 자연과의 관계에 대한 연구는 우리의 사회적 관계, 우리의 생산체계, 우리의 정신적 세계관, 우리가 사용하는 기술, 우리의 일상생활의 내용 등을 살펴보지 않고는 진전되기 어렵습니다. 이 모든 요소들은 하나의 총체를 이루고 있고, 우리는 이들 간의 상호관계가 어떻게 작동하고 있는지를 이해해야만 합니다.[30]

봉건제(혹은 다른 전자본주의적 형태)로부터 자본주의로의 이행과

---

[29] 『자본론 I [하]』, 489~493쪽.
[30] 『맑스 자본 강의』, 354쪽.

같은 중요한 변화는 모든 계기들에 걸쳐 전반적으로 진행되는 변화의 변증법을 통해 이루어집니다. 공동의 진화는 시간과 공간에 따라 불균등하게 진행되기 때문에 그것은 온갖 국지적인 우연성―물론 이들 우연성은 진화과정에 관련된 요소들의 조합 내부에서의 상호작용과 세계시장의 발전과정에서 점차 증가하는 공간적(그리고 때로는 경쟁적인) 통합에 의해 제약을 받긴 하지만―을 만들어냅니다.

제2절 기계가치의 생산물로의 이전

협업과 분업으로부터 생기는 생산력은 자본가에게 아무런 비용이 드는 것이 아니고 사회적 노동이 만들어내는 자연력입니다.

이는 생산과정에 적용되는 증기·물과 같은 자연력이 아무런 비용이 들지 않는 것과 마찬가지입니다. 이와 비슷하게 대공업이 거대한 자연력과 자연과학의 결과를 생산과정에 도입함으로써 노동생산성을 크게 상승시키는 것도 자연력처럼 자본가의 비용이 거의 들지 않습니다.

불변자본의 모든 구성부분과 마찬가지로 기계는 아무런 가치도 창조하지 않으나 그것으로 생산되는 생산물에 자기 자신의 가치를 이전합니다. 기계가 가치를 가지며 따라서 생산물의 가치를 이전하는 한, 기계는 생산물가치의 한 구성부분을 이룹니다. 기계는 노동과정에 언제나 전체로서 참가하지만 가치형성과정에는 언제나 일부분씩 참가한다는 사실입니다. 기계는 그것이 마멸되는 결과 평균적으로 상실하는 가치 이상으로 결코 생산물에 가치를 첨가하지 않습니다.[31]

그러므로 기계의 가치와, 일정한 기계에서 생산물로 이전되는 가

---

31 『자본론 I [하]』, 493~494쪽.

치부분 사이에는 커다란 차이가 있습니다. 가치형성요소로서의 기계와 생산물형성요소의 기계 사이에는 커다란 차이가 있습니다. 기계와 도구는 매일의 평균적 비용[즉, 그것들의 매일의 평균적 마멸과 예컨대 기름·석탄 등과 같은 보조 원료의 소비에 의하여 생산물에 첨가되는 가치구성부분] 이외에는 인간노동의 협력없이 존재하는 자연력과 마찬가지로 무상으로 일합니다. 기계의 생산적 활동의 범위가 도구의 그것에 비하여 크면 클수록, 기계의 무상봉사의 크기도 도구의 그것에 비하여 그만큼 더 큽니다. 대공업에서 비로소 인간은 자기의 과거 노동의 생산물(이미 대상화된 노동)을 자연력같이 대규모로 무상으로 작용시키게 된 것입니다.

기계의 가치가 감가상각비만큼 생산물로 이전됨을 확인에 따라 기계 구입비용이 기계가 대체하려는 노동력의 구입비용보다 적어야 합니다. 이것이 기계 도입의 한계 기준입니다.

기계의 생산에 소요되는 노동과 그 기계의 사용으로 절약되는 노동이 같은 크기라면 노동의 대체밖에 일어나지 않을 것이며, 그 결과 상품의 생산에 소요되는 노동의 총량은 감소되지 않으며 그리하여 노동생산성은 증가되지 않는다는 점입니다. 기계의 생산에 소요된 노동 중에서 생산물로 이전되는 부분이 노동자가 도구를 사용하여 생산물에 첨가하는 가치보다 적은 한, 기계는 노동을 절약한다고 말할 수 있습니다. 그러므로 기계의 생산력은 기계가 대체하는 인간 노동력의 크기에 의하여 측정됩니다. 만약에 기계를 다만 생산물을 싸게 하는 수단으로만 본다면, 기계를 사용하는 한계는 기계 자체의 생산에 드는 노동이 기계의 사용에 의하여 대체되는 노동보다 적어야 한다는 데 있습니다.[32]

---

[32] 『자본론 I [하]』, 498~501쪽.

그러나 자본가가 기계를 사용하는 데에는 그 이상의 한계가 있습니다. 자본가는 노동에 대하여 지불하는 것이 아니라 고용하는 노동력의 가치만을 지불하므로, 자본가에 의한 기계사용의 한계는 기계의 가치와 기계가 대신하는 노동력의 가치 사이의 차이에 의하여 설정됩니다. 자본가 자신에게 있어서 상품의 생산비를 규정하며 경쟁의 강제를 통하여 그에게 영향을 주는 것은 오직 기계의 가격과 기계가 대체하는 노동력의 가격 사이의 차이뿐입니다.

이런 이유로 기계의 나라 영국에서 다른 나라보다도 파렴치하고 천한 일에 인력이 낭비되고 있습니다. 예를 들면 돌 깨는 일에 분쇄기 대신에 여성을 쓰고, 운하에서 배를 끄는 일에 말이나 기계 대신에 여성을 씁니다.

제3절 기계제 생산이 노동자들에게 미치는 직접적 영향

자본가는 기계가 근육의 힘이 요구하지 않은 한 여성노동과 아동노동을 사용하였습니다.

노동과 노동자를 대신하는 이 강력한 수단 즉 기계는 즉시로 남녀노소의 구별없이 노동자 가족의 구성원 모두를 자본의 직접적 지배하에 편입시킴으로써 임금노동자의 수를 증가시키는 수단으로 되었습니다. 자본가를 위한 강제노동은 아동의 유희시간뿐만 아니라 가정 안에서의 가족을 위한 최소한의 자유노동까지도 박탈하였습니다.

노동력의 가치는 개별 성인노동자를 유지하는 데 필요한 노동시간뿐만 아니라 노동자 가족을 유지하는 데 필요한 노동시간에 의해서도 규정됩니다. 기계는 노동자 가족의 전체 구성원들을 노동시장에 내던

짐으로써 가장의 노동력의 가치를 그의 전체 가족구성원들에게로 분할합니다. 그러므로 기계는 가장의 노동력의 가치를 저하시킵니다. 기계는 처음부터 자본의 가장 특징적인 착취대상인 인간적 착취재료를 추가할 뿐만 아니라 착취의 정도도 증대시킵니다.

　기계는 또 노동자와 자본가 사이의 계약[이것은 그들 상호관계의 형식적 표현]을 근본적으로 변혁시킵니다. 상품교환의 바탕 위에서는 자본가와 노동자가 자유로운 인격으로서, 독립적인 상품소유자로서, 즉 한쪽은 화폐와 생산수단의 소유자로서 다른 한쪽은 노동력의 소유자로서 대립한다는 것이 우리의 첫 전제였습니다. 그러나 현재 자본은 아동들 또는 미성년자들을 구매합니다. 종전에는 노동자는 자기 자신의 노동력을 판매한 것이며, 이것을 그는 형식상 자유로운 인격으로서 처분한 것입니다. 이제 그는 처자를 판매합니다. 그는 노예상인이 된 것입니다. 아동노동에 대한 구인광고는 형식상으로도 흑인노예에 대한 구인광고와 비슷합니다.[33]

　기계가 자본의 착취에 종속시킨 아동들과 소년 소녀들 및 부인들의 육체적 파멸로 이끌었습니다.

　노동자 계급 가정의 유아사망률이 대단히 높습니다. 1861년 정부의 의료조사에 따르면, 유아사망률이 높은 이유는 주로 어머니의 가정외 취업과 이로부터 생기는 유아에 대한 등한과 학대, 예컨대 부적당한 음식, 영양부족, 마취제 사용 등입니다. 이와 반대로 여성 취업이 가장 적은 농업구역들에서는 사망률이 가장 낮습니다. 미성년자들이 잉여가치를 생산하는 단순한 기계가 됨으로써 지적 황폐화가 심해지자, 의회는 14세 미만의 아동을 고용한 경우 초등교육을 시켜야 한다는

---

[33] 『자본론 I [하]』, 503~505쪽.

법을 제정하지 않을 수 없었습니다.

　자본에 의한 여성·아동 고용의 또 다른 중요한 결과로서 기계는 아동과 여성을 대량으로 노동자 계급에 추가함으로써, 성인 남성 노동자가 매뉴팩쳐 시기 전체를 통해 자본의 독재에 대항했던 반항을 타파하게 됩니다.[34] 기계는 노동시간을 연장하는 가장 강력한 수단이 됩니다.

　자본가가 노동시간을 연장하려는 동기가 몇 가지 있습니다.
　칼이 칼집에서 녹슬 듯이 기계를 사용하지 않는 데서 발생합니다. 자연력의 작용에 의한 기계의 마멸입니다. 기계는 물리적 마멸 외에도 도덕적(무형의) 가치 감소도 있습니다. 이 용어의 뜻은 경제적 폐기입니다. 기계는 같은 구조의 기계가 보다 싸게 재생산되거나 보다 우수한 기계가 경쟁자로 나타나면 교환가치를 잃게 됩니다. 이 경우에 기계가 아무리 아직 새것이며 생명력이 있다고 하더라도, 그 가치는 더 이상 그 기계 자체에 실제로 대상화되어 있는 노동시간에 의하여 결정되는 것이 아니라 그 기계의 재생산 또는 우수한 기계의 재생산에 필요한 노동 시간에 의하여 결정됩니다. 노동시간 연장은 기계와 건물에 지출되는 자본량을 변경시키지 않고도 생산규모를 확대시켜 줍니다. 이로 말미암아 잉여가치가 증가할 뿐만 아니라 잉여가치의 착취에 필요한 지출이 감소합니다. 기계제 생산이 일종의 독점상태에 있는 이 과도기에 이윤은 엄청나게 크며, 자본가는 이 첫사랑의 시기를 가능한 노동시간을 연장함으로써 철저히 이용하려고 합니다.
　잉여가치량은 두 개의 요인 즉 잉여가치율과 동시에 사용되는 노동자의 수에 의하여 규정됩니다. 노동시간의 길이가 일정할 때에는 잉여가치율은 노동시간이 필요노동과 잉여노동으로 분할되는 비율에

---

[34] 『자본론 I [하]』, 507~513쪽.

의하여 결정됩니다. 한편 동시에 사용되는 노동자의 수는 가변자본부분과 불변자본부분 사이의 비율에 의존합니다. 그런데 기계사용이 노동생산성의 향상에 의하여 필요노동을 희생으로 하여 잉여노동을 확대시킨다고 하더라도, 기계의 사용은 일정한 금액의 자본이 고용하는 노동자의 수를 감소시킴으로써만 이런 결과를 얻는다는 것은 명백합니다. 기계사용은 자본 중에서 이전의 가변자본부분을 기계로 즉 아무런 잉여가치도 생산하지 않은 불변자본으로 전환시킵니다.

잉여가치의 생산을 위한 기계의 사용에는 내재적 모순이 있습니다. 왜냐하면 일정한 금액의 자본이 창조하는 잉여가치의 두 요인 중 하나인 잉여가치율은 다른 요인인 노동자의 수를 감소시키지 않고서는 증대될 수 없기 때문입니다. 이 내재적 모순은 기계가 어떤 공업부문에서 보편적으로 사용되어 기계에 의한 생산되는 상품의 가치가 그 종류의 모든 상품의 사회적 가치를 규제하게 되자마자 나타나는 것입니다. 그리하여 이 모순은 또다시 자본가로 하여금—그가 이 사실을 알지 못하면서도— 착취되는 노동자 수의 감소를 상대적 그리고 절대적 잉여노동의 증가에 의해서 보상하기 위하여 노동시간을 무자비하게 극도로 연장시키게 합니다.

기계의 자본주의적 사용이 한편으로 노동시간의 무제한 연장에 대한 강력한 새로운 동기를 제공하고, 또 노동방식 자체와 사회적 노동 유기체의 성격을 변혁시켜서 노동일을 연장시키려는 경향에 대한 모든 반항을 좌절시키게 됩니다. 다른 한편으로, 기계의 자본주의적 사용은 부분적으로 노동계급 중 종전에 자본가의 손이 미치지 않았던 층들을 자본가에게 복종시킴으로써, 자본의 명령에 복종하지 않을 수 없는 과잉노동인구를 생산합니다. 기계가 노동시간의 길이에 관한 온갖 도덕적 및 자연적 제한을 없애 버린다는 근대 사업사에서의 주목할 만한 현상이 여기에서 나옵니다. 또한 노동시간을 단축시킬 수 있는 가장 강력한 수단이 노동시간으로 전환시키기 위한 가장 확실한 수단으로 된다는 경제적 역설이 이로부터 나옵니다.[35]

기계는 노동의 강도를 강화하는 수단이 됩니다. 표준노동일의 바탕 위에서는, 우리가 이미 이전에 본 현상, 즉 노동의 강화가 결정적 중요성을 가지게 됩니다.

절대적 잉여가치의 분석에서는 우선 노동의 외연적 크기가 문제로 되었으며 노동의 강도는 주어진 것이라 전제하였습니다. 이제 우리는 외연적 크기가 내포적 크기로 전환되는 것, 즉 노동의 강도를 고찰하지 않으면 안 됩니다. 외연적 크기의 척도[즉 노동시간]에 추가하여 노동은 이제 강도 또는 밀도 또는 농축도라는 척도를 가지게 됩니다. 표준노동시간 제정에 따라 자본이 노동 강도의 강화를 추진하는 역사적 과정을 살펴봅니다.

우리가 여기에서 다루는 노동은 일시적인 발작적인 노동이 아니라 변함없이 규칙적으로 매일 반복되는 노동입니다. 그러므로 노동일의 연장과 노동의 강도가 서로 배제하게 되는 지점, 즉 노동일의 연장은 오직 노동 강도의 저하와 양립하며, 또 반대로 노동 강도의 제고는 오직 노동일의 단축과 양립하게 되는 지점이 결국 도래할 것입니다. 점차 증대하는 노동계급의 반항이 의회로 하여금 노동시간을 강제적으로 단축하도록 하고, 우선 진정한 공장에 대하여 표준노동일을 명령하지 않을 수 없게 되자마자, 즉 노동일의 연장에 의한 잉여가치 생산의 증가가 전혀 불가능하게 된 그 순간부터, 자본은 기계체계의 발전을 한층 더 촉진시킴으로써 전력을 다하여 상대적 잉여가치를 생산하는데 몰두하였습니다.

---

[35] 『자본론 I [하]』, 515~519쪽.

이와 동시에 상대적 잉여가치의 성격변화가 나타났습니다. 일반적으로 상대적 잉여가치는 노동생산성의 향상에 의하여 노동자로 하여금 동일한 노동지출로써 동일한 시간 내에 더 많이 생산할 수 있게 함으로써 생산됩니다. 동일한 노동시간은 총생산물에 여전히 동일한 가치를 첨가하지만, 이 불변의 교환가치가 이제는 보다 많은 사용가치에 분산되며, 따라서 상품 한 단위당 가치는 저하됩니다. 그러나 강제적인 노동일의 단축과 함께 사태는 달라집니다. 이 단축은 생산성을 발전시키고 생산조건을 절약하도록 강력한 자극을 주는 한편, 노동자들에게는 동일한 시간 내의 노동력지출을 증가시키고 노동력의 긴장도를 높이며 느슨한 노동일을 빡빡하게 만드는 등등, 다시 말하면 단축된 노동일의 범위 내에서만 달성가능한 그러한 정도로 노동을 농축시키도록 강요하게 됩니다.[36]

　노동일의 단축은 우선 노동의 농축을 위한 주체적 조건을 조성합니다.
　즉 노동자로 하여금 일정한 시간에 보다 많은 노동력을 지출할 수 있게 합니다. 이러한 노동일의 단축이 법적으로 강제되자마자, 기계는 자본가의 수중에서 주어진 시간에 보다 많은 노동을 짜내기 위한 객체적인[또 체계적으로 사용되는] 수단으로 됩니다. 이것은 두 가지 방식, 즉 기계의 속도의 증가와 노동자 1인당 감시 또는 가동하는 기계수의 증대에 의하여 달성됩니다.[37]
　근로감독관들은 노동일의 단축이 이미 노동자의 건강을 위협하는, 따라서 노동력 자체를 파괴하는 그러한 노동강도를 초래하였다는 것을 인정하고 있습니다.

---

36 『자본론 I [하]』, 521~522쪽.
37 『자본론 I [하]』, 524~525쪽.

대다수의 면공장, 소모사공장, 견직공장들에서는 최근 수년간에 운전속도가 비상히 촉진된 기계를 노동자들이 제대로 관리할 수 있기 위해서 요구되는 극도의 긴장상태가 폐병에 의한 사망률의 증가의 한 원인으로 된 것 같습니다.

노동일의 연장이 법률에 의하여 영원히 금지되자, 노동강도의 체계적 제고로써 이것을 보상하고 또 기계의 모든 개량을 노동력 흡수의 강화를 위한 수단으로 만들려는 자본의 경향이 나타났지만, 이러한 과정은 얼마 안 가서 또다시 노동시간의 새로운 단축이 불가피하게 되는 하나의 전환점에 도달하지 않을 수 없다는 것은 의심할 여지가 없습니다.[38]

제4절 공장

기계제 대공업 아래에서 공장을 전체로서 그리고 가장 발달한 형태에서 고찰합니다. 이는 가장 발달한 공장의 전형을 파악하는 것입니다. 여기에서 자동공장은 노동자가 거의 필요없는, 오늘날 완전 자동화 공장을 상정하는 것이 아니라 노동자로부터 독립한 객관적인 기계체계를 의미합니다.

기계도입으로 숙련의 해체 또는 숙련화가 이루어지면서 노동력의 구성이 어떻게 변화되는지 살핍니다. 기계취급 노동자라는 반(半)숙련노동자를 중심으로 노동력의 편제가 달라집니다.[39]

노동도구와 함께 그것을 사용하는 노동자의 숙련도 기계로 옮아갑니다. 도구의 작업능력은 인간노동력의 제한들로부터 해방됩니다. 이

---

[38] 『자본론 I [하]』, 531쪽.
[39] 『자본론 함께 읽기』, 343쪽.

리하여 매뉴팩쳐의 분업이 의거하고 있던 기술적 토대는 파괴됩니다. 그러므로 매뉴팩쳐를 특징짓는 전문 노동자들의 위계 제도 대신 자동공장에서는 기계의 관리인들에 의해 수행되어야 할 작업의 균등화 또는 수평화 경향이 나타나며, 또한 부분노동자들 사이의 인위적 구별 대신 주로 나이와 성에 따른 자연적 차이가 지배하게 됩니다.

자동공장에서 나타나는 분업은, 주로 전문화된 기계들에 노동자들을 분배하는 형태이며, 그리고 공장의 여러 부문으로 전체 노동자를 분배하는 형태인데, 이 공장의 각 부문에서 그들은 쭉 늘어선 같은 종류의 작업기에 붙어서 작업하며, 따라서 그들 사이에는 단순협업이 있을 따름입니다. 여기에서는 매뉴팩쳐에서와 같은 유기적 집단 대신에 우두머리 노동자와 여러 명의 조수 사이의 결합이 나타납니다. 주된 분업은 실제로 작업기에 붙어 일하는 노동자[기계취급노동자]와 그들의 단순한 조수들(거의 전적으로 아동들) 사이에 있습니다. 이 두 부류의 주요 노동자들 이외에도 예컨대 기술자, 기계공, 목수 따위와 같이 모든 기계들을 돌보며 그것들을 때때로 수리하는 수적으로 중요하지 않는 인원들이 있습니다. 이들의 일부는 과학교육을 받았고 일부는 수공예 훈련을 받은 고급 노동자 계층으로서, 공장 노동자 계층과는 구별되며, 다만 후자와 함께 집계되고 있을 따름입니다. 이 분업은 순전히 기술적인 성격을 띠고 있습니다.[40]

기계취급노동자를 가장 발달한 형태의 공장제도에서 숙련이 해체된 반숙련노동자의 전형으로 상정하며, 자본에 대한 노동자계급의 종속이 완성됩니다.

---

40 『자본론 I [하]』, 534~535쪽.

기계는 기술적 관점에서는 종래의 분업체계를 타파하기는 하지만, 그 분업체계는 처음에는 매뉴팩쳐로부터 물려받은 전통으로서 공장에 존속되며, 다음에는 자본에 의하여 노동력의 착취수단으로서 더욱 지독한 형태로 체계적으로 재생산되어 고정됩니다. 전에는 동일한 도구를 다루는 것이 평생의 전문직이었는데, 이제는 동일한 기계에 봉사하는 것이 평생의 전문직으로 됩니다. 기계는 노동자의 자신의 유년시절부터 특정 기계의 한 부분으로 전환시키는 데 악용됩니다. 그리하여 노동자 자신의 재생산에 필요한 비용이 현저히 감소할 뿐만 아니라, 동시에 공장 전체에 대한, 따라서 자본가에 대한 노동자의 절망적인 종속이 완성됩니다. 다른 모든 경우와 마찬가지로 이 경우에도 우리는 사회적 생산과정의 발전에 기인하는 생산성의 증대와 그 발전의 자본주의적 이용에 기인하는 생산성의 증대를 구별하지 않으면 안 됩니다.

　매뉴팩쳐와 수공업에서는 노동자가 도구를 사용하는데, 공장에서는 기계가 노동자를 사용합니다. 전자에서는 노동수단의 운동이 노동자로부터 출발하는데, 후자에서는 노동자가 노동수단의 운동을 뒤따라가야 합니다. 매뉴팩쳐에서는 노동자들은 하나의 살아 있는 메카니즘의 구성원들입니다. 공장에서는 하나의 생명없는 메카니즘이 노동자로부터 독립하여 존재하며, 노동자는 살아 있는 부속물로서 그것에 합체되어 있습니다.

　[영국 노동자 계급의 상태]에서 다음과 같이 말합니다. 기계체계에서 노동은 동일한 기계적인 과정을 수없이 반복하는 권태롭고 단조로운 고역, 이것은 마치 시지푸스의 형벌과도 같습니다. 노동이라는 무거운 짐이 바위처럼, 지쳐 버린 노동자 위로 끊임없이 떨어져 내려옵니다. 공장노동은 신경계통을 극도로 피로하게 하면서 근육의 다면적 운동을 억압하며, 인간으로 하여금 자유로운 육체적 및 정신적 활동

을 전혀 할 수 없게 합니다. 노동이 가벼워지는 것조차 고통의 원천으로 되는데, 왜냐하면 기계가 노동자를 노동에 해방시키는 것이 아니라 그의 노동으로부터 일체의 내용을 빼앗아버리기 때문입니다. 자본주의적 생산은 노동과정일 뿐 아니라 동시에 자본의 가치증식과정이기 때문에, 어떤 자본주의적 생산에서도 노동자가 노동조건을 사용하는 것이 아니라 이와는 반대로 노동조건이 노동자를 사용한다는 점은 공통됩니다.

그러나 이 거꾸로 된 관계는 기계의 출현과 함께 비로소 기술적인 분명한 현실성을 얻게 됩니다. 자동장치로 전환됨으로써 노동수단은 노동과정의 진행 중에 자본[즉, 살아 있는 노동력을 지배하며 흡수하는 죽은 노동]으로서 노동자와 대립합니다. 생산과정의 지적 요소들을 육체적 노동으로부터 분리시키고 전자를 노동에 대한 자본의 지배력으로 전환시키는 것은, 기계의 토대 위에 세워진 대공업에 의해 비로소 완성됩니다. 개별 기계취급노동자의 특수한 기능은[기계체계에 체현되어 있는] 과학과 거대한 물리력과 사회적 집단노동 앞에서는 보잘 것 없는 것으로 사라져버리며, 기계체계는 이 세 가지 힘들과 함께 고용주의 지배력을 구성하게 됩니다.

노동수단의 규칙적 운동에 노동자를 기술적으로 종속시켜야 하며, 그리고 남녀노소의 비롯하여 다양한 개개인으로 노동집단이 구성되어 있기 때문에, 하나의 병영 같은 규율이 필요하게 됩니다. 이 규율은 공장에서 완전한 제도로 정교해지고, 또 이미 말한 감독노동을 완전히 발전시킴으로써 노동자를 육체적 노동자와 노동감독자로, 산업병사와 산업하사관으로 분할하게 됩니다. 공장 규율을 규정한 책자에는 자본가가 노동자들에게 독재 권력을 사용할 수 있는 권리가 담겨 있습니다. 노예 감시자의 채찍 대신에 노동 감독자의 처벌 규정집이 등장한 것입니다. 물론 주요 처벌 방식은 벌금과 임금 삭감입니다.

빈틈없이 설치한 기계들은 계절처럼 규칙적으로 사망자와 부상자의 명단을 제공하고 있는데, 이러한 생명의 위험은 도외시하더라도 인위적으로 만든 높은 온도, 원료의 먼지로 가득 찬 공기, 고막을 찢는 소음 등등으로 말미암아 모든 감각기관이 손상을 받습니다. 공장제도 하에서 급속히 성숙되고 강화되는 사회적 생산수단 사용의 절약은, 자본의 수중에서는, 작업 중 노동자의 생명에 필요한 것들[즉, 공간, 공기, 광선]을 체계적으로 빼앗아가는 것으로 변하며, 그리고 생명에 위험하고 또한 건강에 해로운[생산과정] 부수물로부터 노동자를 보호하는 모든 수단―노동자의 편의시설은 말할 것도 없고―을 체계적으로 빼앗아가는 것으로 변합니다. 푸리에는 공장을 완화된 감옥이라고 부르기도 했습니다.[41]

제5절 노동자와 기계 사이의 투쟁

자본가와 임금노동자 사이의 투쟁은 자본관계가 발생한 첫날부터 시작됩니다. 그것은 매뉴팩쳐의 시기 전체를 통하여 맹렬하게 전개됩니다. 그러나 기계가 도입된 때로부터 비로소 노동자는 자본의 물질적 존재형태인 노동수단 자체에 대하여 투쟁하게 됩니다. 노동자는 생산수단의 이 특정 형태[기계]가 자본주의적 생산양식의 물질적 기초이기 때문에 그 생산수단에 대하여 도전한 것입니다.[42]

영국에서는 1800년대 초반에 면방직 기계가 도입되면서 손으로 면직물을 짜던 전통적 수공업자들이 몰락했고, 그들 가운데 많은 사람이 처참하게 굶어 죽었습니다. 인도에서도 면방직 기계가 도입되면서 수

---

41 『자본론 I [하]』, 537~542쪽.
42 『자본론 I [하]』, 543쪽.

작업으로 면직물을 짜던 방직공들이 대규모로 직업을 잃고 생계를 위협받았습니다. 노동수단이 노동자를 파멸시킨 것입니다. 이렇게 자본주의적 생산양식에서는 기계와 노동자 사이에 적대관계가 형성됩니다. 그래서 산업혁명의 초기에 기계파괴운동이 벌어지기도 했습니다.

1630년대 런던 부근에 설치된 풍력목재소가 폭도들에 의해 쓰러졌습니다. 1700년대 초반까지 영국에서는 의회와 민중들의 거센 저항 때문에 수력 목재소의 설립이 자유롭지 못했습니다. 1785년 수력으로 양털을 깎는 기계가 최초로 제작되었을 때, 10만의 실업자가 그 기계를 불태워 버렸습니다. 1800년대 초반에 영국의 공장 지역에서는 증기 방직기에 반대하는 대규모 기계파괴 운동이 벌어졌습니다. 노동자가 기계와 [자본에 의한] 기계의 사용을 구별하고, 따라서 물질적 생산수단 그 자체를 공격하는 것으로부터 그것을 이용하는 사회형태를 공격하는 것으로 옮길 줄 알게 되기까지에는 시간과 경험이 필요하였습니다.[43]

기계가 대량실업을 만들어냈을 뿐 아니라 노동자의 저항을 진압하는 계급투쟁의 무기로서 의식적으로 도입되었음을 역사적 사실로 입증합니다.

기계는 임금노동자를 과잉으로 만들 준비가 언제나 되어 있는 우세한 경쟁자로서만 작용하는 것이 아닙니다. 기계는 노동자의 적대세력이며, 자본은 이 사실을 소리높이 또 의식적으로 선언하며 또 그렇게 이용합니다. 기계는 자본의 독재를 반대하는 노동자들의 주기적 반항인 파업을 진압하기 위한 가장 유력한 무기로 됩니다. 가스켈에 의하면, 증기기관은 처음부터 인간력의 적대물이었으며, 그것은 자본가들이 노동자들의 증대하는 요구[이것은 겨우 발족하기 시작한 공장제

---

[43] 『자본론』, 165~166쪽.

도를 위기에 떨어뜨릴 수 있었습니다.]를 분쇄할 수 있게 하였습니다. 그리하여 노동자들의 반항을 진압하는 무기를 자본에게 제공한다는 유일한 목적에서 출현한 [1830년 이래의] 발명들에 대해서는 한 권의 책을 쓸 수 있을 것입니다.[44]

자본가들은 새로운 기술을 의식적으로 계급투쟁의 무기로 개발합니다. 이 기술들은 단지 노동과정 내에서 노동자들을 통제하는 것으로 사용될 뿐만 아니라 잉여노동을 만들어내는 것을 도와줌으로써 임금과 노동자들의 요구를 억제합니다. 노동절약적인 기술혁신은 노동자들을 일자리로부터 쫓아냅니다.[45]

제6절 기계가 쫓아내는 노동자들에 대한 보상이론

기계가 실업자를 늘어나게 한다는 주장에 대한 반대 의견도 있습니다. 한 분야에서의 기계 도입이 이러한 기계를 생산하는 새로운 분야를 만들 뿐만 아니라 여기서 파생된 새로운 생산 분야도 생겨나기 때문에 실업자를 늘리지 않는다는 것입니다. 이를 보상이론이라고 합니다. 어느 정도의 보상이 있을 수 있으나, 그것은 투자할 곳을 찾고 있는 새로운 추가자본에 의해 이루어지는 것이지, 이미 전부터 기능했고 지금은 기계로 전환되어버린 자본에 의해 이루어지는 것은 결코 아닙니다. 분업으로 말미암아 불구자가 된 이 가련한 친구들은 자기의 종래의 활동분야 외에서는 거의 가치가 없으므로 그들은 [저임금이고 노동의 공급이 과잉인] 약간의 저급부분에서만 고용될 수 있을 뿐입

---

[44] 『자본론 함께 읽기』, 349쪽.
[45] 『맑스 자본 강의』, 400쪽.

니다. 설혹 해고된 노동자들이 재고용된다 하더라도, 그들은 새 직장을 찾는 과도기에 그 대부분이 굶어 죽고 사라집니다.

새로운 기계가 자본주의적 생산양식으로 사용하면 생산자를 빈민으로 만듭니다.

새로운 기계의 도입으로 발생하는 이러한 문제들의 직접 책임은 기계 자체에 있는 것이 아니라 자본주의적 생산양식에 있습니다. 기계 자체는 노동시간을 단축시키지만 자본주의적으로 사용되면 노동시간을 연장시키며, 기계 그 자체는 노동을 경감시키지만 자본주의적으로 사용되면 노동강도를 높이며, 기계 그 자체는 자연력에 대한 인간의 승리지만 자본주의적 사용되면 인간을 자연력의 노예로 만들며, 기계 그 자체에는 생산자의 부를 증대시키지만 자본주의적으로 사용되면 생산자를 빈민으로 만듭니다.[46]

기계도입의 직접적 결과는 잉여가치와 [잉여가치가 내포되어 있는] 생산물의 양을 증대시킨 것입니다. 기계는 자본가들과 그에 딸려 있는 자들이 소비하는 물건을 더욱 풍부하게 하며 따라서 이 사회계층 자체도 증대시킵니다. 이들의 부의 증대와 [생활필수품의 생산에 필요한] 노동자의 수의 감소는 새로운 사치욕과 그것을 충족시키는 새로운 수단을 낳게 합니다. 사치품의 생산이 증대됩니다. 세계시장 확대에 따라 운수업의 많은 새로운 부문 즉 운하, 부두, 터널, 교량 등의 확장이 촉진됩니다. 새로운 생산분야들 즉 가스제조업, 전신업, 사진업, 항해업, 철도업 등이 형성됩니다. 또한 새로운 노동분야들이 형성됩니다.[47]

몇 년간 아무런 결실을 가져다주지 않는 장기간의 인프라투자는 잉여자본을 흡수할 수 있는 수단이 될 수 있습니다. 지리적 확장과 장기

---

[46] 『자본론 I [하]』, 560쪽.
[47] 『자본론 I [하]』, 564~565쪽.

간의 투자(특히 인공적인 환경공사부문)가 자본주의를 안정화하는 데 결정적 역할을 수행합니다.[48]

　대공업 분야에서의 생산력의 비상한 증대는 다른 모든 생산부문들에서 노동력에 대한 내포적 및 외연적 착취의 강화를 수반하는데, 이로 말미암아 노동계급의 더욱더 많은 부분이 비생산적으로 고용됩니다. 그 결과 옛날의 가내노예는 하인·하녀·심부름꾼 등을 포함하는 봉사자 계급이라는 이름으로 더욱더 큰 규모로 재생산됩니다.

제7절 기계제 생산의 발전에 따른 노동자의 축출과 흡수. 면공업의 공황

　기계의 도입기와 발전기의 모든 공포 이후에, 기계는 결국 임금노예의 수를 감소시키는 것이 아니라 증가시킨다는 경제학의 환성을 살펴봅니다. 몇몇 사례에서 공장제도의 비상한 확대는 일정한 발전단계에서는 취업 노동자의 수의 상대적 감소뿐만 아니라 절대적 감소까지도 동반할 수 있지만 기계에 의해 실제로 내쫓기거나 또는 잠재적으로 대체될 수 있는 노동자들이 많은데도, 공장 노동자의 수가 매뉴팩쳐 노동자 또는 수공업 노동자의 수보다 더 많을 수 있다는 것을 이해할 만하다. 라고 평합니다. 왜냐하면 일정한 산업에서 공장을 더 많이 짓거나 종래의 공장을 확대하면 공장 노동자의 수가 증가하기 때문입니다. 따라서 취업노동자 수의 상대적 감소는 그 절대적 증가와 양립할 수 있습니다.

　기계제 생산이 외국시장을 정복함으써 국제적 분업의 변화를 가져

---

[48] 『맑스 자본 강의』, 404쪽.

온다는 점을 지적합니다. 공장제도가 충분히 보급되고 일정한 성숙단계에 도달할 때, 즉 대공업에 상응하는 일반적 생산조건이 성립되었을 때, 기계제 대공업은 탄력성[즉, 돌발적·비약적 확대 능력]을 획득하며, 오직 원료의 이용 가능성과 판매시장의 규모만이 이 확대 능력의 한계를 설정합니다. 그러나 한편으로 기계는, 예컨대 조면기가 면화 생산을 증대시킨 것처럼 원료의 공급 증대를 직접 촉진합니다. 또 다른 한편으로 기계제품의 싼 가격과 운수·교통수단의 변혁은 외국 시장을 정복하기 위한 무기가 됩니다. 기계제 생산은 타국의 수공업적 생산을 파멸시킴으로써 타국을 강제적으로 자기의 원료 생산지로 만듭니다.

그리하여 예컨대 인도는 영국을 위해 면화·양모·대마·황마·남색원료 등을 생산하도록 강요했습니다. 대공업은 그것이 확립된 모든 나라에서 노동자들을 끊임없이 과잉인구로 전환시킴으로써 해외 이민을 강화하며 타국의 식민지화를 촉진하는데, 이 식민지들은, 예컨대 호주가 양모 생산지로 전환되듯 종주국을 위한 원료 생산지로 전환됩니다. 주요 공업국들의 필요에 적합한 새로운 국제적 분업이 생겨나며, 이에 따라 지구의 어떤 부분은 [공업을 주로 하는 다른 부분을 위해] 농업을 주로 하는 지역으로 전환됩니다.[49]

인도의 국내산업을 궤멸시키고 그 거대한 인구를 영국의 시장으로 변모시키면서 그와 동시에 인도를 영국의 자신의 시장을 위한 원료생산자로 바꿉니다. 이것이 바로 제국주의와 식민주의를 실행하는 것이며 지리적 확장을 이루는 것이기도 합니다. 이 문제는 공간적 해결책입니다.

자본주의 생산양식 내에는 그 잉여자본을 지리적·시간적 확장을 통

---

[49] 『자본론 함께 읽기』, 352~353쪽.

해 처분해야 할 사회적 필요성이 존재합니다.[50]

산업순환의 주기적인 변동은 자본주의의 특성입니다. 산업순환 과정에서 노동자의 축출과 흡수 문제가 어떻게 나타나는지 살펴봅시다. 공장제 생산의 방대한 비약적인 확장력과 세계시장에 대한 그 의존성은 필연적으로 다음과 같은 순환[즉 열병적인 생산과 그에 따르는 시장에 대한 과잉공급, 그리고 시장의 축소와 그에 따른 생산의 마비]을 야기합니다. 산업의 생애는 중간 정도의 활황, 번영, 과잉생산, 공황, 불황이라는 일련의 시기들로 구성됩니다.

기계가 노동자의 고용과 생활형편에 주는 불확실성과 불안정성은 산업순환의 이러한 주기적 교체 때문에 정상적인 현상으로 됩니다. 번영기를 제외하고는 자본가들 사이에 시장에서의 각자의 몫을 둘러싸고 맹렬한 투쟁이 벌어집니다. 시장에서의 각자의 몫 생산물이 얼마나 싼가에 정비례합니다. 이 때문에 노동력을 대체하는 개량된 기계의 사용과 새로운 생산방법들의 도입에서 경쟁이 일어날 뿐만 아니라, 어느 산업순환에서도 임금을 노동력의 가치 이하로 강제적으로 인하함으로써 상품을 싸게 하려고 노력하는 시기가 나타나게 됩니다.

따라서 공장노동자 수가 증가하는 데 필요한 조건은 공장에 투하된 총자본이 상대적으로 훨씬 더 급속하게 증가하여야 한다는 것입니다. 그러나 이 노동자의 수의 증가과정은 산업순환의 호황과 불황에 의하여 규정됩니다. 그뿐만 아니라 그것은 노동자들을 잠재적으로 대체하거나 또는 그들을 실제로 축출하는 기술적 진보에 의하여 끊임없이 중단됩니다. 기계제 생산의 이러한 질적 변화는 한편으로 노동자들을 공장에서 계속적으로 쫓아내며 또 새로 들어오려는 신병들에 대하여 공장문을 닫아버리지만, 다른 한편으로 공장의 단순한 양적 확장은

---

[50] 『맑스 자본 강의』, 406~407쪽.

내쫓긴 노동자들뿐만 아니라 새로운 신병들을 흡수합니다. 그리하여 노동자들은 끊임없이 흡수되고 축출되며 또 이리 밀리고 저리 밀리고 하는데, 산업노동자들의 성별, 연령별 및 숙련면에서는 끊임없는 변화가 일어납니다.

제8절 대공업이 매뉴팩쳐·수공업·가내공업에 미친 혁명적 영향

서로 다른 노동제도가 경쟁을 하게 되면 어떤 일이 벌어지는지를 다룹니다.

매뉴팩쳐와 가내공업에도 기계가 부분적으로 도입되어, 각각 근대적 매뉴팩쳐와 근대적 가내공업으로 변형되어 과도기를 거치지만 경쟁 때문에 결국 대공업으로 이행할 수밖에 없고, 이러한 이행 과정은 공장법의 적용이 확대되면서 촉진되었습니다.

기계제의 놀라운 생산력과 기계제 생산의 특징을 알아봅시다.

애덤 스미스에 따르면, 그가 살았던 시대에는 10명이 분업을 통해 하루에 48,000개의 바늘을 만들었다고 합니다. 그런데 이제는 한 대의 기계가 11시간 동안 145,000개의 바늘을 만듭니다. 1명의 여성 노동자가 기계 4대를 관리하며, 따라서 하루에 약 600,000개 또는 1주에 3,000,000개 이상을 생산합니다. 이렇게 증기의 힘을 이용한 동력이 인간의 근육을 대신해 기계를 운전하게 되면, 수공업이나 매뉴팩쳐는 무너지고 그 자리에 기계제 대공업이 들어섭니다.

공장제도의 발전과 이에 수반하는 농업의 변혁에 따라, 다른 모든 공업부문에서의 생산은 그 규모가 확대될 뿐만 아니라 또한 그 성격도 변화합니다. 기계제 생산원리―즉, 생산과정을 그 구성 단계들로 분해하며 또 거기에서 생기는 문제들을 기계학·화학 등, 간단히 말해 자연과학을 응용해 해결합니다.―는 어디에서나 결정적 기능을 하게 됩니다. 그리하여 기계는 매뉴팩쳐에 침입해 때로는 이 부분과정, 때로는 저 부분과정에 적용됩니다. 이리하여[종래의 분업에 기반을 두는] 부분과정들의 위계적 편성이 지닌 고정적 성격을 사라지고, 그 편성이 분해되어 끊임없는 변화가 일어납니다. 이 점을 도외시하더라고 집단노동자 또는 결합된 노동 인원의 구성에 근본적인 변혁이 일어납니다.

매뉴팩쳐 시기와는 반대로, 이제 분업은[가능하다면 어디에서나] 부인, 각종 나이의 아동, 그리고 미숙련공, 간단히 말해 값싼 노동력에 의존합니다. 이 점은 대규모 생산에만 해당되는 것이 아니라 이른바 가내공업에도 해당됩니다. 이 근대적 가내공업은 구식의 가내공업과는 명칭 외에는 아무런 공통점도 없습니다. 이 가내공업은 이제 공장, 매뉴팩쳐 또는 선대상인 등의 외부부서로 되었습니다. 자본은 공장노동자들, 매뉴팩쳐 노동자들, 수공업자들 이외에도 가내노동자들을 보이지 않은 실에 의하여 동원합니다. 예컨대 아일랜드의 런던데리에 있는 틸리 합병회사의 셔츠 공장은 1,000명의 공장노동자와 농촌에 산재한 9,000명의 가내 노동자를 고용하고 있습니다.

값싼 미성년 노동력의 착취는 진정한 공장에서보다 근대적 매뉴팩쳐에서 더한층 파렴치하게 행해지고 있습니다. 왜냐하면 매뉴팩쳐에서는 공장제도의 기술적 기초[즉 기계에 의한 근육노동의 대체 및 노동의 가벼운 성격]가 없으며, 그리고 동시에 부인과 아동을 유독물 등의 영향에 매우 파렴치하게 내맡기고 있기 때문입니다. 이른바 가내공업에서의 착취는 매뉴팩쳐에서의 착취보다 더한층 파렴치합니다. 왜냐하면, 노동자들의 반항능력이 그들의 분산성 때문에 감소되기 때문이며, 수많은 약탈적인 기생자들이 본래의 고용주와 노동자 사이에 개입하기 때문이며, 가내공업은 항상 같은 생산부문의 기계제 생산 또는 적어도 매뉴팩쳐적 생산과 경쟁하지 않으면 안 되기 때문이며, 빈곤이 공간, 광선, 환기 등등 노동자들에게 가장 필요한 노동조건들까지도 빼앗아가기 때문이며, 취업의 불규칙성이 증대하기 때문이며, 끝으로 [대공업과 대농업에 의하여 쫓겨난] 과잉인구의 이 마지막 피난처에서는 노동자들 사이의 경쟁이 필연적으로 최고도에 달하기 때문입니다. [공장제도에 의하여 비로소 체계적으로 실시되는] 생산수단 사용의 절약은 공장제도에서도 처음부터 노동력의 가장 무자비한 낭비이고 노동기능에 필요한 정상적 조건들의 탈취인데, 이 절약은 가내공업에서 그 적대적이고 살인적인 측면을 최고도로 드러내고 있습니다.[51]

근대적 매뉴팩쳐와 근대적 가내공업의 구체적인 실례를 들어 하루 14~16시간의 살인적인 장시간 노동, 극도로 열악한 작업환경, 그리고 그런 악조건에서의 아동들이 음주와 도덕적 타락 등으로 견뎌가는 모습을 그려냅니다. 레이스를 생산하는 근대적 가내공업의 경우 압도적 다수는 부인과 남녀 미성년자 및 아동인데 이들의 일은 진짜 노예노동과 같다고 말합니다. 가난에 쪼들리는 타락한 부모들은 자기 아이들로부터 가능한 한 더 많이 짜내는 것 이외에는 아무것도 생각하지 않습니다. 아이들이 자라서 부모를 업신여기며 부모를 버리는 것은 당연합니다.[52]

가내노동제도, 수공업제도, 매뉴팩쳐와 공장제들간의 경쟁이 벌어지면서, 이 제도들은 각자 약간의 변형을 겪게 되거나, 가끔 새로운 혼성형태를 만들어내기도 했는데, 모든 영역에서 노동자들의 상태를 절

---

[51] 『자본론 I [하]』, 581~584쪽.
[52] 『자본론 함께 읽기』, 358쪽.

대적으로 악화시켰다는 점입니다.

자본가들은 다양한 노동제도를 그대로 유지하기를 바랍니다. 이 서로 다른 노동제도들 간의 경쟁은 잉여가치를 얻기 위한 노동과의 투쟁에서 자본이 사용할 수 있는 무기입니다. 영세사업장, 가내노동제도, 외주제도, 하청제도 등이 되살아난 것은 지난 40년간 세계적 규모의 신자유주의적 자본주의가 보여준 특징적인 모습입니다.

근대적 매뉴팩쳐와 근대적 가내공업은 이러한 과도노동 또는 초과착취가 더 이상 강화될 수 없는 어떤 자연적 한계에 부닥쳐 대공업으로 이행될 수밖에 없었습니다.

여성노동력과 미성년 노동력의 순수하고 완전한 남용, 모든 정상적 노동조건과 생활조건의 박탈, 과도한 노동과 야간 노동의 잔인성 따위에 의한 노동력의 저렴화는 결국 그 이상 넘을 수 없는 어떤 자연적 한계에 부닥칩니다. 이와 함께 이런 방식에 의거한 상품의 저렴화와 자본주의적 착취 일반도 또한 이 자연적 한계에 부닥칩니다. 마침내 이 한계점에 도달하게 되자[그렇게 되기까지에는 오랜 시간이 걸리지만] 기계를 도입하지 않을 수 없게 되고, 분산된 가내공업과 매뉴팩쳐를 공장제 생산으로 급속히 전환시키지 않을 수 없게 되었습니다.[53]

근대적 매뉴팩쳐와 근대적 가내공업들이 공장제 생산으로 이행하는 과정은 공장법의 적용이 확대되면서 인위적으로 촉진되었습니다.

자연발생적으로 수행되는 이 산업혁명은, 또한 여성·미성년자·아동이 노동하고 있는 모든 공업부문으로 공장법의 적용이 확대됨으로써 인위적으로 촉진됩니다. 노동일의 길이, 휴식, 작업 시작의 시간과 끝나는 시간, 아동의 교대제도 등에 관한 강제적 규제, 그리고 일정한 나

---

[53] 『자본론 I [하]』, 593쪽.

이 미만의 모든 아동의 고용금지 등은 더 많은 기계의 사용을 필요로 하게 하며, 동력으로서 근육을 증기로 교체할 것을 자극합니다. 다른 한편, 시간에서 잃은 것을 공간에서 얻으려는 경향은 공동으로 이용하는 생산수단[난로, 건물 등]의 확장을 가져옵니다. 즉, 한곳에 생산수단이 더욱 집적되고 이에 따라 노동자들의 집결이 강화됩니다.

공장법에 의해 위협받는 매뉴팩쳐가 격렬하게 반복하는 최대의 항의는, 공장법의 적용을 받으면서 사업을 종전의 규모로 계속하려면 더욱 큰 투자가 필요하다는 것입니다. 그러나 매뉴팩쳐와 가내공업 사이에 중간형태들과 가내공업 그 자체에 관해 말한다면, 그들은 노동일과 아동노동 고용에 제한이 가해지면 몰락해버린다는 점입니다. 값싼 노동력의 무제한 착취가 그들 경쟁력의 유일한 토대를 이루기 때문입니다.[54]

영국의 의회는 경험에 의하여, 생산과정의 성질이 노동일의 제한과 규제를 불가능하게 하는 이른바 자연적 장애의 모두를 하나의 단순한 강제법에 의하여 일소할 수 있다는 결론에 도달하였습니다. 공장법이 이와 같이 매뉴팩쳐 제도를 공장제도로 전환시키는 데 필요한 물질적 요소들을 인위적으로 빨리 성숙시키지만, 그와 동시에 그것은 투자의 증대를 필요하게 함으로써 소규모 장인들의 몰락과 자본의 집적을 촉진합니다.[55]

대자본은 종종 온갖 규제제도에 대한 강력한 단속을 지지했고, 이로 인해 소규모 자본이 이런 규제를 감당하지 못할 경우에는 대부분의 사업영역이 대기업의 독무대로 남겨졌습니다. 규제적 포섭이라고 불리는 이런 현상은 자본주의의 역사에서 오래된 하나의 특징적 모습입니다. 기업들은 규제적 수단들을 장악하여 이를 경쟁을 막는 수단으

---

54 『자본론 I [하]』, 598~599쪽.
55 『자본론 I [하]』, 601쪽.

로 사용합니다.

제9절 공장법(보건 및 교육 조항) 영국에서의 그 보급

공장법의 보건·교육 조항을 검토해 대공업의 기술적 토대와 그 자본주의적 형태 사이의 모순을 날카롭게 찾아냄으로써, 노동자가 부분적으로 발달한 개인에서 전면적으로 발달한 개인으로 대체되도록 요구받는다는 점을 논증하고, 노동력 재생산을 담당하는 가족제도의 중요한 변화를 포착합니다.

공장법은 생산과정의 자연발생적 발전 형태에 대한 사회의 최초의 의식적이며 계획적인 반작용인데, 이것은 면사·자동기계·전신과 마찬가지로 대공업의 필연적인 산물입니다.[56]

노동자의 생명과 건강을 지키기 위한 작업환경 개선, 산업재해, 직업병 예방을 위한 투자에 무관심한 자본주의적 생산양식의 특징을 매우 간단한 청결·보건 규정의 준수도 의회 법률에 의거해야 한다는 사실에서 가장 명백히 볼 수 있습니다. 공장법의 보건 조항이 자본주의 생산양식은 그 본질로 보아 일정한 한계를 넘으면 어떤 합리적 개량도 하지 않는다는 것을 뚜렷이 보여준다며 공장법 보건 조항의 한계를 지적합니다.

공장법의 교육조항은 대체로 빈약한 것이지만 초등교육을 아동 고용의 의무 조건으로 선언했고, 이 조항들이 성공을 거둠으로써, 교육과 체육을 육체노동과 결합시키는 것의 가능성, 따라서 육체노동을

---

56 『자본론 함께 읽기』, 361~361쪽.

교육·체육과 결합시키는 것의 가능성이 처음으로 입증되었습니다. 그리고 14세 미만 자녀가 초등교육을 받지 않을 경우 부모가 자녀를 그 법의 통제를 받는 공장에 보낼 수 없게 하고, 공장주는 고용 아동의 초등교육을 의무화한 공장법 교육 조항의 긍정적 효과를 주목합니다.

로버트 오웬이 상세하게 지적하고 있는 바와 같이, 공장제도로부터 미래의 교육의 맹아가 싹터 나오고 있습니다.

이 교육은 일정한 연령 이상의 모든 아동들에게 생산적 노동을 학업 및 체육과 결합시키게 될 것인데, 이것은 생산의 능률을 올리기 위한 방법일 뿐만 아니라 전면적으로 발전한 인간을 생산하기 위한 유일한 방법이기도 합니다.

우리가 이미 본 바와 같이, 대공업은 각 인간을 어떤 한 부분작업에 일생 동안 묶어두는 매뉴팩쳐적 분업을 기술적으로 타파합니다. 그러나 그와 동시에 대공업의 자본주의적 형태는 그 분업을 더욱 괴상한 것으로 재생산합니다. 즉, 진정한 공장 안에서는 노동자를 기계의 의식 있는 부속물로 전환시킴으로써, 그리고 진정한 공장 이외의 모든 곳에서는 부분적으로는 기계와 기계노동자를 드문드문 사용함으로써, 부분적으로는 분업의 새로운 기초로서 부인·아동·미숙련공의 노동을 도입함으로써, 분업을 괴상한 형태로 재생산합니다. 매뉴팩쳐의 분업과 대공업의 생산방식 사이의 모순은 강렬하게 표출됩니다. 그것은 예컨대 다음과 같은 무서운 사실에서 나타납니다. 즉, 근대적 공장과 근대적 매뉴팩쳐에 고용된 아동들의 대부분은 매우 어릴 때부터 가장 단순한 작업에 묶여 다년간 착취를 당하면서도 나중에 동일한 공장에서만이라도 유용한 어떤 기능 하나도 배우지 못하게 된다는 사실입니다.

대공업은 생산과정 자체를 체계적으로 분할하는 근대적 과학인 기술공학을 발전시켰습니다. 18세기에 이르기까지 각각의 직업이 비법이라고 불리었고, 오직 경험적으로 또 직업적으로 통달한 사람들만이 그 비법을 체득할 수 있었습니다. 대공업은 이러한 장막[즉 인간으로부터 자기 자신의 사회적 생산과정을 은폐하고 또 자연발생적으로 분화된 각종 생산부분들과 그 부문의 상속자들에 대해서까지 수수께끼로 만든 그 장막]을 찢어버렸습니다. 대공업의 원리, 즉 각 생산과정을 그 자체로서 파악하여 그것을 구성요소들로 분해하는 것[인간의 손이 그 새로운 과정들을 수행할 수 있는가 없는가를 먼저 고려하지 않고]은 새로운 근대적 과학인 기술공학을 낳았습니다. 사회적 생산과정의 다양하고 일견 내부적 관련이 없는 듯한 고정된 형태들은 자연과학의 의식적이고 계획적인 응용분야로, 그리고 목적하는 바의 특정 유용효과에 따라 체계적으로 분화된 응용분야들로 분해되었습니다.[57]

기술공학의 발전을 바탕으로 한 대공업의 기술적 토대와 그 자본주의적 형태 사이의 모순을 찾아냅니다.

근대적 공업은 결코 어떤 생산과정의 기존형태를 최종적인 것으로 보지 않으며 그렇게 취급하지도 않습니다. 그러므로 종전의 모든 생산방식은 본질적으로 보수적이었지만 근대적 공업의 기술적 토대는 혁명적입니다. 근대적 공업은 기계, 화학적 과정 및 기타 방법들에 의하여 생산의 기술적 토대, 그리고 그것과 함께 노동자의 기능, 노동과정의 사회적 통합들을 끊임없이 변혁시키고 있습니다. 따라서 그것은 또한 사회 내부의 분업도 변혁시키며 그리고 대량의 자본과 노동자를 한 생산부문에서 다른 생산부문으로 끊임없이 이동시킵니다. 그러므

---

[57] 『자본론 I [하]』, 610~613쪽.

로 대공업은 자기의 본성 그것에 의하여 노동의 변환, 기능의 유동성, 노동자의 전면적인 이동성을 필요로 합니다. 그러나 다른 한편 대공업은 그 자본주의적 형태에서는 종래의 분업을 그 고정된 특수성을 가진 채로 재생산합니다.

대공업의 혁명적인 기술적 토대와 자본주의적 형태 사이의 모순은 노동자의 생활상태의 모든 평온·확실성·보장을 탈취하며, 또 그 모순은 노동수단을 제거함으로써 노동자의 수중으로부터 생활수단을 박탈하려고 끊임없이 위협하며, 노동자의 전문기능을 폐지함으로써 그들을 불필요한 존재로 만들려고 끊임없이 위협하고 있습니다. 또한 이 모순은 노동자계급의 끊임없는 희생과 노동력의 한없는 낭비와 사회적 무정부성의 파괴적인 영향이라는 형태로 자기를 드러내고 있습니다. 이것은 부정적 측면입니다.

그러나 노동의 전환성은 한편으로는 지금 불가항력적인 자연법칙으로서, 그리고 자연법칙의 맹목적 파괴작용[도처에서 저항에 부딪힙니다.]을 동반하면서 실현되고 있지만, 다른 한편으로 대공업은 노동의 전환성[따라서 노동자가 다양한 종류의 노동에 최대로 적합하게 되는 것]을 기본적 생산법칙 인정하라고 자기의 파국[공황]을 통해 강요하고 있습니다. 따라서 노동 전환의 이런 가능성은 사회적 생산의 일반법칙이 되어야 하며, 기존 관계들은 이것이 현실적으로 실현될 수 있도록 개조되어야만 합니다. 자본주의적 착취의 탐욕을 항상 충족시켜주기 위해 비참한 상태에 묶어두고 있는 산업예비군이라는 괴물은 어떤 종류의 노동이라도 절대적으로 할 수 있는 개인으로 대체되어야만 합니다. 즉 부분적으로 발달한 개인[그는 다만 하나의 특수한 사회적 기능의 담당자일 뿐입니다.]은 전면적으로 발달한 개인[그에게는 각종의 사회적 기능은 그가 차례차례로 행하는 각종의 활동방식에 불과합니다]에 의해 대체되어야 합니다.

대공업에 기초하여 자연발생적으로 발전한 이 변혁과정의 한 계기는 공업학교와 농업학교이며 다른 계기는 직업학교[여기에서는 노동자의 자녀들이 기술공학과 각종 생산도구의 실제 사용법에 관한 약간의 수업을 받습니다.]입니다. 자본에게서 쟁취한 최초의 빈약한 양보인 공장법은 초등교육을 공장노동과 결합시키는 데 불과하지만, 노동자계급이 필연에 따라 정권을 장악하였을 때에는 이론과 실천이 병행하는 기술교육은 노동자학교에서 마땅한 자리를 차지하게 될 것은 의심의 여지가 없습니다. 이와 같은 혁명적 동요[이것의 목표는 종래의 분업을 철폐하는 것입니다.]는 자본주의적 생산형태와 그것에 상응하는 노동자의 경제적 지위와 전적으로 모순된다는 것도 의심의 여지가 없습니다. 그러나 일정한 역사적 생산형태의 모순들이 전개되는 것은 그 생산형태가 해체되고 새로운 생산형태가 형성되는 유일한 역사적 길입니다.[58]

자본주의는 유연하고 적응능력을 갖춘 노동과, 다양한 과제를 수행할 수 있고 변화하는 조건들에 유연하게 대응할 수 있는, 교육받고 다재다능한 노동력을 필요로 합니다. 여기에는 심각한 모순이 자리합니다. 즉 한편으로 자본은 퇴락한 노동, 무지한 노동, 마치 서커스의 고릴라처럼 자본의 명령에 아무런 이의를 달지 않고 복종하도록 훈련받은 노동을 원하면서도 이와 동시에 유연하고 적응력 있고 교육받은 노동도 함께 필요로 하는 것입니다. 이 모순을 아무런 변혁없이 해결할 수 있는 방법은 계급적 수준에서 집단적으로 대응하는 것으로 공장법에 교육조항을 집어넣는 것이었습니다.[59]

---

[58] 『자본론 I [하]』, 614~615쪽.
[59] 『맑스 자본 강의』, 419쪽.

대공업과 공장법이 종래의 가족제도의 경제적 토대와 그에 상응하는 가족노동을 붕괴시킴으로써 종래의 가족관계까지도 해체하고, 아동의 권리를 선언합니다.

공장입법이 공장, 매뉴팩쳐 등에서의 노동을 규제하는 데 국한되고 있는 한 그것은 자본의 착취권에 대한 간섭으로 나타날 따름입니다. 그러나 공장입법이 이른바 가내노동을 규제하게 되면 그것은 곧 부권[즉 근대적 용어로 말하면 친권]에 대한 직접적인 침해로서 나타납니다. 그리하여 다정한 영국 의회는 이러한 규제조치를 취하는 것을 오랫동안 망설이는 체하였습니다. 그러나 사실의 힘은 드디어 의회로 하여금 다음의 것-즉, 대공업은 종래의 가족제도의 경제적 토대와 그에 상응하는 가족노동을 붕괴시킴으로써 종래의 가족관계까지도 해체하였다는 것-을 인정하지 않을 수 없게 하였습니다. 아동의 권리가 선언되지 않을 수 없었습니다.

자본에 의한 미성숙 노동력의 직접적 또는 간접적 착취를 야기한 것은 친권의 남용이 아닙니다. 오히려 그와 반대로 자본주의적 착취방식이야말로 친권에 상응하는 경제적 토대를 제거함으로써 친권을 남용하게 만든 것입니다. 그런데 자본주의체제 안에서 종래의 가족제도의 해체가 아무리 무섭고 메스껍게 보일지라도, 대공업은 가정의 영역 밖에 있는 사회적으로 조직된 생산과정에서 부인·미성년자·남녀 아동들에게 중요한 역할을 부여함으로써 가족과 양성관계의 보다 높은 형태를 위한 새로운 경제적 토대를 창조하고 있습니다. 남녀노소의 개인들로써 집단적 노동그룹이 구성되어 있다는 사실은, 그것이 자연발생적이고 야만적인 자본주의적 형태[여기에서는 생산과정이 노동자를 위하여 존재하는 것이 아니라 노동자가 생산과정을 위하여 존재한다]에서는 부패와 노예상태의 원천으로 되지만, 적당한 조건 하에서는 이와 반대로 인간적인 발전으로 변할 것이라는 사실은 명백합니다.

공장법을 일반화할 필요성은 대공업의 역사적 발전과정으로부터 생겼습니다. 공장법의 일반화에는 다음과 같은 두 가지의 사정이 결정적인 역할을 합니다. 그 하나는 자본은 사회의 어떤 한 지점에 국가의 통제를 받게 될 때에는 다른 모든 지점들에서 더욱더 무모하게 보상을 받으려고 한다는 끊임없이 반복되는 경험적인 사실이며, 또 다른 하나는 자본가 자신이 경쟁조건의 평등, 즉 노동착취에 대한 규제의 균등화를 요구하고 있다는 사정입니다.[60]

공장입법의 전반적 보급의 불가피성은 자본주의적 형태의 모순과 적대를 성숙시키고, 이리하여 새로운 사회를 형성할 요소들과 낡은 사회를 타도할 세력들을 모두 성숙시킵니다.

노동계급의 육체와 정신의 보호수단으로서 공장법의 전반적 보급이 불가피한 것으로 되었다면, 이 보급은 소규모의 분산된 다수의 사업체들이 대규모의 소수의 결합된 사업체로 전환되는 것을 촉진하며, 따라서 자본의 집적과 공장제도의 단독지배를 강화합니다. 공장법의 보급은[자본의 지배가 아직도 부분적으로 은폐하고 있는] 낡은 형태들과 과도적 형태들을 분쇄하고, 그 대신 자본의 직접적이고 노골적인 지배를 가져옵니다. 그리하여 공장법의 보급은 자본의 지배에 대한 직접적인 투쟁도 일반화합니다.

그것은 개별 작업장에서 균일성·규칙성·질서·절약을 강요하는 한편, 노동일의 제한과 규제가 기술개량에 준 강력한 자극을 통하여 전체로서의 자본주의적 생산의 무정부성과 공황, 노동강도, 그리고 기계와 노동자 사이의 경쟁을 증대시킵니다. 공장법의 보급은 소규모

---

60 『자본론』 I [하]. 616~618쪽.

가내공업을 파괴시킴으로써 과잉인구의 마지막 피난처를 파괴하며, 따라서 또 전체 사회의 메커니즘의 종래의 안전판을 제거합니다. 공장법의 보급은 생산과정의 물질적 조건과 사회적 결합을 성숙시킴으로써 생산과정의 자본주의적 형태의 모순과 적대를 성숙시키고, 이리하여 새로운 사회를 형성할 요소들과 낡은 사회를 타도할 세력들을 모두 성숙시킵니다.[61]

제10절 대공업과 농업

대공업은 농업 분야에서도 혁명적인 변화를 낳습니다. 대공업의 발달과 농업 기계의 사용으로 소경영 농민을 없애버리고 임금노동자로 바꾸어 놓습니다. 낡고 불합리기 짝이 없는 전통적인 작업방식은 과학적 방식에 의하여 대체됩니다. 전통적인 소규모 농업을 기반으로 한 원시적 가족적 유대는 해체됩니다. 그러나 동시에 자본주의적 생산방식은 새로운 보다 높은 결합—즉, 서로 적대적으로 분리되어 있는 동안에 획득한 각자의 더욱 발전된 형태를 기초로 하여 농업과 공업이 결합되는 것의 물질적 조건을 만들어냅니다.

자본주의적 생산은 인구를 대중심지로 결집시키며 도시인구의 비중을 끊임없이 증가시킵니다. 이것은 두 가지 결과를 가져옵니다.
한편으로는 사회의 역사적 동력을 집중시키며, 다른 한편으로는 인간과 토지 사이의 신진대사를 교란합니다. 즉 인간의 의식수단으로서의 소비한 토지의 성분들을 토지로 복귀시키지 않고 따라서 토지의 비

---

61 『자본론 I [하]』, 632~633쪽.

옥도를 유지하는 데 필요한 조건을 침해합니다. 그리하여 자본주의적 생산은 도시노동자의 육체적 건강과 농촌노동자의 정신생활을 다 같이 파괴합니다. 자연발생적으로 조성된 신진대사의 상황을 파괴함으로써, 신진대사의 체계적 재건[인간의 완전한 발전에 봉사하는 형태로, 그리고 사회적 생산을 규제하는 하나의 법칙으로서]을 강요하게 됩니다.

자본주의적 농업의 진보는 노동자를 약탈하고 토지를 파괴합니다.

근대적 도시공업에서와 같이 근대적 농업에서도 노동생산성의 향상과 노동의 증대는 노동력 자체의 낭비와 파괴에 의하여 얻어집니다. 또 자본주의적 농업의 진보는 그 어느 것이나 노동자를 약탈하는 기술상의 진보일 뿐만 아니라 또한 토지를 약탈하는 기술상의 진보이며, 일정한 기간에 토지의 비옥도를 높이는 진보는 그 어느 것이나 이 비옥도의 항구적 원천을 파괴하는 진보입니다. 한 나라가 대공업을 토대로 하여 발전하면 할수록 이러한 토지의 파괴과정은 보다 더 급속합니다. 따라서 자본주의적 생산은 모든 부의 원천인 토지와 노동자를 파멸시킴으로써만 생산기술이나 사회적 생산과정의 결합을 발전시킵니다.[62]

---

[62] 『자본론 I [하]』, 635~636쪽.

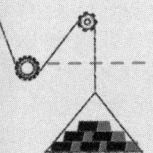

제5편

절대적 및 상대적 잉여가치의 생산

제14장_ 절대적·상대적 잉여가치
제15장_ 노동력의 가격과 잉여가치의 양적 변동
제16장_ 잉여가치율을 표시하는 여러 가지 공식

제5편 절대적 및 상대적 잉여가치의 생산

  자본주의적 생산에서 생산적 노동과 생산자 노동자의 개념 규정부터 시작합니다. 절대적 잉여가치의 생산과 상대적 잉여가치의 생산을 개념적으로 구별하며, 두 가지 잉여가치 생산이 현실의 자본주의적 생산에서는 동시에 이루어집니다. 두 잉여가치 생산을 통일적으로 파악하는 절대적·상대적 잉여가치의 생산을 분석합니다. 자본주의적 생산의 발전 과정에서 표준노동일의 제정에 따라 절대적 잉여가치생산에서 상대적 잉여가치 생산으로 중점이 이동했듯이, 두 잉여가치 생산방법은 자본가의 입장에서 잉여가치율을 높이려 할 때 실제적이고 전략적인 선택의 문제입니다. 적절한 기술적·조직적 토대 없이는 절대적 잉여가치를 얻는 것이 불가능합니다. 거꾸로 상대적 잉여가치도 절대적 잉여가치의 수탈을 가능하게 하는 노동일의 연장 없이는 아무런 의미가 없습니다. 둘의 차이는 단지 잉여가치율을 높이려는 자본가들의 전략적 성격뿐입니다.

  생산적 노동의 본질적 규정은 잉여가치를 생산하는 노동임을 밝히고, 잉여가치 생산의 전제라 할 수 있는 노동생산성 문제를 역사적 맥락에서 검토합니다.

제5편 **절대적 및 상대적 잉여가치의 생산**

제14장_ 절대적·상대적 잉여가치

생산관계와 무관한 일반적인 추상적 노동과정, 즉 인간과 자연의 관계에서 인간에 유용한 사용가치(즉, 유용물)를 생산하는 노동을 생산적 노동으로 규정했습니다. 노동과정 전체를 그 결과인 생산물의 관점에서 고찰하면, 노동수단과 노동대상은 생산수단으로 나타나고, 노동 그 자체는 생산적 노동으로 나타납니다. 자본주의적 노동과정을 고찰하게 되면, 자본주의적 생산의 기본형태인 협업에 의해 생산자는 개인적 노동자에서 집단적 노동자로 전환되기 때문에 생산적 노동 규정이 달라져야 합니다.

생산적 노동 규정이 노동자 개인의 직접적 생산자인지 여부가 아니라 그가 집단적 노동자의 일원인지 여부를 따지는지를 봅시다.

노동과정에서 생산적 노동 규정도 이제 노동자 개인이 직접적 생산자인지 여부가 아니라 그가 집단적 노동자의 일원인지 여부를 따지는 것으로 바뀝니다. 사무직이나 연구직 노동자처럼 직접적 생산자가 아닌 노동자의 노동도 그 노동자가 집단적 노동자의 일원이라면 생산적 노동으로 규정되는 것입니다. 자본주의적 생산에서 생산물은 개인적 노동자의 직접적 생산물로부터 집단적 노동자의 공동 생산물로 전환되기 때문입니다. 즉, 노동과정에서의 생산적 노동규정이 개인적 노동자에 관한 것에서 집단적 노동자에 관한 것으로 확장됩니다.[1]

노동과정이 순전히 개인적인 과정으로 되어 있는 경우에는, 나중에 가서는 분리될 모든 기능을 동일한 노동자가 한 몸에 겸비하게 됩니다. 한 개인이 자연의 대상물을 자기의 생활을 위하여 취득할 때는 자기가 자기 자신의 활동을 감독하게 됩니다. 개개의 인간은 자기 자신의 두뇌로 근육을 운동시키지 않고서는 자연을 이용할 수 없습니다. 자연계에서는 머리와 손이 짝이 되어 활동하듯이 노동과정에서는 정신적 노동과 육체적 노동이 통합됩니다. 뒤에 가서는 두 개가 분리되고 심지어는 적대적으로 대립하게 됩니다.

생산물은 개인적 생산자의 직접적 생산물로부터 집단적 노동자[즉, 각각 노동자가 노동대상의 실질적 취급에 크든 작든 한 부분으로서 참여하는 노동자들의 결합]에 의하여 공동적으로 생산된 하나의 사회적 생산물로 전환됩니다. 그러므로 노동과정의 협업적 성격이 더욱더 분명해짐에 따라 필연적으로 생산적 노동도, 그리고 그 담당자인 생산적 노동자의 개념도 확장됩니다. 생산적으로 노동하기 위하여 이제는 더 이상 자신이 직접 대상에 손을 댈 필요는 없으며, 집단적 노동자의 한 기관이 되어 그 부속기능의 하나를 수행하는 것으로 충분합니다. 위에서 말한 생산적 노동 최초의 규정은 물질적 생산 자체의 성질에 근거하여 도출된 것인데, 이 규정은 전체로서 본 집단적 노동자에 대해서는 항상 타당한 것입니다. 그러나 그 규정은 개별적으로 본 그 각각의 구성원에 대해서는 이미 타당하지 않게 됩니다.[2]

자본주의적 생산은 실제로 집단적 노동자에 의해 수행되므로 생산

---

[1] 『자본론 함께 읽기』, 375~376쪽.
[2] 『자본론 I [하]』, 639~640쪽.

직 노동자만이 아니라 그 생산에 간접적으로 참여하는 사무직·연구직 노동자의 노동도 생산적 노동이고, 집단적 노동자에 포함된 노동자는 모두 생산적 노동자입니다. 자본주의적 생산은 상품 생산일 뿐만 아니라 본질적으로 잉여가치의 생산이기 때문에 가치증식과정으로서 자본주의적 생산과정의 생산적 노동의 개념에는 잉여가치를 생산해야 한다는 규정이 추가되어야 합니다.[3]

생산적 노동규정이 집단적 노동자일 뿐만 아니라 잉여가치를 생산해야 합니다.

자본주의적 생산은 상품생산일 뿐만 아니라 그것은 본질적으로 잉여가치의 생산입니다. 노동자는 자신을 위하여 생산하는 것이 아니라 자본을 위하여 생산합니다. 그러므로 그가 무엇인가를 생산한다는 것만으로는 충분하지 못하며, 그는 잉여가치를 생산하지 않으면 안 됩니다. 자본가를 위하여 잉여가치를 생산하는 노동자, 또는 자본의 가치증식에 봉사하는 노동자만이 생산적입니다.

물질적 생산 분야 밖의 예를 든다면, 학교 교사는 그가 아동의 두뇌를 훈련시킬 뿐만 아니라 또한 학교 주인의 치부를 위해 헌신하는 경우에만 생산적 노동자입니다. 학교 설립자 자기의 자본을 소세지 공장에 투자하지 않고 교육을 위한 공장에 투자하였다는 사실은 여기에서는 전혀 중요하지 않습니다. 그러므로 생산적 노동자의 개념은 활동과 그 유용효과[즉 노동자와 그의 노동생산물 사이의 관계]를 포함할 뿐만 아니라 특수한 사회적 생산관계[즉 노동자에게 자본 가치증식의 직접적 수단이라는 낙인을 찍는 그러한 역사적 생산관계]도 포함합니다. 따라서 생산적 노동자가 되는 것은 결코 행운이 아니며 차라리 불

---

[3] 『자본론 함께 읽기』 376쪽.

운인 것입니다. 그러나 우리나라의 경우 사립 유치원부터 사립 중·고등학교까지는 (사립대학교 일부분) 운영비 대부분을 국민세금으로 충당하기에 교육 공공성을 위하여 국가기관의 통제가 너무나 당연합니다. 교육이란 특성으로 봐서도 공공성 확보는 매우 중요합니다.

  자본주의 사회에서 쌀을 생산해 시장에 내다 파는 농부(자영업자)의 노동은 상품을 생산하는 노동(즉, 가치를 형성하는 노동)이지만 생산적 노동은 아닙니다. 자본주의적 생산관계 아래 임노동자로서 잉여가치를 생산하지 않기 때문입니다. 이처럼 생산적 노동 개념은 통상적인 생산적 노동개념(무엇인가를 생산한다는 것)과 다르다는 점을 알아야 합니다. 자본주의적 생산관계 아래 임노동자(집단적 노동자)의 노동만이 생산적 노동이고, 임노동자만이 생산적 노동자입니다.[4]

  절대적 잉여가치의 생산과정은 자본주의체제의 일반적 토대를 이루고 있으며, 상대적 잉여가치의 생산을 위한 출발점이 되고 있습니다.

  노동자가 자기 노동력 가치의 정확한 등가를 생산할 수 있는 점을 넘는 노동일의 연장 및 자본에 의한 이 잉여노동의 취득—이것이 절대적 잉여가치의 생산과정입니다. 이것은 자본주의체제의 일반적 토대를 이루고 있으며, 상대적 잉여가치의 생산을 위한 출발점이 되고 있습니다. 상대적 잉여가치의 생산에서는, 노동일은 처음부터 두 개의 부분, 즉 필요노동과 잉여노동으로 나누어져 있다는 것을 전제하고 있습니다. 잉여노동을 연장하기 위해[임금의 등가를 더욱 짧은 시간에 생산하는 방법에 의해] 필요노동이 단축됩니다. 절대적 잉여가치의 생산은 노동일의 길이만 관심을 가지며, 그 반면에 상대적 잉여가치의 생산은 노동의 기술적 과정과 사회의 인적 구성을 철저히 변혁시

---

[4] 『자본론 함께 읽기』, 377~378쪽.

킵니다.

따라서 상대적 잉여가치의 생산은 진정한 자본주의적 생산방식을 요구하게 되는데, 이 생산방식은 자본에 대한 노동의 형식적 종속[포섭]의 토대 위에서 그 자신의 방법, 수단 및 조건을 만들어내면서 자연발생적으로 발전합니다. 이 발전 과정에서 형식적 종속은 자본에 대한 노동의 실질적 종속으로 대체됩니다.

절대적 잉여가치의 생산을 위해서는 자본에 대한 노동의 형식적 종속만으로 충분합니다.

어떤 관점에서 보면 절대적 잉여가치와 상대적 잉여가치 사이의 구별은 환상적인 것으로 보입니다. 상대적 잉여가치는 절대적 잉여가치입니다. 왜냐하면 전자는 노동자 자신의 생존에 필요한 노동시간을 넘는 노동일의 절대적 연장을 강요하기 때문입니다. 절대적 잉여가치는 상대적 잉여가치입니다. 왜냐하면 전자는 필요노동시간을 노동일의 일부분으로 제한할 수 있게 하는 그러한 노동생산성의 발전을 필요로 하기 때문입니다. 그러나 잉여가치의 변동에 주의를 돌린다면 이 외관상의 동일성이 소멸됩니다. 자본주의 생산방식이 일단 확립되어 일반적 생산방식으로 되자마자, 절대적 잉여가치와 상대적 잉여가치 사이의 차이는 잉여가치율 제고의 문제가 대두될 때마다 드러납니다.

상대적 잉여가치 생산을 가능하게 하는 노동생산성의 발달문제를 인류의 역사적 발전의 맥락에서 이야기합니다.

자연발생적으로 발달한 노동생산성을 신비스러운 관념으로 파악하는 것은 전적으로 잘못된 일입니다. 인간이 자신들의 노동에 의해 시초의 동물 상태로부터 벗어나고 그리하여 그들의 노동이 이미 어느 정도 사회화되고 나서 비로소, 어떤 사람의 잉여노동이 다른 사람의 생존조건으로 되는 그러한 상황이 발생하는 것입니다. 문명의 초기에는 노동생산력은 보잘 것 없고 욕망[욕망은 욕망을 충족시켜줄 수단과 함께 그리고 그 수단에 의해서 발전해 가는 것이다]도 또한 보잘 것 없습니다.

더욱이 이 초기에는 타인의 노동에 의해 살아가는 사회구성원은 다수의 직접적 생산자에 비해 무한히 적습니다. 사회적 노동생산력의 성장과 함께 그 적은 사회구성원은 절대적으로나 상대적으로나 증대됩니다. 그리고 장구한 발전과정의 산물인 경제적 토양으로부터 자본관계가 발생합니다. 자본관계의 토대 및 출발점이 되고 있는 노동생산력은 자연이 선물이 아니라 수천 세기를 포괄하는 역사의 선물입니다.[5]

자본주의적 생산방식은 자연에 대한 인간의 지배를 전제로 합니다.
너무나 풍요로운 자연은 지나치게 보호받고 있는 어린아이처럼 인간을 자연의 손 안에서 놓아주지 않습니다. 이와 같은 자연은 인간에게 스스로를 발전시킬 하등의 필요성도 갖지 않도록 만듭니다. 자본의 모국은 식물이 무성한 열대지방이 아니라 온대지방입니다. 토지의 절대적 비옥도가 아니라 토양의 차이, 토지의 천연산물의 다양성, 계절의 변화야말로 사회적 분업의 자연적 기초를 이루는 것이며, 그것들이 인간을 둘러싼 자연환경의 변경을 통하여 인간을 자극시켜 인간 자신의 욕망이나 능력이나 노동수단이나 노동양식을 다양화시키는 것입니다. 산업사에서 가장 결정적인 역할을 한 것은 자연력을 사회적으로 통제할 필요성, 그것을 절약할 필요성, 인간의 손으로 그것을 대규모로 이용하거나 또는 복종시킬 필요성입니다.

자연조건의 제약은 잉여노동의 자연적 한계로서만 작용하고, 산업이 발전함에 따라 이 자연적 한계는 그 의미가 점차 약화됩니다.

유리한 자연조건은 그 자체로서는 오직 잉여노동[따라서 잉여가치

---

5 『자본론 I [하]』, 641~644쪽.

또는 잉여생산물]의 가능성을 제공할 따름이고 결코 그 현실성을 제공하지는 않습니다. 노동의 자연적 조건이 서로 다른 결과는, 동일한 노동량이 나라에 따라 서로 다른 양의 필요를 충족시키며, 그리하여 기타의 사정이 비슷한 경우에는 필요노동시간이 서로 달라진다는 것입니다. 자연적 조건은 잉여노동에 대해 자연적 한계로서만 작용합니다. 즉, 그것은 타인을 위한 노동이 시작될 수 있는 지점을 결정해줄 뿐입니다. 산업이 발전함에 따라 이 자연적 한계는 그 의미가 점차 약화됩니다.[6]

---

[6] 『자본론 I [하]』 646~647쪽.

제5편 **절대적 및 상대적 잉여가치의 생산**

제15장_ 노동력의 가격과 잉여가치의 양적 변동

노동력의 가치는 평균적인 노동자가 일상적으로 필요로 하는 생활수단의 가치에 의하여 결정됩니다. 우리는 다음을 전제합니다. 1) 상품은 그 가치대로 판매됩니다. 2) 노동력의 가격은 때로는 그 가치 이상으로 등귀할 수 있지만 결코 그 가치 이하로 하락하지는 않습니다. 자본이 현실에서 잉여가치율을 높이기 위해 일상적으로 사용하는 방법인, 노동력 가치 이하로 임금을 저하시키는 경우를 배제한 것입니다.

이렇게 전제하면, 노동력의 가격과 잉여가치의 상대적 크기는 다음과 같은 세 가지 사정에 의하여 결정됩니다. 1) 노동일의 길이 즉 노동의 외연적 크기 2) 정상적인 노동강도, 즉 [일정한 기간에 일정한 노동량이 지출되는] 노동의 내포적 크기 3) 마지막으로 생산조건으로 발전 정도에 따라 같은 기간에 같은 노동량이 보다 많은 또는 보다 적은 양의 생산물을 제공하게 되는 노동생산성 이 세 요인의 서로 다른 조합에 따라 임금과 잉여가치의 상대적 크기, 즉 잉여가치율이 달라집니다.

첫 번째, 노동일의 길이와 노동강도는 변하지 않는데, 노동생산성이 변하는 경우, 즉 고유한 의미의 상대적 잉여가치 생산이 이루어지는 경우입니다.

노동생산성의 제고는 노동력의 가치를 저하시키고 따라서 잉여가치를 제고시키며, 반대로 노동생산성의 저하는 노동력의 가치를 제고시키고 잉여가치를 저하시킵니다. 잉여가치의 증가 또는 감소는 항상 그에 상응하는 노동력의 가치의 감소 또는 증가의 결과이지 그 원인이 아닙니다.

노동생산성 향상의 성과가 계급투쟁을 매개해 자본과 노동 사이에 어떻게 분배되느냐에 따라 노동자의 절대적 생활수준을 향상키면서도 잉여가치율은 증가할 수 있습니다.

노동력의 가치는 일정한 양의 생활수단의 가치에 의하여 규정됩니다. 노동생산성에 따라 변동하는 것은 이 생활수단의 가치이지 양이 아닙니다. 그러나 노동생산성이 증가되면 노동자와 자본가는 노동력의 가격이나 잉여가치를 변화시키지 않고서도 동시적으로 더 많은 양의 생활수단을 획득할 수 있습니다. 노동력의 가격은, 노동생산성이 제고되면, 노동자의 생활수단의 양이 동시적이며 계속적인 증가를 수반하면서 끊임없이 저락할 수 있을 것입니다. 그러나 이 경우에도 노동력 가치는 상대적으로[즉 잉여가치에 비하여서는] 끊임없이 감소될 것이며, 따라서 노동자의 생활수준과 자본가의 생활수준 사이의 격차는 더욱 벌어질 것입니다.

노동자의 궁핍화 경향이 상대적 궁핍화를 뜻함을, 즉 노동자계급은 절대적 생활수준이 향상되어도 자본과의 관계에서는 상대적으로 궁핍화된다는 것으로 봐야 됩니다.

두 번째, 노동일의 길이와 노동생산성은 불변인데, 노동강도가 가변일 경우입니다. 노동강도의 증대는 같은 시간 내의 노동력의 지출의 증가를 의미합니다. 이 증가된 가치가 나뉘는 두 부분 즉 노동력의 가격과 잉여가치가 동시에 증가할 수 있습니다.

노동강도가 높아질 경우, 외관상으로는 주어진 노동일에 필요노동을 감소시켜 잉여노동을 증대하므로 잉여가치 생산인 것처럼 보입니다. 그러나 내용적으로 노동의 내포적 크기, 즉 노동생산성의 증가가 아니라 노동량의 지출 증대에 의해 잉여노동이 증대한 것이므로 절대적 잉여가치 생산에 해당됩니다.

세 번째, 노동생산성과 노동강도는 불변인데, 노동일의 길이가 가변인 경우입니다. 이 경우 노동일이 단축되면 노동력의 가치에 변동을 주지 않고 잉여가치를 감소시키므로 잉여가치율이 감소합니다. 또 노동일이 연장되고 노동력의 가격이 변동하지 않는다면 잉여가치의 절대적 크기와 더불어 그 상대적 크기도 증가합니다. 노동일이 연장되면 노동력의 가격은, 비록 그것이 명목상 불변이거나 심지어 상승하더라고, 노동력 가치 이하로 하락할 수 있습니다. 이는 노동력소모가 기하급수적으로 증가해 시간외수당이 그 소모만큼 보충하지 못할 경우 일어납니다.

노동일의 연장과 분리될 수 없는 노동력 소모의 증대는 일정한 점까지는 더 높은 임금에 의해 보상될 수 있습니다. 그러나 이 점을 넘어서면 노동자의 재생산과 활동의 표준적 조건을 크게 변화시켜 그의 평균수명을 단축하는 시점이 반드시 나타납니다.

노동생산성이 증가하면 할수록 노동일은 더욱더 단축될 수 있으며, 노동일이 단축되면 될수록 노동강도는 더욱더 강화될 수 있습니다. 사회적으로 보면, 노동생산성은 노동의 절약에 비례해 증대합니다. 노동의 절약에는 생산수단의 절약뿐만 아니라 또한 모든 쓸모없는 노동의 제거도 포함됩니다. 자본주의적 생산양식은 각 개별 기업에 대해서는 절약을 강요하지만, 그 무정부적 경쟁체제를 통해 사회적 생산수단과 노동력의 가장 터무니없는 낭비를 일으키며[공황], 또한 [지금은 없어서는 안 되는 것이지만 그 자체로는 없어도 되는] 수많은 기능들[금융·순수유통 등 비생산적 기능들]을 발생시킵니다.

 노동의 강도와 생산성이 주어져 있을 때, 노동이 사회의 모든 노동가능인구들 사이에 더욱 균등하게 분배되면 될수록, 또한 노동의 부담[이것이 자연이 부과한 필연적인 것이다]을 자기 자신의 어깨로부터 다른 사회계층의 어깨로 넘겨 씌우는 특수계층의 권력을 더욱 많이 빼앗으면 빼앗을수록, 사회적 노동일 중 물질적 생산에 바쳐야 할 시간은 그만큼 더 짧아지며, 따라서 한 사회가 개인의 자유로운 정신적·사회적 활동을 위해 쓸 수 있는 시간은 그만큼 더 증가할 것입니다. 노동일 단축의 절대적 최소한계는, 이 측면에서 보면 노동의 보편화에 있습니다. 자본주의 사회에서는 대중의 모든 생활시간을 노동시간으로 전환시킴으로써 한 계급이 자유로운 시간을 얻고 있습니다.
 노동력의 가격과 잉여가치의 양적 변동에서 논의하고 있는 것은 단지 잉여가치가 세 가지 변수에 의해 변동한다는 점입니다. 그 세 변수는 노동일의 길이, 노동강도, 노동생산성이고 따라서 자본가는 결국 세 가지 전술을 사용할 수 있습니다. 한 가지 전술의 효력이 감소하면 그들은 다른 전술을 통해 이를 보완할 수 있습니다. 잉여가치를 추구하는 자본가들의 전략이 유연하다는 점입니다.

제5편 **절대적 및 상대적 잉여가치의 생산**

제16장_ 잉여가치율을 표시하는 여러 가지 공식

자본주의적 생산에서 잉여노동에 대한 자본의 무한한 탐욕은 잉여가치율을 높이는 것으로 나타납니다. 잉여가치율은 자본가계급과 노동자계급 간 세력관계의 지표이기도 합니다. 잉여가치율의 대한 정확한 공식을 통해 고전파 정치경제학에서 표현한 공식을 비판하고 있습니다. 이 부분은 거의 『자본론 I [하]』에서 제3장을 참고하였습니다.

잉여가치율은 다음과 같은 공식들에 의하여 표시됩니다.

  Ⅰ. 잉여가치율=잉여가치(s)/가변자본(v)=잉여가치/노동력의 가치= 잉여노동/필요노동

이와는 다른 방식으로 고전파 정치경제학이 제시한 잉여가치율 공식을 제시합니다.

  Ⅱ. 잉여가치/노동일=잉여가치/생산물의 가치=순생산물/

총생산물

이 공식에서 생산물의 가치가 실제로 의미하는 바는 가치생산물(가변자본+잉여가치)입니다. 생산물가치에서 불변자본을 제외한 것, 즉 1노동일에 새로 창조된 가치를 고전파 정치경제학이 잘못 표현한 것입니다.

따라서 고전파 정치경제학이 실제로 표현하려 한 것을 정확히 표시하면 다음과 같습니다.

잉여가치/노동일=잉여가치/가치생산물=순생산물/가치생산물

이 모든 공식들 Ⅱ에서는 현실의 노동착취도 즉 잉여가치율이 잘못 표현되고 있습니다. 1노동일이 12시간이라고 합시다. 기타의 모든 가정들은 앞의 장과 같다면, 현실의 노동착취도는 다음과 같은 비율로 표시될 것입니다.

6시간 잉여노동/6시간 필요노동=3원의 잉여가치/3원의 가변자본=100%

그런데 공식 Ⅱ에 의하면 다음과 같이 됩니다.

6시간 잉여노동/12시간의 노동일=3원의 잉여가치/6원의 가치생산물=50%

이 공식이 사실상 표현하는 것은 노동일 또는 그것의 가치생산물이

자본가와 노동자 사이에 분할하는 비율입니다. 그리고 잉여가치와 노동력의 가치를 가치생산물의 부분들로 표현하는 방법이 가져오는 이데올로기적 효과를 이야기합니다. 자본관계의 독특한 성격[즉, 가변자본은 살아 있는 노동력과 교환되며, 따라서 노동자는 생산물로부터 배제된다는 사실]을 은폐하고, 자본관계를 폭로하는 대신에 자본가와 노동자가 생산물의 형성에 각자가 공헌한 몫에 따라 생산물을 상호 분배하는 하나의 연합인 듯한 그릇된 겉모습을 우리에게 보여줍니다. 자본주의적 생산과정의 모든 발전된 형태들은 협업형태이므로, 이 형태들로부터 독특한 적대적 성격을 무시하고 그것들을 자유로운 연합형태로 묘사하는 것처럼 쉬운 일은 없습니다.

이런 겉모습은 삼위일체의 공식, 즉 노동-임금, 자본-이윤, 토지-지대로 정식화·완성됩니다.

이 정식화가 말하는 것은 노동의 대가로 임금을 가져가고 자본의 대가로 이윤을 가져가며 토지의 대가로 지대를 가져간다는, 가치생산물의 분배방식에 대한 부르주아 경제학자들의 설명입니다.

잉여가치율의 통속적 표현인 공식 Ⅲ을 제시합니다.

>   Ⅲ. 잉여가치/노동력의 가치=잉여노동/필요노동=지불받지 않는 노동/지불받은 노동

이 공식에서 자본과 잉여가치의 의미를 재확인합니다.

애덤 스미스가 말하는 바와 같이, 자본은 타인의 노동을 자유롭게 처분할 수 있는 권능일 뿐만 아니라 본질적으로 지불받지 않는 노동을 자유롭게 처분할 수 있는 권능이기도 합니다. 모든 잉여가치는 그 특수한 형태-이윤, 이자, 지대 등-가 어떠하더라도 실질적으로는 지불

받지 않은 노동의 체현입니다. 자본이 가진 강한 생식력의 모든 비밀은 자본이 지불하지 않은 일정량의 타인 노동을 처분할 수 있다는 단순한 사실에 있습니다.

제6편

임금

제17장_ 노동력의 가치(또는 가격)가 임금으로 전환
제18장_ 시간급제 임금
제19장_ 성과급제 임금
제20장_ 임금의 국민적 차이

제6편 **임금**

자본주의 사회에서 노동자의 임금은 노동의 가격으로, 즉 일정한 양의 노동에 대한 대가로 간주되기도 합니다. 그렇지만 노동자가 받는 임금은 실제로 노동 가격이 아니라 노동력의 가격입니다. 노동력의 가치가 어떻게 노동의 가치 또는 임금이라는 현상형태로 전환되는지를 과학적으로 분석합니다. 본질적 사회관계, 즉 생산관계로부터 자연발생적인 의식형태로 임금형태를 해명하는 것입니다. 임금은 노동자가 자신의 노동력을 재생산하는 데 필요한 비용인 것입니다. 노동자는 노동력의 가치에 해당되는 임금을 받지만, 노동과정에서는 그보다 더 많은 가치(잉여가치)를 만들어 냅니다. 자본가는 노동력의 가치에 해당되는 임금만을 노동자에게 지급하고 잉여가치는 자신이 차지합니다.

임금형태는 다양하지만, 기본적으로 두 가지가 있습니다. 하나는 노동시간의 길이에 따라 임금을 주는 시간제 임금이고, 다른 하나는 노동자가 생산한 생산물의 양에 따라 임금을 주는 성과급제 임금입니다다. 성과급제 임금 형태는 노동에 대한 통제나 감독이 쉽고, 노동 강도를 강화하여 노동 생산성을 높일 수 있습니다. 따라서 성과급제 임금은 자본주의적 생산 양식에 가장 잘 어울리는 임금 형태라고 볼 수 있습니다.

제6편 **임금**

제17장_ 노동력의 가치(또는 가격)가 임금으로 전환

부르주아 사회의 표면에서는 노동자의 임금은 노동의 가격[즉 일정한 양의 노동의 대가로 지불되는 일정한 양의 화폐]으로서 나타납니다.

그리하여 사람들은 노동의 가치를 이야기하며, 그리고 그 화폐적 표현을 노동의 필요가격 또는 자연가격이라고 부르고 있습니다. 다른 한편으로 그들은 노동의 시장가격[즉 그 필요가격의 상하로 진동하는 가격]에 대하여 이야기하고 있습니다. 그런데 상품의 가치란 무엇인가요? 그것은 상품의 생산에 소요된 사회적 노동의 객관적 형태입니다. 우리는 이 가치의 크기를 무엇으로 측정하는가요? 상품에 포함되어 있는 노동량에 의하여 측정합니다.[1]

노동의 가치라는 표현의 문제점을 알아봅시다.

상품시장에서 화폐 소유자와 직접 마주하는 것은 노동이 아니라 노

---

1 『자본론 I [하]』, 675쪽.

동자입니다. 후자가 판매하는 상품은 그의 노동력입니다. 그의 노동이 현실적으로 시작될 때는 노동력은 벌써 노동자에게 속하지 않으며, 따라서 그에게 더 이상 판매될 수 없습니다. 노동은 가치의 실체이며 또 내재적 척도지만, 그 자체는 가치를 가지지 않습니다.

노동의 가치라는 표현에서는 가치의 개념이 완전히 소멸됩니다. 예컨대 토지의 가치같이 그것은 불합리한 표현입니다. 그러나 이들 불합리한 표현은 그 원천을 생산관계 자체에 두고 있는 이 생산관계의 현상형태를 반영합니다. 사물의 겉모습과 그 실재를 구별해야 한다는 것은 정치경제학을 제외한 모든 과학에서 잘 알려진 사실입니다.

노동의 가격(또는 가치)이란 불합리한 표현을 고전파 정치경제학이 어떻게 해결하는지 추적합니다. 정치경제학자들이 노동과 노동력을 구별하지 못해 생긴 혼란과 모순을 노동의 가치를 노동력의 가치로 무의식중에 바꿔치기함으로써 해소하는 과정을 밝혀냅니다.

고전파 정치경제학은 노동의 가격이라는 범주를 일상생활로부터 아무런 비판 없이 빌려왔으며, 그 뒤에 이 가격이 어떻게 결정되는가라는 질문을 단순히 제기했습니다. 고전파 정치경제학은 수요와 공급 사이의 관계의 변동은 가격의 변동 그 자체[즉 시장가격이 일정한 중간수준의 상하로 진동한다는 것] 외에는 아무것도 설명할 수 없다는 것을 곧 깨달았습니다. 수요와 공급이 일치한다면, 기타의 조건이 변하지 않을 때는 가격의 진동은 멈춥니다. 그러나 그때는 수요와 공급은 아무것도 설명할 수 없게 됩니다. 수요와 공급이 일치할 때 노동의 가격은 수요와 공급의 관계와 상관없이 결정되는 노동의 자연가격입니다.

그리하여 이 자연가격이 어떻게 결정되는가를 밝히는 것이 연구의 대상으로 되었습니다. 노동의 우연적인 시장가격들을 지배하고 조절하는 가격[즉, 이른바 노동의 필요가격(중농주의자들) 또는 자연가격

(애덤 스미스)]은 다른 상품들의 경우와 마찬가지로 화폐로 표현된 노동의 가치일 수밖에 없습니다. 이와 같이 하여 정치경제학은 노동의 우연적인 가격들을 파헤쳐 그 가치에까지 도달할 수 있다고 믿었습니다. 이 가치는 다른 상품들의 경우와 마찬가지로 더욱 깊게 들어가니 생산비에 의해 규정되었습니다.

그런데 노동자의 생계비[즉, 노동자 자신을 생산 또는 재생산하는 데 드는 비용]란 도대체 무엇인가요? 이 질문이 정치경제학에서 무의식중에 최초의 질문[노동의 가치]을 대체했습니다. 왜냐하면 정치경제학은 노동 그 자체의 생산비를 문제로 삼음으로써 악순환에 빠지고 거기에서 빠져나갈 수 없었기 때문입니다. 정치경제학이 노동의 가치라고 부른 것은 사실상[노동자라는 인물 속에 현실적으로 존재하는] 노동력의 가치입니다. 노동력은 [마치 기계가 그것이 수행하는 작업과 다르듯이] 자기 자신의 기능인 노동과 다릅니다.[2]

노동 가치는 노동력의 가치라는 개념을 은폐하고, 따라서 노동력이 어떻게 상품이 되는지를 간과하게 만드는 물신적 개념입니다. 고전경제학이 노동 가치(잘못 이름붙인 개념)가 무엇에 의해 결정되는지의 문제를 해결할 수 있는 유일한 방법은 수요와 공급의 의지하고 있습니다.[3]

노동력이 일할 수 있는 잠재능력이라면, 노동은 이런 잠재 능력을 발휘하여 실제로 일을 하는 것입니다. 임금에 해당되는 노동력의 가치는 어떻게 결정되는가요?

노동력도 하나의 상품이기 때문에 그것의 가치도 다른 상품의 가치와 마찬가지로 결정됩니다. 상품의 가치는 그것을 생산하는 데 들어간 노동시간에 의해 결정됩니다. 노동력의 가치도 이러한 노동력을

---

[2] 『자본론 함께 읽기』, 391~393쪽.
[3] 『맑스 자본 강의』, 435쪽.

생산하는 데 들어가는 노동시간에 의해 결정됩니다. 즉, 노동자가 자신의 노동력을 유지하기 위해 소비하는 생활필수품의 양이나 기술을 익히는 데 들어가는 비용에 의해 결정됩니다.

하루 노동시간이 12시간이고, 노동력의 하루 가치는 3원[이것은 6노동시간이 체폐되어 있는 가치의 화폐적 표현]이라고 가정합시다. 노동자가 3원을 받는다면 그는 12시간 기능하는 자신의 노동력의 가치를 받는 것입니다. 노동자는 총 12시간 동안 자신의 노동력 가치보다 3원 더 많은 잉여가치를 생산하여 총 6원의 가치를 생산합니다. 이처럼 노동자는 자신의 노동을 통해 생산된 총 6원의 가치에 해당하는 6원의 임금을 받는 것이 아니라, 자신의 노동력 가치에 해당하는 3원의 임금만을 받습니다. 총 12시간의 노동 가운데 필요노동 시간인 6시간에 대해서는 임금의 형태로 대가가 지급되지만, 잉여 노동 시간인 나머지 6시간에 대해서는 대가가 지급되지 않는 것입니다. 여기에서 임금형태로 대가가 지급되는 노동을 지불노동이라고 부르고, 대가가 지급되지 않는 노동을 부불노동이라고 부릅니다.[4]

노동력의 가치는 노동의 가치를 결정하며, 또는 화폐적 표현으로 노동의 필요가격을 결정합니다. 다른 한편으로 만약 노동력의 가격이 그 가치로부터 괴리된다면 노동의 가격도 역시 그 가치로부터 괴리됩니다.

노동의 가치라는 것은 노동력의 가치를 나타내는 불합리한 표현에 지나지 않으므로, 노동의 가치가 노동의 가치생산물보다 언제나 적을 수밖에 없다는 것은 자명한 일입니다.

---

[4] 『자본론』, 177~178쪽.

왜냐하면, 자본가는 항상 노동력이 그 자체의 가치 재생산에 필요한 것보다 더 오래 기능하도록 하기 때문입니다. 노동일이 지불되는 부분[즉 6시간 노동]을 대표하는 3원의 가치가 [지불되지 않는 6시간을 포함하는] 전체 12시간 노동일의 가치 또는 가격으로 나타난다는 것을 알고 있습니다. 그리하여 임금형태는 노동일이 필요노동과 잉여노동, 또 지불노동과 부불노동으로 분할된다는 것을 전혀 알아보지 못하게 합니다. 전체 노동이 지불노동으로 나타납니다.

이에 비해 봉건사회에서는 지불노동과 부불노동의 구분이 분명했습니다.

부역노동에서는 사정이 달라, 농노가 자신을 위해 하는 노동과 영주를 위해 하는 강제노동은 공간적으로나 시간적으로나 매우 명확하게 구별됩니다. 노예노동에서는 노동일 중 노예가 자기 자신의 생활수단 가치를 대체하는 부분[즉, 그가 사실상 자기 자신을 위해 노동하는 부분]조차도 주인을 위한 노동으로 나타납니다. 노예의 전체 노동은 지불받지 않는 노동으로 보입니다. 이와는 반대로, 임금노동에서는 잉여노동[즉, 지불받지 않는 노동]까지도 지불받는 노동으로 보입니다. 노예노동에서는 소유관계가 노예의 자기 자신을 위한 노동을 은폐하는데, 임금노동에서는 화폐관계가 임금노동자의 무상노동을 은폐합니다.

이로부터 노동력의 가치와 가격이 임금의 형태로[또는 노동 그 자체의 가치와 가격으로] 전환되는 것이 얼마나 결정적인 의의를 가지는가를 알 수 있습니다. 임노동의 허위의 겉모습만을 표현하는 이 형태는 자본과 노동의 현실적 관계를 은폐하고 그와 정반대되는 관계를 보여줍니다. 이 형태로부터 임금노동자와 자본가의 모든 정의관념, 자본주의적 생산의 모든 신비화, 속류 경제학의 모든 자유주의적 환

상과 모든 허위의 변호론적 속임수 등의 기초가 되고 있습니다.[5]

자본가는 될수록 적은 양의 화폐로써 될수록 많은 노동을 얻으려 합니다. 따라서 실제로 자본가의 관심사는 노동력의 가격과 그것의 기능이 창조해 내는 가치 사이의 차이뿐입니다. 자본가는 모든 상품을 가능한 싸게 사려고 애쓰며, 또 언제나 자신의 이윤의 원천을 가치 이하로 구매하고 가치 이상으로 판매하는 뛰어난 상술로써만 설명합니다. 만약 노동의 가치라는 것이 현실적으로 존재하고 그리고 그가 이 가치를 실제로 지불한다면, 자본이란 것은 존재할 수도 없을 것이며 그의 화폐는 자본으로 전환될 수 없으리라는 것을 그는 도저히 이해하지 못합니다.[6]

---

5 『자본론 I [하]』, 680~682쪽.
6 같은 책 683쪽.

제6편 **임금**

제18장_ 시간급제 임금

　임금 그 자체는 대단히 다양한 형태를 취합니다. 여기에서는 두 가지 기본형태만을 간단히 고찰하고자 합니다. 노동력의 판매는 항상 일정한 기간에 걸쳐 이루어집니다. 따라서 노동력의 하루 가치, 1주의 가치 등등이 직접으로 취하는 전환된 형태는 시간급제 임금의 형태 즉 일급·주급·월급 등등입니다.

　시간급제 임금을 측정하는 단위는 노동 시간의 가격입니다. 즉, 1시간의 노동을 할 경우에 평균적으로 받는 임금입니다. 노동의 평균가격, 즉 일정한 노동량의 화폐가치는 노동력의 하루의 평균 가치를 평균 노동 시간으로 나눈 것입니다. 하루 평균 노동 시간이 12시간이고, 노동력의 하루 가치가 3원이라고 가정합시다. 여기서 1시간 노동 가격은 3/12으로 1/4원입니다. 노동력의 가치가 이처럼 노동의 가치로 전환되면 임금이 노동력의 재생비로서 노동력의 가치라는 의미가 상실하게 되고, 자본이 임의로 초저임금이나 장시간 노동을 통해 착취할 수 있게 해줍니다.

　만약 시간임금이 확정되어 자본가가 일정한 일급 또는 주급을 지불할 의무가 없고 다만 노동자들을 그의 마음에 드는 시간만큼 취업시키고 그 노동시간에 대해서 지불하기만 하면 된다면, 자본가는 원래 시간임금의 산정단위[즉 노동시간의 측정단위]로 되고 있는 시간보다도 짧게 노동자를 노동시킬 수도 있습니다. 이 노동가격의 측정단위는 (노동력의 하루 가치/주어진 시간의 수의 노동일)라는 비율에 의해 결정되므로, 노동일이 자체 속에 명확한 시간수를 포함하게 되자마자 이 측정단위는 물론 모든 의미를 상실하게 됩니다. 지불노동과 부불노동 사이의 관련이 없어집니다.

　이제는 자본가는 노동자의 생존유지에 필요한 정도의 노동시간을 허용하지 않고도 노동자로부터 일정한 양의 잉여노동을 짜낼 수 있습니다. 자본가는 취업의 규칙성을 완전히 무시하고 다만 자신의 편의나 기분 및 순간적 이익에 따라 혹독한 과도노동과 상대적 및 절대적 작업 중단을 번갈아 가면서 야기시킬 수 있습니다. 그는 노동의 정상적 가격을 지불한다는 구실 하에 노동자에게 어떤 상응하는 보상도 없이 노동일을 비정상적으로 연장시킬 수 있습니다.[7]

　노동일이 비정상적으로 연장되면서 시간외 노동과 그에 대한 특별임금(시간외 수당)이 발생했습니다. 이는 노동시간 연장에 따른 노동력의 소모가 노동의 기능시간 증가보다 더 빨리 증대되었습니다. 노동일의 길이에 대한 법적 제한없이 시간급제 임금이 지배하고 있는 많은 산업부분들에서는, 노동일을 일정한 점까지만, 예컨대 10시간이 끝나는 때까지만, 표준적인 것으로 간주하는 관습이 자연발생적으로 생겨난 것입니다. 이 한계를 넘은 노동시간은 시간외가 되며, 보다 나은 시간임금을 받으나 그 크기는 종종 가소로울 정도로 작은 것입니다.[8]

7　『자본론 I [하]』, 688~689쪽.
8　『자본론』, 395~396쪽.

노동자가 하루에 8시간이나 4시간만 일한다면, 그는 하루 임금으로 2원이나 1원만을 받습니다. 노동자가 자신의 노동력의 가치를 재생산하기 위해서는 하루에 3원의 임금을 받아야 하는데, 이 경우에는 그렇지 못합니다. 그래서 노동자는 자신의 노동력을 유지하기 위한 생활필수품을 구입하는 데 어려움을 겪습니다. 이러한 문제는 노동자가 임시직과 같이 불안정한 취업상태에 있을 때 자주 나타납니다.

자본가는 노동자의 생존을 위한 임금이나 적절한 노동 시간을 고려하지 않고 오직 자신의 이윤 추구만을 추구해서 때로는 지나치게 긴 시간의 노동을 요구하고, 때로는 지나치게 짧은 시간의 노동을 요구합니다. 노동시간이 불규칙한 것입니다. 이에 1860년에 런던의 건설 노동자들이 이와 같은 시간임금을 강요하려는 자본가들의 시도에 반대하여 봉기하였습니다. 공장법을 통해 표준노동시간을 법으로 규정한 것은 장시간 노동을 금지할 뿐만 아니라 바로 이러한 불규칙한 노동 시간을 금지하려는 목적도 지니고 있었습니다.

노동일이 긴 산업부문일수록 임금이 더 낮다는 것은 일반적으로 알려진 사실입니다. 이는 1839년에서 1859년까지 20년 동안의 통계조사에 따르면, 10시간 공장법의 적용을 받고 있는 공장들에서는 임금이 상승하였는데, 하루에 14~15시간 작업하는 공장들에서는 임금이 저하하였습니다. 노동의 가격이 일정한 경우 일급 또는 주급은 제공된 노동량에 의존합니다. 노동의 가격이 낮으면 낮을수록 노동자는 비참한 수준의 평균임금이라도 확보하기 위해서라도 노동량을 더욱 늘려야 합니다.

노동자들의 사이의 경쟁과 자본 간의 경쟁을 통해 노동시간의 연장과 노동 가격의 저하가 이루어지는 구조를 설명합니다.

노동의 가격이 낮다는 것이 노동시간을 연장시키는 자극제로 작용합니다. 그러나 반대로, 노동시간의 연장은 또한 노동가격의 저하를 가져오며 따라서 일급 또는 주급의 저하를 가져옵니다. 노동의 가격은 [노동력의 하루의 가치/주어진 시간의 수의 노동력]에 의하여 결정된다는 것으로부터 노동일 연장은 만약에 그에 대한 아무런 보상이 없다면, 그것만으로도 노동가격을 저하시킨다는 결론이 나옵니다. 그러나 [자본가로 하여금 장기적으로 노동일을 연장할 수 있게 하는] 그 동일한 사정이 그로 하여금 증대된 노동시간이 총가격[즉 일급 또는 주급]이 저하될 때까지 노동가격을 저하시킬 수 있게 하며, 결국은 또 그렇게 하도록 합니다. 만약 한 사람이 1$\frac{1}{2}$명 또는 2명분의 일을 수행하면, 시장에서의 노동력의 공급은 일정하더라도 노동의 공급은 증가합니다. 그리하여 노동자들 사이의 경쟁이 자본가로 하여금 노동가격을 저하시킬 수 있게 하며, 노동가격의 저하는 이번에는 그로 하여금 노동시간을 연장할 수 있게 합니다.

그러나 이러한 비정상적인 부불노동량을 마음대로 이용할 수 있는 힘은 얼마 안 가 자본가 자신들 사이에서 경쟁의 원천으로 됩니다. 이것이 경쟁이 초래하는 제1단계입니다. 제2단계는 노동일의 연장에 의하여 조성되는 비정상적인 잉여가치의 적어도 일부분을 역시 상품의 판매가격에서 제외하는 것입니다. 이리하여 경쟁 때문에 비정상적으로 낮은 상품 판매가격이 형성되는데, 그것은 처음에는 간헐적으로 발생하고 그 다음에는 점차 고정화됩니다. 이처럼 형성된 낮은 판매가격이 이제는 거꾸로 과도한 노동시간에 대한 비참한 임금을 확립하는 토대로 됩니다.[9]

런던 빵 제조업자는 두 부류가 있습니다. 그 한 부류는 빵을 제값대

---

[9] 『자본론 함께 읽기』, 396~397쪽.

로 팔고, 또 한 부류는 정상가격 이하의 헐값으로 판매합니다. 제값대로 파는 자들은 헐값으로 파는 경쟁자들을 다음과 같이 고발합니다. 첫째, 그들은 불량빵을 제조하여 소비자들을 기만합니다. 둘째, 그들은 직공들에게 12시간의 임금만을 주고 18시간의 노동을 시킵니다. 그들은 부불노동을 토대로 헐값에 빵을 팔면서 경쟁을 합니다. 그리고 이런 경쟁으로 말미암아 야간노동이 폐지되지 않고 계속 이어지고 있습니다. 헐값으로 빵을 파는 사람들은 자기의 직공들로부터 더 많은 양의 노동을 짜냄으로써 자신의 손실을 보상합니다. 물론 노동자들이 지나친 노동에 대한 임금 지불을 요구하면 이런 문제는 사라질 것입니다. 그러나 이런 빵 제조업체에 고용된 노동자들이 대부분 외국인과 아동들이기 때문에 이들은 낮은 임금이라도 받을 수밖에 없는 처지입니다.[10]

그러나 자본가는 정상적인 노동가격도 일정한 양의 부불노동을 포함하고 있으며, 바로 이 부불노동이 그의 이윤의 정상적인 원천이라는 사실을 모릅니다. 잉여노동시간이라는 범주는 그에게는 일반적으로 존재하지 않습니다. 왜냐하면 잉여노동시간은 표준노동일 속에 포함되어 있으며 이 표준노동일에 대하여 그는 일급으로써 완전히 지불하였다고 생각하기 때문입니다.

특별임금(시간외노동)이 보통의 노동시간의 가격과 마찬가지로 부불노동을 포함되어 있습니다. 예컨대 12시간 노동일의 1시간 가격은 1/4원, 즉 1/2노동시간의 가치생산물이고, 시간외 노동 1시간의 가격은 1/3원, 즉 2/3노동시간의 가치생산물이라고 합시다. 그러면 자본가는 첫째 경우에는 1노동시간 가운데 절반을 무상으로 취득하며, 둘째 경우에는 1/3을 무상으로 취득합니다.

---

[10] 『자본론』, 182쪽.

제6편 **임금**

제19장_ 성과급제 임금

성과급제 임금이 왜 시간급의 전환 형태인지를 봅시다.

시간급제 임금이 노동력의 가치[또는 가격]의 전환된 형태인 것과 마찬가지로 성과급제 임금은 시간급의 전환된 형태 이외의 아무것도 아닙니다. 성과급에서는 얼핏 보아서는 노동자로부터 구매하는 사용가치는 그의 노동력의 기능인 살아 있는 노동이 아니라 이미 생산물에 대상화된 노동인 듯 보이며, 또 이 노동의 가격은 시간제 임금에서와 같이 (노동력의 하루 가치/주어진 시간 수의 노동일이라는) 분수에 의하여 결정되는 것이 아니라 생산자의 작업능력에 의하여 결정되는 듯이 보입니다.

이런 외관에도 불구하고 성과급은 시간급의 변형된 모습에 불과합니다. 보통 노동일이 12시간인데, 그중 6시간은 지불되고 6시간은 지불되지 않는다고 합시다. 이 노동일의 잉여생산물은 6원이고 따라서 1노동시간의 그것은 1/2원이라고 합시다. 또 [평균 정도의 강도와 숙련을 가지고 일하며, 따라서 이 생산물의 생산에 사회적으로 필요한 노동시간만을 소비하는] 노동자가 12시간에 24개의 생산물을 생산한다는 것을 경험적으로 알고 있다고 합시다. 이런 조건하에서는, 이 24

개의 가치는 거기에 포함되어 있는 불변자본 부분을 공제하면 6원이며, 한 개의 가치는 1/4원입니다. 노동자는 한 개당 1/8원을 받으며, 따라서 12시간에 3원을 법니다.

성과급은 시간급과 마찬가지로 불합리합니다. 우리의 예에서는 두 개의 상품은 1노동시간의 생산물로서 거기에 소비된 생산수단의 가치를 제외하면 1/2원이 되는데, 노동자는 그 대가로 1/4원을 받습니다. 성과급은 사실상 어떤 가치관계도 분명하게 표현하지 않습니다. 여기에서 관심사는 상품 한 개의 가치를 거기에 체현된 노동시간에 의해 측정하는 것이 아니라, 반대로 노동자가 수행한 노동이 그가 생산한 개수에 의해 측정한다는 것입니다. 시간급에서 노동은 직접적인 지속시간에 의해 측정되는데, 성과급에서는 노동은 [일정한 지속시간의 노동이 응결된] 생산물의 양에 의해 측정됩니다. 노동시간 자체의 가격은 결국 하루 노동의 가치=노동력의 하루 가치라는 방정식에 의해 결정됩니다. 그러므로 성과급은 시간급의 변형된 형태입니다.

성과급의 특징을 살펴봅시다.

노동의 질이 생산물 자체에 의하여 통제됩니다. 왜냐하면 노동자가 각각의 생산물에 대하여 완전한 보수를 받으려면 그 생산물이 평균적 품질을 가지지 않으면 안 되기 때문입니다. 성과급은 자본가에 의한 임금삭감과 속임수의 가장 풍부한 원천으로 됩니다. 성과급은 자본가들에게 노동강도를 측정하는 가장 확실한 척도를 제공합니다. 자본가에 의하여 미리 정해지며 경험에 의하여 고정되는 일정한 양의 상품에 체화되어 있는 노동시간만이 사회적으로 필요한 노동시간으로 인정되며, 또 그러한 것으로 지불됩니다.[11]

---

[11] 『자본론 I [하]』, 695~698쪽.

성과급은 자본주의적 생산양식에 가장 잘 어울리는 임금형태입니다. 예를 들어 런던의 재봉 공장에서는 저고리와 바지를 각각 1시간과 1/2시간이라고 부르며, 그 1시간은 1/2원으로 계산됩니다. 즉, 경험에 의해 1시간의 평균 생산물이 몇 개인지 거의 결정됩니다. 그래서 만약 노동자가 평균적인 작업 능력을 갖지 못해 하루에 일정한 양의 제품을 생산하지 못하면 해고됩니다.

노동의 질과 강도가 임금의 형태 자체에 의하여 통제되므로 노동에 대한 감독은 대부분의 경우 소용없게 됩니다. 그러므로 성과급은 앞에서 서술한 근대적 가내노동의 토대를 이루며, 또한 착취와 억압의 계층체계의 토대를 이룹니다. 이 계층체계에는 두 개의 기본 형태가 있습니다. 성과급은 한편으로는 자본가와 임금노동자 사이에 기생층이 개입하는 것을 용이하게 하며 이리하여 노동의 하청을 야기합니다. 이 중개인들의 이득은 자본가가 지불하는 노동가격과 이 가격 중에서 중개인이 실제로 노동자에게 넘겨주는 부분과의 차액에서 전적으로 나옵니다. 영국에서는 이 제도를 그 특색을 살려서 고한제도라고 부르고 있습니다.

성과급은 다른 한편으로 자본가로 하여금 두목노동자가 한 개당 얼마라는 식의 계약을 체결할 수 있게 하며, 그 가격으로 두목노동자 자신이 자기의 보조노동자들을 모집하고 그들에게 임금을 지불하게 됩니다. 자본에 의한 노동자의 착취가 여기에서는 노동자에 의한 노동자의 착취를 통하여 실현됩니다.[12]

오늘날 소사장제, 사내 하청, 노동자 파견회사, 건설 현장의 십장제도나 도급제도 등 다양한 중간착취 형태와 똑같습니다.

---

[12] 『자본론 I [하]』, 698~699쪽.

성과급이 실시되는 경우, 노동자가 자기의 노동력을 가능한 집약적으로 발휘하는 것이 자기의 개인적 이익으로 된다는 것은 당연한데, 이것이 자본가로 하여금 노동의 표준강도를 더욱 용이하게 제고시킬 수 있게 합니다.

더욱이 이제는 노동일을 연장하는 것도 역시 노동자의 개인적 이익으로 됩니다. 왜냐하면 그렇게 함으로써 그의 일급 또는 주급이 증대되기 때문입니다.

시간급의 경우에는 약간의 예외를 제외하고는 같은 기능에 대해서는 같은 임금이 지불됩니다. 성과급 노동자의 실제수입은 개별노동자들의 숙련·체력·정력·지구력 등등이 다름에 따라 큰 차이가 생깁니다. 물론 이 때문에 자본과 임금노동 사이의 일반적 관계가 변하는 것은 결코 아닙니다.

그러나 성과급은 개성에 보다 큰 활동의 여지를 줌으로써 한편으로는 노동자들의 개성을, 따라서 그와 함께 그들의 자유감이나 독립심이나 자제심을 발달시키고, 다른 한편으로는 그들 상호간에 경쟁심을 발전시키는 경향이 있습니다. 성과급을 따르는 경우 개인에게는 노동생산성이 높아져 임금이 올라가는 경우도 있지만 그렇지 못한 경우도 있습니다. 따라서 전체로 보면 임금 수준이 높아진다고 할 수는 없습니다.

지금까지 말한 것으로부터, 성과급은 자본주의적 생산양식에 가장 잘 어울리는 임금형태라는 것은 분명합니다. 성과급은 결코 새로운 것은 아니지만—그것은 시간급과 함께 14세기의 프랑스와 영국의 노동법령에 공식적으로 규정되어 있습니다— 그것이 처음으로 광범위한 부문에 적용된 것은 진정한 매뉴팩쳐 시대의 일입니다. 대공업의 질풍노도 시대, 특히 1797년부터 1815년까지는 성과급은 노동일 연장

과 임금인하를 위한 지렛대로 이용되었습니다.[13]

공장법의 적용을 받는 작업장들에서는 자본은 노동일을 다만 내포적으로 확대할 수 있기 때문에 성과급이 통례로 되어 있습니다.

노동생산성의 변동에 따라 동일한 생산물량이 표현하는 노동시간도 달라집니다. 그러므로 성과급의 수준도 또한 달라집니다. 왜냐하면 그것은 [생산물 한 개당 생산에 소요되는] 노동시간의 가격표현이기 때문입니다. 성과급 수준은 동일한 시간에 생산되는 개수가 증가하는 것과 같은 비율로, 따라서 같은 한 개의 소요되는 노동시간이 감소되는 것과 같은 비율로 저하합니다. 이와 같은 성과급의 수준변동은, 그 자체로서는 순전히 명목적이긴 하지만, 자본가와 노동자 사이에 끊임없는 투쟁을 불러일으킵니다. 왜냐하면, 자본가가 노동가격을 실제로 인하하기 위한 구실로 이것을 이용하기 때문이거나 또는 노동생산성의 증대는 노동강도의 증대를 수반하기 때문입니다. 또는 노동자가 성과급의 외관을 진실이라고 믿고 상품 판매가격의 인하가 수반되지 않는 임금인하에 반항하기 때문입니다.

---

[13] 『자본론 I [하]』, 699~702쪽.

제6편 **임금**

제20장_ 임금의 국민적 차이

  서로 다른 나라들의 임금을 비교할 때에는 노동력 가치의 크기의 변동을 규정하는 모든 요소들을 고려에 넣어야 합니다.
  즉 [자연적으로 그리고 역사적으로 발전된] 주요 생활필수품의 가격과 범위, 노동자의 육성비, 여성노동과 아동노동의 역할, 노동생산성, 노동의 외연적 및 내포적 크기 등이 그것입니다. 가장 피상적인 비교를 위해서도 우선 각국에서의 같은 산업의 하루 평균임금을 같은 길이의 노동일에 대한 것으로 환원할 필요가 있습니다. 이와 같이 하루의 임금을 조정한 다음 시간급을 성과급으로 환산하여야 합니다. 왜냐하면 성과급이 노동생산성이나 노동강도에 대한 척도로 되기 때문입니다.
  각각의 나라에는 일정한 평균적 노동강도가 있는데, 이 평균강도보다 낮은 노동은 일정한 상품의 생산에 사회적으로 필요한 시간보다 더 많은 시간을 소비하게 되며, 따라서 정상적인 질의 노동으로 간주되지 않습니다. 주어진 나라에서는 국민적 평균수준보다 높은 강도만이 노동시간의 단순한 길이에 의한 가치의 측정을 변경시키게 됩니다.

그러나 [개개의 나라들이 그 구성부분으로 되어 있는] 세계시장에서는 사정이 달라집니다. 평균적 노동강도는 나라에 따라 다르며, 어떤 나라에서는 높고 어떤 나라에서는 낮습니다. 그러므로 이러한 국민적 평균들은 하나의 등급을 이루는데, 그것의 측정단위는 전세계적 노동의 평균강도입니다. 따라서 강도가 보다 높은 국민노동은 강도가 보다 낮은 국민노동에 비하여 같은 시간에 보다 큰 가치를 생산하며, 이 가치는 보다 많은 화폐량으로 표현합니다.[14]

세계적 평균강도가 성립되지 않고 국민적 평균강도의 등급이 그대로 남는다는 것이 가치법칙의 첫 번째 수정입니다. 이 의의는 노동강도가 신흥국 또는 제3세계보다 상대적으로 더 높은 선진국의 노동이 더 높은 가치로 평가된다는 점입니다. 이는 자본주의적 발달이 더 이루어진 중심부 국가와 그렇지 않은 (반)주변부 나라 간의 국제무역에서 부등가교환의 한 원인이 됩니다.

가치법칙이 국제적으로 적용되는 경우에는 다음과 같은 사정에 의하여 더욱 수정됩니다. 즉 세계시장에서는 보다 생산적인 국민이 경쟁으로 말미암아 그들 상품의 판매가격을 그 가치수준으로 인하시키지 않을 수 없게 되지 않은 한, 보다 생산적인 국민적 노동은 보다 강도가 높은 노동으로서 계산된다는 사정이 바로 그것입니다.

나라들 사이의 노동생산성 차이가 노동 강도의 차이로 전환된다는 가치 법칙의 두 번째 수정은 가치법칙의 중요한 수정입니다.

이런 전환이 일어나는 것은 나라들 간 자본 이동 제한 등 여러 요인으로 자본 간 경쟁이 제한될 경우 나라들 사이의 노동생산성 차이로 생긴 특별잉여가치가 사라지지 않고 그대로 존속되기 때문입니다. 한

---

[14] 『자본론 I [하]』, 706~707쪽.

나라 안에서는 자본 간 경쟁에 제한 없고, 따라서 노동생산성 차이로 인한 특별잉여가치는 일시적으로만 존재하며 조만간 자본 간 경쟁을 통해 사라지기 때문에 노동생산성의 차이가 노동 강도의 차이 즉 가치의 차이로 전환되지 않습니다. 이 가치법칙의 수정이 갖는 의의는 생산력이 발달해 노동생산성이 높은 선진국이 그렇지 못한 나라들 간의 노동생산성 격차가 곧 가치의 차이로 이어진다는 점입니다. 노동생산성은 가치형성과 아무 관련이 없는데, 노동생산성의 차이가 노동 강도의 차이, 즉 가치형성의 차이로 전환되기 때문입니다. 이는 첫 번째 수정보다 국제무역에서 부등가교환의 더 큰 원인이 됩니다.[15]

  어떤 나라의 국민적 노동 강도와 노동생산성은 그 나라의 자본주의적 생산이 발전하면 할수록 그만큼 국제적 수준 이상으로 상승합니다. 따라서 상이한 나라들에서 같은 노동시간에 생산되는 같은 종류의 상품의 상이한 양은 서로 다른 국제가치를 가지는데, 그 가치는 상이한 가격[즉 국제가치의 차이에 따라 상이한 화폐액]으로 표현됩니다. 따라서 화폐의 상대적 가치[화폐가 구매할 수 있는 노동시간]는 자본주의적 생산양식이 더 발전한 나라에서는 덜 발전한 나라에서보다 더 작을 것입니다. 이로부터 명목임금[즉 화폐로 표현된 노동력의 등가]은 전자의 경우가 후자의 경우보다 더 높으리라는 결론이 나옵니다. 그러나 이것은 결코 실질임금[즉 노동자가 처분할 수 있는 생활수단의 양]도 더 크다는 것을 의미하지는 않습니다.
  그러나 상이한 나라들에서의 화폐가치의 이러한 상대적 가치를 도외시하더라도, 하루의 임금, 주임금 등은 발전국이 저발전국보다 더 높지만, 노동의 상대적 가격[즉 잉여가치 및 생산물 가치에 비한 노동

---

[15] 『자본론 함께 읽기』, 407쪽.

가격]은 저발전국이 발전국보다 더 높은 것을 흔히 볼 수 있습니다.[16]

국민국가를 경계로 자본과 노동의 이동이 제한되는 등의 문제 때문에 세계시장의 경쟁이 제한된다는 사정은 세계적 차원의 가치법칙 수정을 만들어냅니다. 이런 가치법칙의 국제적 수정이 지닌 현실적 의미는 나라들 간 자본주의적 생산 발달의 차이, 그로 인한 노동강도와 노동생산성의 차이가 국제무역에서 부등가교환의 원천이 된다는 것입니다.

부등가교환에 대한 종속이론의 논리를 살펴봅시다.

16세기 이래 세계시장 발전의 충격을 받은 서유럽 이외 지역의 대부분이 서구 선진 국가들의 종속 경제권에 편성되어버렸다는 홉스봄의 인식을 프랑크(Frank, A. G.)는 저개발은 본질적으로 자본주의의 산물이다는 주제로 발전시키고, 이것을 이론적·실증적으로 확인한다는 근대적 발전과 그 위성국에서의 저개발의 발전을 동시에 낳은 관계들이 근대 세계사의 본질이기 때문에 저개발 원인 구명은 무엇보다도 중심국 발전의 구명도 됩니다. 그러한 의미에서 재검토하게 되었지만 프랑크가 스위지의 견해(자본주의 이행 논쟁에서 봉건제 붕괴 원인은 외적인 요인인 상업의 발전에서 찾음)에 가까운 것은 쉽게 추측될 것입니다.[17]

종속이론은 서구적 시각인 근대화론과는 달리 제3세계에 속하는 남미의 발전경험의 시각이라는 점과 그 분석틀이 근대성의 확산이 아니라 저발전의 형성이라는 점에 주요 관심을 두고 있습니다. 종속이론은 1950년 말에서 1960년대에 기존의 발전론인 서구의 근대화이론에

---

16 『자본론 I [하]』, 707~708쪽.
17 한국사회연구소 편, 『사회과학사전』, 풀빛, 1990, 474쪽. 이하 이 저서에 대한 인용문은 『사회과학사전』으로 약함.

반발, 남미사회의 특수한 역사적 경험과 현실생활에 바탕을 두고 저개발에 대한 원인 규명과 발전의 대안을 제시하고자 한 이론입니다.

근대화론은 자본주의 경제의 팽창은 비제국주의적이며 정치적 지배와는 분리되어 있다고 보고 서구적 경험에 입각하여 경제성장은 민주주의의 신장과 일치한다고 주장합니다. 이와는 반대로 종속이론은 대체로 마르크스주의적인 전통에서 친사회주의적인 발전 방식을 취하고 있습니다. 또한 불균등한 국제체제 내의 국가 간의 갈등적인 상호작용을 전제로 하여 자본주의경제의 팽창을 제국주의적인 정치적 지배와 직접적인 연관이 있다고 주장합니다.

고전적인 제국주의론은 종속이론의 사상적 토대라고 할 수 있습니다. 홉슨(J. Hobson), 레닌 등 고전적 제국주의 이론가들은 이미 선진자본주의국가의 경제적 팽창과 후진국 경제 사이의 관계에 대하여 논의하였습니다. 그러나 이들의 관점은 중심부적 시각을 가진 것으로 분석의 단위도 세계자본주의체제가 아니라 특정 국가들에 한정되어 있었습니다. 또한 발전과 저발전을 시간의 연속선상에 위치하는 선후 문제로 간주하여 선진국을 후진국의 미래상으로 설정하는 등 오늘날의 종속이론과는 상당한 시각 차이를 보여주고 있습니다.

종속이론은 내부에서 다양한 흐름들이 있으나 대부분의 종속이론가들에게 어느 정도 공유하고 있는 이론적 시각을 추출하면 다음과 같습니다.

첫째, 제3세계의 저발전의 원인을 이들 국가의 전통적이고 후진적인 부문의 탓으로 돌리고 그 해결책으로 근대적인 서구 자본주의 경제모델의 도입을 주장하는 근대화이론의 이중경제론을 비판하고 저개발의 원인을 세계 자본주의 체제 자체에서 찾고 있습니다. 둘째, 세계 자본주의는 선진국들로 구성된 중심과 저개발국들로 구성된 주변으로 분할되고 있고 중심의 발전과 주변의 저발전을 세계 자본주의 체제의 전개라는 동일한 역사적 과정의 상이한 두 측면으로 보고 있습니다. 셋째, 중심의 발전과 주변의 저발전을 동시적으로 진행시키는 메카니즘을 국제적으로 불균등한 교환관계에 의한 주변으로부터 중심으로의 잉여이전에서 찾았다는 점 등입니다.

왈러스타인(Wallerstein. I.)의 세계체계이론은 종속이론의 심화, 확장에 지대한 역할을 하였습니다. 그에 따르면 세계체계는 16세기에 발생하였으며, 그 중요한 특징은 경제적으로 통일체를 형성하면서도 정치적으로는 독립되어 있다는 것입니다. 세계체계는 세 가지 층의 국가군으로 구성되어 있는 것으로 보는데 서구의 소수 중심국가와 반주변국가 그리고 이 양자의 중간에 위치하는 반주변 국가가 그것입니다. 그의 반주변 범주 설정은 종속이론의 특성인 중심과 주변이라는 단층적 관계보다 세계체계의 다층적 관계를 강조하는 것이며, 또한 세계 계층 체계의 양극화를 완화시키는 안전장치를 보여주고자 한 것이라 할 수 있습니다.

그러나 주변부 자본주의론의 입장은 마르크스주의(독점자본주의론)로부터 다음과 같은 비판을 받습니다. 첫째, 주변부 자본주의론은 중심-주변관계라는 외적 모순에 집착하여, 외적 모순을 기본모순으로 파악하거나 내적 모순(계급적 지배-착취 관계)의 인식을 모호하게 만듭니다. 둘째, 기본계급으로서의 노동계급에 대한 인식이 불철저하고, 그 결과 도시빈민이나 비공식부문, 주변계급 등을 과도하게 강조하는데 이것은 노동계급의 헤게모니를 부정한 채 사회경제적 지위가 열악한 계층 모두가 변혁주체로 등장할 수 있다는 개량주의적 논리를 낳을 가능성이 있습니다. 셋째, 주변부자본주의론은 외적 모순관계에 집착하여, 계급모순을 민족모순으로 환원시키는 민족모순 환원론적 경향을 배태할 수 있으며, 또한 민족모순에 대한 대항 주체로서 상정되는 민중 파악에서 미분화된 민중 일반을 상정함으로써 민족 문제 역시 계급적 주체에 의해 그 해결이 담보될 수 있다는 사실을 간과하게 만든다는 점입니다.[18]

---

[18] 『사회과학사전』, 519~521쪽.

제7편

자본의 축적과정

제21장_ 단순재생산

제22장_ 잉여가치의 자본으로의 전환

제23장_ 자본주의적 축적의 일반법칙

제7편 자본의 축적과정

    자본의 유통은 유통과정과 생산과정을 연속으로 통과하는 순환 운동입니다.
    일정한 화폐액이 생산수단과 노동력으로 전환되는 것은 자본으로서 기능하려는 가치량이 겪는 첫 번째 국면입니다. 이 전환은 시장 즉 유통분야 안에서 수행됩니다. 두 번째 국면[즉 생산과정]은 생산수단이[그 구성부분의 가치 이상의 가치를 가지는] 상품—최초에 투하된 자본 외에 잉여가치를 포함하는 상품—으로 전환됨으로써 끝납니다. 이 상품은 그 다음에 다시 유통분야에 투입되어야 합니다. 그것이 판매되어 그 가치가 화폐로 실현되고, 이 화폐가 다시 자본으로 전환되는 동일한 과정이 끊임없이 되풀이될 필요가 있습니다. 동일한 국면들을 순차적으로 끊임없이 통과하는 이 순환운동이 자본의 유통을 이룹니다. 자본의 유통은 유통과정과 생산과정을 연속으로 통과하는 순환 운동입니다.[1] 이 자본의 유통에서 잉여가치를 자본으로 사용하

---

1 『자본론 I [하]』 714쪽.

는 것 즉 잉여가치를 자본으로 재전환시키는 것을 자본축적이라고 합니다.

축적과정을 정확하게 분석하기 위해서 추상력을 발휘하는 것입니다. 자본이 자기의 유통과정을 정상적으로 통과한다고 전제합니다. 생산된 잉여가치는 분배과정에서 이윤·이자·상업이윤·지대 등으로 분할되는데, 잉여가치의 분할이 축적과정에 아무런 영향을 미치지 않는다고 전제합니다.

유통과정과 분배과정의 교란요인을 무시하고 자본의 축적과정에 대해 추상적으로 [즉, 직접적 생산과정의 단순한 하나의 계기로] 고찰한다는 것을 미리 밝히고 있습니다. 이런 전제조건은 자본주의적 축적의 일반법칙이 자본축적의 현실에 대한 역사적 서술이 아니라 유통과 분배에 의한 교란을 배제한 자본주의적 축적의 경향 법칙이라는 것을 의미합니다.

제7편 **자본의 축적과정**

제21장_ 단순재생산

생산과정은 그 사회적 형태가 어떠하든 연속적이어야 하며 주기적으로 동일한 국면들을 끊임없이 통과하여야 합니다. 사회가 소비를 멈출 수 없는 것과 마찬가지로 생산도 역시 멈출 수 없습니다. 그러므로 어떠한 사회적 생산과정도 그것을 연속된 전체로서, 끊임없는 갱신의 흐름으로서 고찰할 때에는, 그것은 동시에 재생산과정입니다.

생산의 조건은 동시에 재생산의 조건입니다.
어떤 사회도 그 생산물의 일정한 부분을 끊임없이 생산수단[즉 새로운 생산물의 요소]으로 재전환하지 않고서는 생산을 계속할 수 없습니다. 즉 재생산이 불가능합니다. 다른 사정이 변화가 없는 한, 사회가 그 부를 같은 규모로 재생산 또는 유지하기 위해서는 예컨대 1년이라는 기간에 소비된 생산수단[즉 노동수단이나 원료나 보조재료]을 동량의 신품으로 보전하여야만 하는데, 그것에 해당하는 양은 연간의 생산량에서 분리되어 다시 생산과정으로 들어가야 합니다. 그러므로 연간 생산물의 일정량은 생산을 위한 것입니다. 처음부터 생산적 소비에 예정된 이 부분은 대개는 그 생산물의 성질 때문에 개인적 소비에는 전혀 부적합한 현물형태로 존재합니다.

자본주의적 생산양식에서는 노동과정이 가치증식과정을 위한 하나의 수단에 지나지 않는 것과 마찬가지로, 재생산도 또한 투하된 가치를 자본[즉 자기증식하는 가치]으로 재생산하는 하나의 수단에 지나지 않습니다. 자본가치의 주기적 증가분인 잉여가치는 자본에서 생기는 수입의 형태를 취합니다. 이 수입이 자본가에게 소비재원으로서만 이용된다면, 그리고 그것이 손에 들어오는 대로 주기적으로 소비된다면, 기타의 조건이 같은 경우에는 단순재생산이 일어납니다. 그런데 단순재생산은 이전과 같은 규모에서의 생산과정의 단순한 반복이기는 하나, 이 단순한 반복성 또는 연속성은 생산과정에 대하여 새로운 특징을 부여하거나 또는 고립적인 과정인 것처럼 보이는 외관상의 일부 특징을 없애 버립니다. 생산수단과 노동력의 규모는 이전 상태로 그대로 유지하는데, 이것을 단순 재생산이라고 합니다.

일정한 기간의 노동력의 구매는 생산과정의 출발점입니다.

이 출발점은 노동력을 구매한 기간이 끝나고 따라서 일정한 생산기간이 지나면 끊임없이 갱신됩니다. 그러나 노동자는 자기의 노동력을 지출해서 노동력의 가치와 함께 잉여가치를 상품의 형태로 실현한 후에 비로소 지불을 받습니다. 따라서 노동자는 잉여가치뿐만 아니라 가변자본까지도, 가변자본이 임금의 형태로 자기에게 돌아오기 전에, 생산하고 있습니다. 또 그는 그 가변자본을 끊임없이 재생산하는 동안만 고용됩니다. 노동자에게 임금의 형태로 되돌아오는 것은 그에 의해서 끊임없이 재생산되는 생산물의 한 부분입니다. 자본가는 노동자에게 이 상품가치를 물론 화폐로 지불하지만, 이 화폐는 그의 노동생산물의 전환된 모습에 지나지 않습니다.

화폐형태 때문에 생겨나는 환상은 개별 자본가와 개별 노동자 대신에 자본가 계급과 노동자 계급을 전체적으로 고찰하기만 하기만 하면 곧 사라지고 맙니다. 즉 자본가 계급은 노동자 계급에게 후자가 생산하고 전자가 취득한 생산물의 일정한 부분에 대한 청구서를 화폐형태로 끊임없이 교부합니다. 노동자들은 이 청구서를 마찬가지로 끊임없이 자본가 계급에게 되돌려 주고, 그 대신에 자기 자신의 생산물 중에서 자기의 몫으로 되는 부분을 받습니다. 거래의 이와 같은 진정한 성격은 생산물의 상품형태와 상품의 화폐형태에 의하여 은폐되고 있습니다.[2]

노동자계급 전체가 자본가 계급과 관련된 하나의 매점(company store) 안에 있는 것과 같은 모습입니다.

노동자들은 자신들이 판매한 노동력의 댓가로 화폐로 받은 다음 그들이 집단적으로 생산한 상품 가운데 일부를 구매하기 위해 이 화폐를 다시 지출합니다. 이 매점관계는 임금제도에 의해 은폐되어 있고, 개별노동자들에게만 초점을 맞춘 분석을 통해서는 파악될 수 없습니다. 가변자본의 의미는 여기에서 또 한 번 왜곡됩니다. 사실 자본가의 관점에서 보면 노동자의 신체는 자본의 일부를 유통시키는 중간수단에 지나지 않습니다. 노동자는 C-M-C의 과정 속에 있습니다. 그런데 이제 우리는 이것을 단순한 직선적 관계로 보는 대신, 연속적이고 순환하는 것으로 보아야만 합니다. 자본 가운데 일부는 노동자들이 상품 속에 가치를 응결시키고, 화폐임금을 받은 다음 그 화폐를 상품에 지출하여 자신을 재생산하고 다시 돌아와서 다음날 더 큰 가치를 상품 속에 응결시키는 과정을 계속 따라가면서 함께 흘러갑니다. 노동자들은 가변자본을 이런 방식으로 계속 유통시킴으로써 계속 살아갑니다.[3]

---

2 『자본론 I [하]』, 717~719쪽.
3 『맑스 자본 강의』, 447쪽.

가변자본이란 노동기금이 취하는 특수한 역사적 현상형태에 불과합니다.

따라서 가변자본이란[노동자가 자기 자신과 자기 가족을 유지하는 데 필요하고 또 어떠한 사회적 생산체제에서도 그가 언제나 생산하고 재생산하여야만 하는] 생활수단을 제공하는 재원 즉 노동기금이 취하는 특수한 역사적 현상형태에 불과합니다. 노동기금이[노동자의 노동에 대하여 지불하는] 화폐의 형태로 끊임없이 그의 수중으로 들어오는 것은 노동자 자신의 생산물이 자본의 형태로 끊임없이 그로부터 떨어져 나가기 때문입니다. 그러나 노동기금의 이와 같은 현상형태는, 자본가가 노동자에게 지불하는 것은 노동자 자신의 노동이 대상화된 것[예: 생산물, 화폐]이라는 사실을 조금도 변경시키지 않습니다.[4]

가변자본이 노동자계급 자신이 생산한 노동기금에 지나지 않습니다. 봉건영주에게 강제부역을 제공하는 농민은 자기의 생산수단을 가지고 자기의 경작지에서 예컨대 1주에 3일간 일합니다. 1주의 나머지 3일간은 영주의 토지에서 부역노동을 합니다. 그는 끊임없이 자기 자신의 노동기금을 재생산하지만, 이 노동기금은 결코 노동에 대가로 타인에 의하여 제공되는 화폐적 형태를 취하지 않습니다. 그 대신에 영주를 위한 부불강제노동도 결코 자발적인 지불노동이라는 성격을 얻지 못합니다. 자본주의적 생산과정을 그 끊임없는 갱신의 흐름 속에서 고찰하기만 하면, 가변자본이 자본가 자신의 재원에서 투하되는 가치라는 성격을 상실하고 맙니다. 그러나 이 과정은 어떤 종류의 시초를 가지고 있었음에 틀림없습니다.

왜냐하면, 우리의 지금까지의 관점에서 보면, 자본가는 옛날 타인의 부불노동과는 상관없이 이루어진 어떤 형태의 시초축적에 의하여

---

4 『자본론 I [하]』 719~720쪽.

화폐를 소유하게 되었고, 이리하여 노동력의 구매자로서 시장에 나타날 수 있었다는 것이 믿음직한 일로 보이기 때문입니다. 자본주의적 생산과정은 단순한 연속[즉 단순재생산]은 가변자본뿐만 아니라 총자본에 대한 관념을 현저하게 변혁시킵니다.

자본 1,000원의 사용에 의하여 매년 생산되는 잉여가치가 200원이라고 하고 또 이 잉여가치가 매년 소비된다고 하면, 5년 동안 소비된 잉여가치액은 200×5, 즉 최초에 투하된 1,000원과 같이 될 것이라는 것은 명백합니다. 투하된 자본가치를 매년 소비되는 잉여가치로 나누면 최초로 투하된 자본이 자본가에 의하여 소비되어 없어지는 데 걸리는 연수[또는 재생산 연수]가 나옵니다. 자본가는 자기는 타인의 부불노동의 생산물[즉 잉여가치]만을 소비하고 최초의 자본가치에는 손을 대지 않는다고 생각하더라도, 그의 생각은 절대로 이 사실을 변경시킬 수 없습니다. 그의 수중에 있는 자본은 그 크기가 변하지 않고 있으며, 또 이 자본의 일부[즉 건물, 기계 등등]는 그가 사업을 착수할 당시에 이미 존재하고 있었다는 것은 사실입니다. 자본가가 자기의 최초 자본의 등가를 소비하였다면, 그가 가지고 있는 현재 자본의 가치는 그가 무상으로 취득한 잉여가치 총액을 대표할 따름이며, 거기에는 그의 최초 자본의 가치는 조금도 존재하지 않습니다.

따라서 축적이라는 것을 전혀 무시하더라도, 생산과정의 단순한 연속[즉 단순재생산]은 조만간에 필연적으로 모든 자본을 축적된 자본으로, 즉 자본화된 잉여가치로 전환시켜 버립니다. 그 자본이 원래는 그것의 사용자 자신이 몸소 노동해서 번 것이었다고 하더라도, 그것은 조만간에 어떠한 등가도 없이 취득한 가치, 즉 타인의 부불노동이 대상화된 것-화폐형태로든 또는 다른 형태로든-으로 되는 것입니다.[5]

---

5 『자본론 I [하]』, 721~722쪽.

우리의 법률적 상부구조는 원래의 소유권을 보존하고 이 권리를 사용하여 이윤을 얻을 수 있는 권리도 함께 보존하는 것을 엄격하게 지지합니다. 그러나 그런 권리는 잉여가치를 뽑아내고 그 처분권을 유지하려는 자본의 계급적 힘에서 비롯된 것인데, 이는 노동력이 특수한 역사적 과정을 통해 노동시장에서 사고파는 상품이 되었기 때문입니다. 자본주의를 분석하기 위해서는 소유권에 대한 전반적 인식[즉 사람들이 권리와 재산에 대해 어떻게 생각하는지]은 물론 잉여가 자본에 의해 창출되어 수탈되는 물적 과정에 대해서도 분석할 필요가 있습니다.[6]

총자본의 성격에서 단순재생산의 경우 자본주의적 생산양식이 상품이나 잉여가치를 재생산하면서 동시에 자본가와 노동자의 생산관계도 재생산합니다.
화폐를 자본으로 전환시키기 위해서는 상품생산과 상품유통의 존재만으로써는 불충분하며, 한편에는 가치 또는 화폐의 소유자가, 다른 한편에는 가치를 창조하는 실체의 소유자가, 다시 말하면, 한편에는 생산수단과 생활수단의 소유자가, 다른 한편에는 노동력만을 가진 자가 서로 구매자와 판매자로 대면하는 것이 필요합니다. 따라서 노동생산물과 노동 그 자체 사이의 분리, 객체적 노동조건과 주체적 노동력 사이의 분리가 자본주의적 생산과정의 현실적 토대이며 출발점입니다.
그런데 최초에는 출발점에 불과하였던 것이 과정의 단순한 연속[즉 단순재생산]에 의하여 자본주의적 생산의 특징적인 결과[끊임없이 갱신되고 영구화되는 결과]로 됩니다. 한편으로, 생산과정은 물질적 부를 자본으로, 그리고 자본가를 위한 가치증식수단과 향락수단으로 끊임없이 전환시킵니다. 다른 한편으로, 노동자는 언제나 그가 생산과

---

[6] 『맑스 자본 강의』, 450쪽.

정으로 들어갈 때와 같은 —즉 부의 인적 자원이기는 하지만 이 부를 자기 자신의 것으로 만들 모든 수단을 박탈당한 모습으로— 그 과정에서 나옵니다.

생산과정에 들어가기 전에 노동자 자신의 노동은 그의 노동력의 판매에 의하여 이미 자신으로부터 소외되었고, 자본가에 의하여 취득되어 자본에 합체되었기 때문에, 그의 노동은 이 과정이 진행되는 동안 끊임없이 타인의 생산물에 대상화되는 것입니다. 생산과정은 또한 자본가가 노동력을 소비하는 과정이기 때문에, 노동자의 생산물은 끊임없이 상품으로 전환될 뿐만 아니라 자본으로 —즉, 노동자의 가치창조력을 빨아먹는 가치로, 노동자인 사람을 구매하는 생활수단으로, 생산자를 지배하는 생산수단으로— 전환됩니다. 그리하여 노동자 자신은 객체적인 부를 자본[즉 그를 지배하며 착취하는 외부의 힘]의 형태로 끊임없이 생산하며, 자본가는 노동력을 부의 주체적 원천의 특수한 형태—노동자의 신체 속에 있을 뿐이며, 그 자신을 대상화하고 실현할 모든 수단으로부터 분리되어 있는 추상적인 원천—로 끊임없이 생산합니다. 간단히 말하면, 자본가는 노동자를 임금노동자로서 생산합니다. 노동자의 끊임없는 재생산 또는 영구화는 자본주의적 생산의 필수조건입니다.[7]

노동자의 소비에는 두 가지 종류가 있습니다.

생산하는 동안 그는 자기의 노동에 의하여 생산수단을 소비하여 그것을[투하자본이 가치보다 큰 가치로] 생산물로 전환시킵니다. 이것은 그의 생산적 소비입니다. 이것은 동시에 그의 노동력을 구매한 자본가에 의한 그의 노동력의 소비입니다. 다른 한편으로, 노동자는 그의 노

---

[7] 『자본론 함께 읽기』, 416~417쪽.

동력의 대가로서 지불받은 화폐를 생활수단의 구매에 지출합니다. 이것은 그의 개인적 소비입니다. 따라서 노동자의 생산적 소비와 개인적 소비는 서로 전혀 다른 것입니다. 전자에서는 그는 자본의 동력으로서 기능하며 자본가에게 속합니다. 그러나 후자에서는 그는 자기 자신에게 속하며 생산과정 밖에서 생활상의 기능을 수행합니다. 전자의 결과는 자본가의 생존이고, 후자의 결과는 노동자의 자신의 생존입니다.

개별 자본가나 개별 노동자가 아니라 자본가 계급과 노동자 계급 측면에서, 완전히 발달한 자본주의적 생산 측면에서 그 실제의 사회적 규모에서 고찰하면, 사태의 면모는 달라집니다. 노동자 개인적 소비를 이야기해봅시다.

자본가는 자기 자본의 일부를 노동력을 전환시킴으로써 자기의 총자본가치를 증식시킵니다. 그는 하나의 돌로써 두 마리의 새를 잡습니다. 그는 노동자로부터 받는 것에 의해서 뿐만 아니라 노동자에게 주는 것에 의해서도 이익을 봅니다. 노동력과의 교환으로 지출된 자본은 생활수단으로 전환되며, 그것의 소비에 의하여 현존 노동자들의 근육·신경·골격·뇌수가 재생산되고 새로운 노동자들이 생산됩니다. 따라서 절대적으로 필요한 범위의 개인적 소비에 관해 말한다면, 노동자계급의 개인적 소비는 [노동력과의 교환으로 자본이 양도한] 생활수단을 [자본이 착취할 수 있는] 새로운 노동력으로 재전환시키는 것에 불과합니다. 그것은 자본가의 가장 필요불가결한 생산수단인 노동자 자신의 생산이며 재생산입니다.

그리하여 노동자의 개인적 소비는, 그것이 작업장 또는 노동과정의 내부에서 이루어지느냐 하는 것과는 관계없이, 자본의 생산 및 재생산의 한 요소를 이루고 있는데, 이것은 마치 기계의 청소가 자본의 생산과 재생산의 한 요소인 것과 같습니다. 노동자 계급의 유지와 재생산은 언제나 자본의 재생산에 필요한 조건입니다. 그러나 이 조건의 충족을 자본가는 안심하고 노동자의 자기유지 본능과 생식본능에 맡길 수 있습니다. 자본가가 배려하는 것은 다만 노동자들의 개인적 소비를 필요한 최소한도로 축소시키는 것뿐입니다.

따라서 사회적 관점에서 보면 노동자 계급은 심지어 직접적인 노동과정 밖에서까지도[보통의 생명없는 노동도구와 마찬가지로] 자본의 부속물입니다. 노동자들의 개인적 소비까지도 일정한 한계 내에서는 자본의 재생산과정의 한 계기에 불과합니다. 노동자들의 개인적 소비는 한편으로는 그들의 유지와 재생산을 보장하고 다른 한편으로는 생활수단을 소멸시킴으로써, 그들을 노동시장에 끊임없이 다시 나타나도록 만듭니다. 로마의 노예는 쇠사슬로 얽매여 있었지만, 임금노동자는 보이지 않는 끈에 의해서 그 소유자에게 얽매여 있습니다. 그가 독립적인 존재인 것처럼 보이는 외관은 개별 고용주들이 끊임없이 바뀐다는 것과 계약이라는 법적 허구에 의하여 유지되고 있습니다.[8]

분업과 기계제를 다룬 앞의 장들에서 우리는 노동자가 노동과정 내에서 어떻게 자본의 부속물로 필연적으로 전화하게 되는지를 보았습니다. 이제 여기에서는 노동자가 시장과 가정에서도 자본의 부속물로 전화하게 되는지를 보게 됩니다. 이것이 가변자본의 유통이 지니는 참된 의미입니다. 즉 자본은 노동자의 신체를 통해 유통하고 노동자를 자본을 재생산하는 능동적 주체로 재생산하는 것입니다. 그런데 노동자는 단지 한 사람의 개인으로만 재생산되어야 하는 것이 아닙니다. 노동자계급의 끊임없는 유지와 재생산은 자본의 재생산을 위한 지속적인 조건입니다.

자본가들이 실제로 노동력을 자본의 소유물로 보는 견해를 지니고

---

8 『자본론 I [하]』 723~726쪽.

있음을 보여주는 두 사례를 듭니다. 과거에는 자본은 자유로운 노동자에 대한 자기의 소유권을 행사하기 위하여 필요할 때에는 언제나 강제법에 의거하였습니다. 1815년까지 영국 기계 제조 노동자들의 국외 이주가 무거운 형벌로 금지되고 있었다는 사실입니다. 1860년대 초 공황으로 인한 대량실업이 면공업에서 발생했을 때, 노동자 계급과 여러 사회계층에서 영국의 식민지나 미국으로 과잉노동자를 이주시킬 필요성에 대해 주장했으나, 자본가 계급의 반대로 무산된 점입니다.

그리하여 자본주의적 생산은 그 자신의 진행에 의하여 노동력과 노동조건 사이의 분리를 재생산합니다. 그럼으로써 그것은 노동자를 착취하기 위한 조건을 재생산하고 영구화합니다. 그것은 끊임없이 노동자로 하여금 살기 위해서는 자기의 노동력을 팔지 않을 수 없도록 강요하며, 또 끊임없이 자본가로 하여금 부유해지기 위하여 노동력을 살 수 있게 합니다. 자본가와 노동자가 상품시장에서 구매자와 판매자로서 대면하는 것은 이제는 벌써 단순한 우연이 아닙니다. 생산과정 자체가 노동자를 끊임없이 노동자 자신의 생산물을 타인[자본가]이 노동자를 구매할 수 있는 수단으로 전환시킵니다. 사실, 노동자는 자기 자신을 자본가에게 팔기 전에 이미 자본에 속해 있습니다. 그의 경제적 예속은 자발적 자기 판매의 주기적 갱신, 자기에 의한 고용주의 변경, 자기 노동력의 시장가격의 동요에 의하여 매개되기도 하고 은폐되기도 합니다.

따라서 자본주의 생산과정은, 하나의 연속적인 전체과정[즉 재생산과정]이라는 측면에서 본다면, 상품이나 잉여가치를 생산할 뿐만 아니라 자본관계 자체를, 즉 한편으로는 자본가를 다른 한편으로는 임금노동자를 생산하고 재생산합니다.

제7편 **자본의 축적과정**

제22장_ 잉여가치의 자본으로의 전환

　확대재생산에서 상품생산의 소유법칙이 자본주의적 취득법칙으로 전환되는 구조를 밝히고 있습니다. 잉여가치를 자본으로 사용하는 것, 즉 잉여가치를 자본으로 재전환시키는 것을 자본의 축적이라고 합니다. 자본축적은 생산수단이나 노동력을 추가로 구입하여 불변자본이나 가변자본의 총량을 늘리는 방식으로 이루어집니다. 자본 축적을 통해서 자본이 규모가 커지면 생산의 규모도 확대되는데, 이것을 확대재생산이라고 합니다. 생산 규모가 이전과 똑같이 유지되는 것이 단순재생산이라면, 생산규모가 이전보다 더 커지는 것은 확대재생산입니다.

　잉여가치를 자본으로 재전환시켜 자본주의적 취득법칙을 창출하는 과정을 봅시다.
　어떤 방적업자가 10,000원의 자본을 그중 8,000원는 면화, 기계 등 생산수단으로, 그리고 나머지 2,000원은 임금으로 투하하여 생산된 잉여가치가 2,000원일 때(잉여가치율 100%), 이 금액을 자본으로 전환시키기 위해서 방적업자는, 기타의 모든 사정이 불변이라면, 다음번의 생산에는 12,000원의 자본은 생산수단에 9,600원(8,000원+1,600)+임금 2,400원(2,000원+400원)이 투하되어 2,400원(2,000원+400원)의 잉여가치를 생산하게 됩니다. 즉 2,000원의 잉여가치가 자본(생산수단 1,600원+임금400원)으로 전환되어 400원의 잉여가치를 다시 생산합니다.[9]

자본가치는 최초에는 화폐형태로 투하되었습니다. 그러나 잉여가치는 처음부터 총생산물의 일정한 부분의 가치로서 존재합니다. 잉여가치가 자본으로 전환될 수 있는 것은 오로지 잉여생산물이 이미 새로운 자본의 물적 요소 즉 노동과정에서 사용될 수 있는 생산수단과 노동자의 생활을 유지할 수 있는 생활수단를 구성하고 있기 때문입니다. 각종 연령의 이 추가적 노동력이 노동자계급에 의해 매년 공급되고 있으므로 자본은 다만 이것을 이미 연간생산물 중에 포함되어 있는 추가적 생산수단과 결합시키기만 하면 됩니다. 이로써 잉여가치의 자본으로의 전환은 완성됩니다. 구체적으로 고찰하면, 자본의 축적은 확대된 규모에서 자본의 재생산으로 귀착됩니다.

최초의 자본은 10,000원의 투하에 의해서 형성되었습니다. 그 소유자는 그 자신의 노동과 그의 선조들의 노동에 의해서입니다. 라고 경제학의 대변자들은 한결같이 대답하고 있습니다. 그리고 실제로도 그들의 이러한 가정은 상품생산의 법칙과 일치하는 유일한 가정처럼 보입니다. 2,000원의 추가자본에 관해서는 사정이 전혀 다릅니다. 그 발생과정은 자본화된 잉여가치입니다. 거기에는 처음부터 남의 부불노동에 유래하지 않는 가치라고는 조금도 포함되어 있지 않습니다.

---

[9] 『자본론 I [하]』 733~734쪽.

추가노동력이 결합되는 생산수단도, 추가노동력이 유지하기 위한 생활수단도, 잉여생산물[즉 자본가계급이 노동자계급에게서 매년 탈취하는 공물]의 구성부분에 불과합니다.

그 어떤 경우에도 노동자계급은 금년의 자기의 잉여노동으로써 다음 해에 추가노동을 고용할 자본을 창조한 것입니다. 이것이 이른바 자본으로 자본을 창조한다는 것입니다. 자본가와 노동자의 교환관계는 유통과정에만 속하는 외관일 따름이며, [거래 그 자체의 내용과는 관계가 없고 도리어 그것을 모호하게 할 뿐인] 단순한 형태에 불과합니다. 끊임없이 반복되는 노동력의 매매는 단순한 형태에 불과하며, 그것의 내용은 자본가가 이미 대상화된 타인노동의 일부를 아무런 등가물도 지불하지 않은 채 끊임없이 취득하고, 그것을 보다 많은 양의 살아 있는 타인노동과 끊임없이 교환한다는 것입니다.[10]

단순재생산의 경우에도 모든 자본은, 그 최초의 기원이 무엇이든, 축적된 자본[즉 자본화된 잉여가치]으로 전환됩니다. 그러나 생산의 홍수 속에서 최초의 총투하자본은 직접적으로 축적된 자본[즉 자본으로 재전환된 잉여가치 또는 잉여생산물]과 비교하면 무한소량입니다. 이것은 최초의 투하자본이 그 축적자의 수중에서 기능하든 타인의 수중에서 기능하든 마찬가지입니다. 따라서 경제학은 자본일반을 가리켜 잉여가치의 생산을 위하여 다시 사용될 축적된 부(전환된 잉여가치 또는 수입)라고 말하며, 자본가를 잉여가치의 소유자라고 말합니다.

노동력의 상품화에 의해 상품생산이 자본주의적 생산으로 전환됨에 따라 상품생산의 소유법칙은 필연적으로 자본주의적 취득법칙으로 변화합니다.

---

10 『자본론 I [하]』, 737~739쪽.

현재 기능하고 있는 자본이 통과해온 주기적 재생산과 그것에 선행하는 축적의 계열들이 아무리 길다 하더라도, 이 자본은 언제나 자기의 시초의 처녀성을 보존합니다. 교환의 법칙이[개별적으로 본] 각각의 교환행위에서 준수되는 한, 취득방식은 상품생산에 상응하는 소유권에 조금도 영향을 미치지 않고 완전히 변혁될 수 있습니다. 이 동일한 소유권은 시초에도 그리고 자본주의 시대에도 효력을 보존하는데, 시초에는 생산물이 생산자에게 속하며 생산자는 등가물과 등가물을 교환하고 자기 자신의 노동에 의해서만 부유해질 수 있지만, 자본주의 시대에는 점점 더 많은 사회적 부가[타인의 지불받지 않은 노동을 끊임없이 새로 취득하는 지위에 있는] 사람들의 소유로 되고 있습니다.

이런 결과는 노동자 자신의 노동력을 상품으로 자유로이 판매하게 되자마자 불가피한 것으로 됩니다. 그러나 이 순간부터 비로소 상품생산은 보편화되며 전형적인 생산형태로 됩니다. 임금노동이 상품생산의 토대로 될 때 비로소 상품생산은 자신을 전체 사회에 강요합니다. 또한 그때 비로소 상품생산은 자기의 잠재력을 전부 발휘하게 됩니다. 임금노동의 개입이 상품생산을 불순하게 한다고 말하는 것은, 상품생산이 불순하게 되지 않기 위해서는 상품생산이 발전하지 말아야 한다고 말하는 것과 같습니다. 상품생산이 자본주의적 생산으로 전환함에 따라 상품생산의 소유법칙은 필연적으로 자본주의적 취득법칙으로 변화합니다. 상품생산의 영원한 법칙을 자본체제에 적용함으로써 이 체제를 분쇄할 수 있다고 생각하는 일부 사회주의 학파의 환상에 불과합니다.[11]

등가교환이 어떻게 해서 부등가물(즉 잉여가치)을 만들어낼 수 있

---

11 『자본론 I [하]』, 743~744쪽.

는지, 그리고 원래의 사적 소유권의 개념이 어떻게 타인의 노동에 대한 수탈의 권리로 뒤집어지는가의 문제로 되돌아갑니다.

고전파 정치경제학자들이 왜 불변자본을 재생산에 포함하지 않은 오류를 범하게 되었는지 살펴봅니다.

[헤겔이 적절하게 말하고 있는 바와 같이 가지고 있는 것을 모두 소비해 버리며, 그리고 몸종들을 고용하는 사치에서 뚜렷이 나타나고 있는] 옛날 봉건귀족들의 일상적 생활방식에 반대해, 부르주아 경제학이 자본축적을 시민의 첫째가는 의무라고 선포하고, 그리고 추가적인 생산적인 노동자들을 고용하는 데 수입의 상당한 부분을 지출하지 않고 자기 수입을 전부 먹어버리는 사람은 축적할 수 없다고 끈기있게 설교한 것은 결정적으로 중요했습니다. 다른 한편으로 부르주아 경제학은 자본주의적 생산을 퇴장화폐의 형성과 혼동하는, 따라서 또 축적된 부를 그 현재의 현물형태가 파괴되지 않은 부(즉, 소비되지 않는 부), 또는 유통에 들어가지 않은 부라고 여기는 세속적인 편견과 투쟁하지 않으면 안 되었습니다. 화폐를 유통에서 배제하는 것은 화폐가 자본으로 가치증식하는 것을 배제하는 것이며, 상품을 퇴장시켜 축적하는 것은 완전히 무의미한 일일 것입니다. 따라서 고전파 경제학이 비생산적 노동자가 아니라 생산적 노동자가 잉여생산물을 소비하는 것을 축적과정의 특징적 계기로 강조하는 것은 매우 정당합니다.

고전파 경제학이 비생산적 노동자가 아니라 생산적 노동자가 잉여생산물을 소비하는 것을 축적과정의 특징적 계기로서 강조하고 있는 것은 매우 정당합니다. 그러나 여기에서 그 오류가 시작되고 있습니다. 아담 스미스는 축적을 단순히 생산적 노동자에 의한 잉여생산물의 소비로써 묘사하는 것, 즉 잉여가치의 자본화는 단순히 잉여가치를 노동력으로 전환시키는 것으로 묘사하는 것을 유행시켰습니다. 리카도와 그 후의 모든 경제학자들이 아담 스미스의 뒤를 따라 되풀이하고 있는 주장 즉 수입 중 자본에 추가되는 부분은 생산적 노동자에 의해서 소비된다는 것보다 더 큰 오류는 없습니다. 이런 관념에 의하면, 자본으로 전환되는 전체 잉여가치는 가변자본이 되지 않으면 안 될 것입니다. 그러나 실제로는 그것도 [시초에 투하된 가치와 마찬가지로] 불변자본과 가변자본으로, 즉 생산수단과 노동력으로 분할됩니다. 노동력은 가변자본이 생산과정 중에서 취하는 형태입니다.

이 과정에서 노동력 자체는 자본가에 의해서 소비되며 생산수단은 노동력의 기능[즉 노동]에 의해서 소비됩니다. 동시에 노동력의 구매에 의해 지출된 화폐는 생활수단으로 전환되는데, 이 생활수단은 생산적 노동이 소비하는 것이 아니라 생산적 노동자가 소비하는 것입니다. 아담 스미스는 근본적으로 잘못된 자기의 분석에 의하여 다음과 같은 엉터리 결론에 도달하고 있습니다.

즉 각 개별자본은 불변적 구성부분과 가변적 구성부분으로 분할되지만, 사회의 자본은 전적으로 가변자본으로만 분해될 수 있으며, 따라서 사회의 자본은 전부 임금으로만 지출된다는 것입니다. 예를 들어 직물 공장주가 2,000원을 자본으로 전환시킨다고 합시다. 그는 이 화폐의 일부를 직조공의 고용에 지출하고, 기타 부분을 실, 기계 등등의 구입에 지출합니다. 그런데 그에게 실과 기계를 판매한 사람도 판매대금의 일부를 다시 노동에 지불합니다. 그렇게 소급해 가면 결국 2,000원은 전부가 임금으로만 지출됩니다. 또는 2,000원이 대표하는 생산물 전부가 생산적 노동자에 의해서 소비됩니다. 보는 바와 같이 이 논증의 핵심은 그렇게 소급해 가면이라는 말 한마디에 있는데, 이 말이 우리를 이리저리 정처없이 끌고 가는 것입니다. 사실 아담 스미스는 바로 연구가 곤란하게 되기 시작한 곳에서 연구를 중단하고 있습

니다.[12]

잉여가치의 일부는 자본가에 의해서 수입[소득]으로서 소비되고, 다른 부분은 자본으로서 사용됩니다. [즉 축적됩니다]

잉여가치의 양이 일정한 경우에는, 이 두 부분 중의 하나가 적으면 적을수록 다른 부분은 더욱 커집니다. 기타 조건이 같다면, 이 분할의 비율이 축적의 크기를 결정합니다. 이 분할은 자본가의 의지행위입니다. 그가 거두어들인 공물[잉여가치] 중에서 그가 축적하는 부분에 관하여 사람들은 그가 그것을 절약한다고 말합니다.

이런 측면에서 인격화한 자본으로서의 자본가의 의의와 역할을 역사적 맥락에서 살펴봅니다. 인격화된 자본으로서만 자본가는 역사적 가치와 역사적 생존권을 가지고 있습니다. 그런 한에 있어서만 그 자신의 일시적 존재의 필연성은 자본주의적 생산양식의 이행필연성에 포함되는 것입니다. 그러나 자본가가 인격화된 자본인 한, 그의 활동 동기는 사용가치의 획득과 향락이 아니라 교환가치의 획득과 증식입니다. 그는 가치증식을 열광적으로 추구하며, 이리하여 인류를 무자비하게 강요해서 생산을 하게 하며, 이리하여 사회적 생산력을 발전시키며, 또 [각 개인의 완전하고도 자유로운 발전을 그 기본원칙으로 삼는] 보다 높은 사회형태의 유일한 현실적 토대로 될 수 있는 물질적 생산조건들을 창조해 냅니다. 자본의 인격화로서만 자본가는 존경을 받습니다. 그러므로 자본가는 절대적 치부욕을 화폐퇴장자와 공유하고 있습니다.

그러나 화폐퇴장자의 경우에는 개인적 열광으로서 나타났던 것이 자본가의 경우에는 사회적 메커니즘―여기서 자본가는 하나의 나사에

---

[12] 『자본론 I [하]』, 745~747쪽.

지나지 않는다. -의 작용으로 나타납니다. 뿐만 아니라 자본주의적 생산의 발전은 한 사업에 투하되는 자본의 양을 끊임없이 증대시키지 않을 수 없도록 만들며, 그리고 경쟁은 자본주의적 생산양식의 내재적 법칙을 외적 강제법칙으로써 각 개별 자본가에게 강요합니다. 경쟁은 그로 하여금 자기의 자본을 유지하기 위하여 그것을 끊임없이 확대하지 않을 수 없게 하는데, 그는 누진적 축적에 의해서만 자기의 자본을 확대할 수 있습니다.

자본가의 일체의 행동은 자본의 기능에 불과한 만큼, 그 자신의 개인적 소비는 그의 자본축적에 대한 약탈로 간주됩니다. 이것은 마치 복식부기에서 자본가의 사적 지출이 자본의 반대편에 기입하는 것과 마찬가지입니다. 축적은 사회적 부의 세계를 정복하는 것이며, 착취당하는 인간의 수를 확대하는 것이며, 동시에 자본가의 직접적 및 간접적 지배의 영역을 확대하는 것입니다.[13]

자본주의적 생산양식의 역사적 새벽에는 치부욕과 탐욕이 지배적인 열정으로 됩니다.

그런데 자본주의적 생산의 발전은 향락의 세계를 창조할 뿐만 아니라 투기와 신용제도에서 벼락부자가 될 수 있는 많은 원천을 개발합니다. 일정한 발전 정도에 이르면 어느 정도의 낭비는 부의 과시, 따라서 또 신용획득의 수단으로서 불행한 자본가의 사업상의 필요로까지 됩니다. 사치는 자본의 교제비에 포함됩니다. 뿐만 아니라 자본가는 화폐퇴장자처럼 자기의 개인적 노동이나 자기의 개인적 소비의 삭감에 비례하여 부유해지는 것이 아니라, 그가 남의 노동력으로부터 얼마나 짜내며 또 노동자에게 모든 생활상의 욕망의 억제를 얼마나 강요하는

---

[13] 『자본론 I [하]』 748~750쪽.

가에 비례해서 부유해집니다. 자본가의 낭비는 그의 축적을 결코 방해하지 않고 축적의 증대와 더불어 증대됩니다. 그러나 동시에 자본가의 심중에서는 축적욕과 향락욕 사이에 파우스트적 갈등이 전개됩니다.[14]

자본가들은 한편으로는 경쟁의 강제법칙에 떠밀려 잉여가치를 축적해서 재투자해야만 하고, 다른 한편으로는 그것을 소비하고 싶은 열망에 시달리는 것입니다. 그런데 후자를 억제하는 것은 자발적인 부르주아의 덕목으로 변모합니다. 그래서 이윤은 이 덕목에 대한 보상으로 해설될 수도 있습니다. 자본가의 가슴속에 자리 잡은 두 개의 영혼 사이의 갈등이 점차 진화의 과정을 밟아갔다고 말합니다. 초기 단계에서 자본가들은 실제로 소비에 대한 절제를 실천했습니다. 그러나 규모가 확대되는 누적적인 축적이 진행되면서 소비에 대한 절제는 느슨해졌습니다.

고전파 경제학이 축적에 대한 부르주아계급의 역사적 사명을 잘 표현하고 있습니다.

축적하라 축적하라! 이것이 모세이며 예언자입니다![가장 중요한 계율이다] 근면은 재료를 제공하고 절약은 그것을 축적합니다. 그러므로 절약하라 절약하라! 즉, 잉여가치 또는 잉여생산물 중 가능한 한 많은 부분을 자본으로 재전환하라! 축적을 위한 축적, 생산을 위한 생산, 이 공식으로 고전파 경제학은 부르주와 계급의 역사적 사명을 표현하였습니다. 고전파 경제학은 부의 출생의 진통이 얼마나 큰지에 관해서는 한 순간도 잘못 생각하지는 않았습니다. 그러나 역사적 필연성을 한탄한들 무슨 소용이 있겠습니까? 고전파 경제학에서 프롤레타리아는 잉여가치를 생산하는 기계로서의 의의밖에 없다면, 자본가

---

[14] 『자본론 I [하]』 751~752쪽.

도 역시 이 잉여가치를 추가자본으로 전환시키는 기계로서의 의의밖에 없습니다. 고전파 경제학은 자본가의 역사적 기능을 진지하게 취급하고 있습니다.[15]

자본주의는 항상 성장과 관련되어 있다는 것을 가리킵니다. 자본주의 생산체제만큼 성장과 확대된 규모로의 축적과 관련되어 있는 체제는 없습니다. 축적을 위한 축적, 생산을 위한 생산이 바로 그것입니다. 경제관련 뉴스를 보면 매일 나온 기사가 성장입니다. 낮은 성장은 침체이며 마이너스 성장은 불황입니다. 이 지상명령은 하나의 물신적 믿음이 딸려 있는데 그것은 즉 성장이 지니는 덕목에 뿌리를 둔 하나의 이데올로기입니다. 성장은 불가피하며 성장은 좋은 것입니다. 그러나 끝없는 성장은 생산을 위한 생산을 의미하고 그것은 또한 소비를 위한 소비를 의미합니다. 성장을 방해하는 요소는 모두 나쁜 것이기에 제거되어야 합니다. 환경문제, 사회적·정치적 문제, 지리적 제약요인 등은 필요하다면 폭력을 통해서라도 부숴버려야 합니다. 모든 것은 축적을 위한 축적, 생산을 위한 생산의 곡조에 맞추어 춤춰야 합니다.

자본가의 이윤과 축적을 자본가의 절욕에서 비롯한 것으로 설명하는 속류 경제학이 절욕설을 비판합니다.

맨체스터에서 시니어가 자본에 대해 이윤(이자를 포함)은 12시간노동 중 최후의 한 시간의 생산물이라는 것을 발견한 바로 1년 전에 그는 다른 또 하나의 발견을 세상에 발표하였습니다. 그는 엄숙하게 다음과 같이 말하였습니다.

나는 생산도구로 간주되는 자본이라는 말을 절제라는 말로 바꿉니다. 이것이야말로 속류경제학의 발견의 비할 바 없어 훌륭한 견본입

---

[15] 『자본론 함께 읽기』, 432쪽.

니다. 사회가 진보하면 할수록 사회는 더욱더 절제를 요구합니다. 즉 타인의 근로와 그 생산물을 취득하는 것이 본업인 사람들의 절제를, 노동과정의 수행을 위한 모든 조건들은 이때부터 자본가의 그만한 수의 절제행위로 전환합니다. 곡물이 식량으로써 모두 소비되지 않고 일부가 종자로서 파종될 수 있는 것은 자본가의 절제 때문입니다. 포도주가 발효를 위해서 일정한 시간을 가질 수 있는 것도 자본가의 절제 때문입니다. 세계는 오직 비슈뉴 신의 현대적 속죄자인 자본가가 자기 고행에 의해 굴러가고 있다는 것만으로 충분합니다. 축적뿐 아니라 단순한 자본의 유지조차도 그것을 소비하려는 유혹에 저항하기 위해 끊임없는 노력을 요구합니다.[16]

잉여가치가 자본과 소득으로 분할되는 비율이 주어져 있다면, 축적되는 자본의 크기는 잉여가치의 절대량에 의존한다는 것이 명백합니다. 80%가 자본화되고 20%가 소비된다고 가정하면, 잉여가치의 총액이 3,000원이냐 1,500원이냐에 따라 축적되는 자본은 2,400원이 되든가 또는 1,200원이 될 것입니다.

축적에 관한 새로운 관점을 제공하는 한에서만 다시 한 번 총괄합니다.

잉여가치율은 노동력의 착취도에 의존합니다. 노동생산성의 향상에 의한 축적의 촉진을 노동자의 착취강화에 의한 축적의 촉진과 동일시합니다. 임금은 적어도 노동력의 가치와 같다고 전제하였습니다. 그러나 실제로는 이 가치 이하로의 임금을 강제적 인하는 사실상 노동자의 필요소비재원을 자본의 축적재원으로 전환시키는 것입니다.

어떻게 노동자들의 값비싼 정상적인 음식물을 값싼 대용품으로 대

---

[16] 『자본론 I [하]』, 755~756쪽.

신할 것인가를 보여주는 요리법입니다. 18세기 말과 19세기 첫 십 년간에 잉글랜드의 차지농업가들과 지주들은 농업노동자들에게 임금의 형태로는 생계에 필요한 최저한도 이하를 지불하고 나머지는 교구의 구호금의 형태로 지불함으로써 노동자들의 수입을 절대적인 최저수준으로 낮추었습니다.[17]

노동력의 긴장을 제고시킴으로써 조성된 추가노동은 불변자본의 상응하는 증대없이 축적의 실체인 잉여생산물과 잉여가치를 증대시킬 수 있습니다.

노동력은 신축성이 있기 때문에 축적의 크기는 불변자본 규모의 사전적 확대없이 확장됩니다. 진정한 제조업에서는 추가적인 노동은 그에 상응하는 원료에 대한 추가지출을 전제로 하지만, 노동수단에 대한 추가지출은 반드시 필요로 하지는 않습니다. 자본은 부의 두 본원적 창조자인 노동력과 토지를 장악함으로써 팽창력을 획득하는데, 이 팽창력은 자본으로 하여금 자기의 축적요소들을 일정한 한계[이 한계는 외관상으로는 자본 자체의 크기에 의해서 즉 이미 생산된 생산수단]를 넘어 증대시킬 수 있게 합니다.

자본축적의 또 하나의 중요한 요인은 사회적 노동생산성의 수준입니다. 노동생산성의 상승에 따라 일정한 가치[따라서 또한 일정한 크기의 잉여가치]가 체화되어 있는 생산물의 양이 증가합니다. 노동생산성의 증대에 따라 노동자의 값이 싸지며 따라서 또 잉여가치율이 높아집니다. 비록 실질임금이 높아지는 경우에도 그렇습니다. 실질임금은 결코 노동생산성에 비례하여 증대하지는 않습니다. 그리하여 동일한 가변자본가치가 보다 많은 노동력을, 따라서 보다 많은 노동을 운

---

[17] 『자본론 I [하]』, 758~761쪽.

동시킵니다. 동일한 불변자본가치는 보다 많은 양의 생산수단으로, 즉 보다 많은 양의 노동수단, 노동재료 및 보조재료로 표현되며, 따라서 생산물과 가치를 형성하는 요소들[즉 노동을 빨아들이는 요소들]을 보다 많이 제공합니다. 그러므로 추가자본의 가치가 불변인 경우에는 물론이거니와 감소되는 경우에도 축적은 촉진됩니다. 재생산의 규모가 물질적으로 확대될 뿐만 아니라 잉여가치의 생산도 추가자본의 가치보다 급속하게 증대됩니다.

노동생산성의 증가는 또한 이미 생산과정에 있는 최초의 자본에 대해서도 영향을 미칩니다. 노동력의 긴장도를 높이는 것만으로 자연적 부의 이용이 증대되듯이, 과학과 기술은 현재 기능하고 있는 자본의 크기와 관계없이 자본에 확대능력을 줍니다. 그것들은 또한 최초의 자본 중 갱신단계에 들어간 부분에도 영향을 줍니다. 이 자본부분은 새 형태를 취함으로써 [그 옛날 형태가 마모되고 있던 동안 진행된] 사회적 진보를 무상으로 이용합니다. 물론 생산력이 이렇게 발전하면 기능하고 있는 자본의 가치는 부분적으로 감소합니다. 경쟁에서 이 가치감소를 절실히 느끼게 되면 그 주요한 부담은 노동자에게 전가하는데, 자본가는 노동자에 대한 착취를 강화함으로써 자기의 손실을 메우려 하기 때문입니다.[18]

노동력의 착취도가 일정한 경우에는 잉여가치량은 동시에 착취당하는 노동자의 수에 의하여 결정되는데, 이 노동자의 수는[비록 일정한 정비례는 아니라 하더라도] 자본의 크기에 상응합니다. 계속적인 축적에 의하여 자본이 증대되면 될수록 [소비재원과 축적재원으로 분할되는] 가치량도 증대됩니다. 그러므로 자본가는 보다 사치스럽게 살면서 동시에 보다 더 절약할 수 있습니다. 그리하여 결국 투하자본

---

[18] 『자본론 I [하]』, 763~766쪽.

량에 따라 생산의 규모가 확대되면 될수록 생산의 모든 추진력이 보다 탄력적으로 작용합니다.[19]

노동기금 이론이 임금을 고정된 수준에 묶어둠으로써 자본가의 이윤을 정당화한다고 비판합니다.

자본은 고정적인 크기를 가진 것이 아니라 [매우 신축성 있고, 또 소득과 추가자본으로의 잉여가치의 새로운 분할에 따라 끊임없이 변동하는] 사회적 부의 한 부분입니다. 또한 기능자본의 크기가 일정한 경우에도 자본에 결합된 노동력·과학·토지(경제학적 관점에서는 토지는 자연이 인간의 개입없이 제공하는 모든 노동대상으로 이해해야 할 것이다)는 자본의 탄력적인 힘을 이루어 일정한 한계 내에서는 자본 자체의 크기와는 관계없이 자본의 작용범위를 확대합니다.

고전파 경제학은 항상 사회적 자본을 고정적인 능률을 가진 고정적인 크기라고 생각하기를 좋아하였습니다. 그런데 이 편견은 19세기의 천박한 부르주아적 지성의 무미건조하고 현학적이며 수다스러운 예언자이니 대속물 제레미 벤담에 의하여 비로소 하나의 도그마로 굳어졌습니다. 이 교리는 벤담 자신과 맬더스, 제임스 밀 및 매컬록 등등이 변호할 목적으로, 특히 자본의 일부인 가변자본[즉 노동력으로 전환될 수 있는 자본]을 고정적인 크기로 묘사하기 위하여 이용하였습니다. 가변자본의 물질적 존재[즉 가변자본이 노동자들을 위하여 대표하는 생활수단의 양] 또는 이른바 노동기금은[자연법칙에 의하여 고정되어 변경될 수 없는] 사회적 부의 특수부분이라는 우화를 만들어 냈습니다.[20]

자본은 고정된 크기가 아닙니다. 자본가들은 어떤 방식으로 더 이

19『자본론 함께 읽기』, 436~437쪽.
20『자본론 I [하]』, 770~772쪽.

상 축적을 할 수 없게 되면 금방 다른 방법으로 축적을 수행하려 합니다. 자본가들은 과학과 기술을 자신들을 위해 사용할 수 없게 되면 자연을 파괴하거나 노동자 계급에게 새로운 조리법을 제공하려 합니다. 그들에게는 헤아릴 수 없은 다양한 전술들이 개방되어 있으며 그들은 자신들만 사용하는 갖가지 아이디어 기록들이 있습니다. 자본주의는 괴물이지만 그것은 경직된 괴물이 아닙니다. 자본주의에 대한 비판운동이 자본주의의 적응능력과 유연성, 그리고 유동성을 무시하는 것은 대단히 위험한 일입니다. 자본은 물적 존재가 아니라 하나의 과정입니다. 그것은 끊임없이 움직이며, 심지어 축적을 위한 축적, 생산을 위한 생산의 규제적 원칙을 받아들일 때에도 그러합니다.

사회적 부 중 불변자본[또는 이것을 소재적인 형태로 표현하면 생산수단]으로 기능하여 할 부분을 운동시키려면, 일정한 양의 살아 있는 노동이 필요하며, 이 양은 생산기술에 의해 규정됩니다. 그러나 이 노동량을 확보하는 데 필요한 노동자의 수는 일정하지 않습니다. 왜냐하면 이 수는 개별노동력에 대한 착취도의 변화에 따라 변동하기 때문입니다. 또한 이 노동력의 가격도 일정하지 않습니다. 다만 그 가격의 최저한도[이것도 대단히 탄력적이다]가 정해져 있을 뿐입니다. 그러므로 그 교리가 의거하고 있는 사실들은 다음과 같습니다. 한편으로는 노동자들은 사회적 부를 [非 노동자들을 위한] 향락 수단, 생산수단으로 분할하는 데 개입할 권리가 없습니다. 다른 한편으로는 운수가 좋은 예외적인 경우에만 노동자는 부자들의 소득을 희생하여 이른바 노동기금을 확대할 수 있다는 것입니다.[21]

---

21 『자본론 I [하]』 772쪽.

제7편 **자본의 축적과정**

제23장_ 자본주의적 축적의 일반법칙

    자본주의 시스템이 만들어지면 자본가의 축적의 욕망과 자본가 사이의 격렬한 경쟁이 진행됩니다.
    자본가의 권력은 사적 소유라는 새로운 법률로 보장된다고 맑스는 주장합니다.
    자본가가 지배계급이 되면 이들과 이들의 대변인들이 법과 질서의 옹호자가 되며, 이렇게 되면 사적 소유의 법률과 자본주의적 생산 및 유통의 양식이 함께 어우러져 자본가의 권력을 영구적인 것으로 만듭니다. 노동자를 모든 생산수단에서 분리시키는 것만으로도 자본주의가 자신의 운동법칙에 따라 움직임을 시작하게 만드는 데 충분합니다. 자본주의적 생산양식이 일단 자신의 다리로 서면 이는 그러한 분리를 유지할 뿐만 아니라 계속해서 확대재생산합니다.
    자본주의 시스템의 사회적, 법적, 경제적 기초가 일단 주어지면 그 운동법칙은 이 시스템을 추동하는 원동력을 반영합니다. 그 원동력이란 멈추는 법도 없고 끝나는 법도 없는 자본축적의 욕망입니다. 자본가의 사회적 지위, 명예, 정치경제적 권력은 모두 그가 통제하는 자본의 크기에 달려 있습니다. 자본가는 잠시도 쉴 수가 없습니다. 사방에서 격렬한 경쟁에 포위된 상태입니다. 자본주의 발전의 패턴, 즉 운동법칙의 근저에 있는 것은 바로 이러한 멈추지 않는 축적의 욕망과 자본가 사이의 격렬한 경쟁입니다.[22]

자본의 증가가 노동자계급의 운명에 미치는 영향을 고찰합니다. 자본의 구성과 축적과정의 진행 중에 일어나는 이 구성변화가 중요합니다.

자본의 구성은 두 측면에서 고찰할 수 있습니다. 가치의 측면에서 고찰하면, 이 구성은 불변자본[즉, 생산수단의 가치]과 가변자본[즉, 노동력의 가치 또는 임금 총액]으로 분할되는 비율에 의해 결정됩니다. 생산과정에서 기능하는 소재의 측면에서 고찰하면, 어떤 자본이든 생산수단과 살아 있는 노동력으로 분할되는데, 이 구성은 사용되는 생산수단의 양과 이 생산수단의 활용에 필요한 노동량 사이의 관계에 의해 결정됩니다. 나는 전자를 자본의 가치구성이라고 부르고 후자를 자본의 기술적 구성이라고 부릅니다. 양자 사이에는 긴밀한 상호관계가 있습니다. 이 상호관계를 표현하기 위해 나는 자본의 가치구성이 자본의 기술적 구성에 의해 결정되고 또 기술적 구성의 변화를 반영하는 경우, 그것을 자본의 유기적 구성이라고 부릅니다. 내가 간단히 자본의 구성이라고 말할 때에는 언제나 자본의 유기적 구성을 의미하는 것으로 이해해야 합니다.[23]

기술적 구성은 주어진 시간에 일정량의 사용가치를 상품으로 전화시킬 수 있는 노동자의 물리적 능력을 단순하게 표현합니다. 그것은 생산성의 물리적 척도입니다.

그것은 한 사람의 노동자가 한 시간당 몇 켤레의 양말, 몇 톤의 강

---

22 『E. K. 헌트의 경제사상사』, 489~490쪽.
23 『자본론 I [하]』, 774~775쪽.

철, 몇 덩어리의 빵를 생산하는지를 나타냅니다. 새로운 기술은 이 물리적 비율을 변화시키는데 예를 들어 한 시간에 한 사람의 노동자가 생산하는 양말이 10켤레에서 12켤레로 늘어나는 것입니다. 유기적 구성과 가치 구성은 모두 가치를 단위로 합니다. 가치구성은 생산에 소비된 생산수단의 가치를 선대된 가변자본의 가치로 나눈 비율입니다. 우리는 이것을 c/v로, 즉 가변자본과 불변자본의 비율로 나타냅니다. 유기적 구성도 역시 c/v의 가치비율로 측정되는데 이것은 물리적 생산성의 변동으로 인해 발생하는 가치구성의 변화를 반영합니다. 이 차이는 가치구성의 변화가 물리적 생산성의 변화만이 아니라 다른 요인에 의해서도 발생할 수 있다는 것입니다. 이런 비기술적인 유형의 변화는 자연이 주는 선물, 폐기물의 절약, 노동자들의 물리적 생활수준의 저하 같은 변화가 투하된 불변자본과 가변자본 모두의 가치에 영향을 미쳐 그로 인해 c/v의 비율이 상승 혹은 하락할 수 있다는 점입니다.[24]

노동과정의 변화를 정확히 표현해주는 것은 자본의 유기적 구성입니다.

현실의 노동과정을 실제로 표현하는 것은 자본의 기술적 구성인데, 자본의 유기적 구성을 더 중요하게 여깁니다. 자본의 기술적 구성은 사용되는 생산수단의 양과 이 생산수단의 활용에 필요한 노동량 사이의 관계를 직접적으로 표현한 것이고, 따라서 기술혁신에 따른 노동과정의 변화를 직접적으로 표현합니다. 즉, 노동절약적인 기술혁신을 통해서 생산수단에 비해 노동력이 상대적으로 감소하는 것을 바로 알려줍니다. 그런데 자본의 기술적 구성이 하나의 상품생산에서는 비교가 가능하나, 사용가치가 다른 상품들의 생산에서는 상호 비교가 불

---

[24] 『맑스 자본 강의』, 476~477쪽.

가능합니다. 이런 난점을 해결해주는 것이 자본의 가치구성입니다. 생산수단과 노동력의 비율 즉 자본의 기술적 구성을 가치로 표현하기 때문에 사용가치가 다른 상품들의 생산에서 비교가 가능합니다.

이 자본의 가치구성의 개념도 난점이 있습니다. 만약에 자본의 기술적 구성에는 변화가 없는데 즉 노동과정의 기술적 구성에 아무 변화가 없는데도 생산수단이나 노동력의 가치가 변화하게 되면 자본의 가치구성이 변화하기 때문입니다. 생산수단과 노동력의 가치 변동으로 인해 자본의 가치구성은 항상 자본의 기술적 구성을 정확하게 반영할 수 없습니다. 이 난점을 해결하기 위한 것인 자본의 유기적 구성개념입니다. 이 개념은 생산수단이나 노동력의 가치변동을 교정해 자본의 기술적 구성의 변화만을 반영하는 자본의 가치구성입니다. 따라서 자본의 유기적 구성의 변화는 자본의 기술적 구성, 즉 노동생산성의 변화를 정확히 반영하게 됩니다.

자본의 구성(=자본의 유기적 구성)=불변자본/가변자본=C/V

자본의 구성을 말할 때는 한 나라의 사회적 총자본의 구성을 말합니다.[25]

끊임없이 축적이 일어나면 시간이 지나면서 자본의 유기적 구성은 일관되게 증가할 것입니다. 자본의 유기적 구성의 증가가 이윤율이 저하한다고 해도 반드시 총이윤이 저하하거나 전체 산출에서 이윤 몫이 하락하는 것은 아니라고 말합니다. 이 반작용의 영향력을 논의하고 있습니다.

즉 생산수단의 가치는 그것을 가동하도록 구매한 노동력의 가치보

---

[25] 『자본론 함께 읽기』, 439~440쪽.

다 더 빠르게 증가할 것입니다. 그러한 증가의 결과 중 하나는 이윤율이 꾸준히 하락하는 경향입니다. 잉여가치를 창출하는 것은 가변자본뿐이지만, 자본가의 이윤율 계산에 기초가 되는 것은 그의 모든 자본입니다. 가변자본에 대해 불변자본이 점차 늘어나는 것은 필연적으로 전반적인 이윤율의 점진적 하락으로 이어질 수밖에 없습니다.

 마르크스는 이 반작용의 영향력을 논의하고 있습니다. 자본가는 노동일을 늘리고 노동강도를 올림으로써 착취 강도를 올릴 수 있습니다. 임금을 노동력 가치 아래로 떨어뜨리는 영향력을 여러 번 언급하고 있습니다. 반작용 영향력인 노동자의 상대적 과잉인구를 포함하고 있습니다. 과잉인구가 임금률을 저하시켜 이윤율을 높일 것이기 때문입니다. 불변자본 요소의 저렴해지는 것입니다. 이는 불변자본의 생산방법에 기술적 변화가 일어나 불변자본의 가치가 비록 꾸준히 증가하기는 해도 그 물질적 양과 똑같은 속도로까지 올라가지 못하게 할 때 일어납니다. 자본이 외국무역에 투자되면 더 높은 이윤율을 가져옵니다. 이는 가변자본으로 교환되는 생활필수품의 가격을 저렴하게 만들며 이로써 가변자본이 불변자본에 비해 그 크기가 줄어들게 만듭니다. 이것이 실제로 일어나면 축적으로 야기되는 자본의 유기적 구성의 증가는 그에 비례하여 상쇄됩니다. 이는 또한 잉여가치율도 증가시킵니다.

 외국무역의 팽창은 자본주의 생산양식의 유년기에는 그것을 떠받치는 기초였지만, 자본주의적 생산양식의 발전이 심화되면서부터는 그것이 낳는 생산물이 되어버립니다. 이를 추동하는 것은 항상 시장이 팽창해야 한다는 자본주의 생산양식의 내적인 필연성입니다. 이는 20세기 초 다양한 제국주의론을 정식화하는 데 기초가 됩니다.[26]

---

[26] 『E. K. 헌트의 경제사상사』, 491~494쪽.

자본의 증가는 그 가변적 구성분[즉 노동력으로 전환되는 부분]의 증가를 포함합니다.

추가자본으로 전환되는 잉여가치의 일부분은 끊임없이 가변자본[즉 추가적 노동기금]으로 재전환되지 않으면 안 됩니다. 자본은 해마다 잉여가치를 생산하고 그 잉여가치의 일부는 해마다 최초의 자본에 첨가되므로, 또 이 첨가분 그것은 이미 기능하고 있는 자본의 규모증대에 따라 해마다 증가하므로, 그리고 끝으로 치부욕에 대한 특별한 자극[새로운 시장이 개척되거나 새로운 사회적 욕망이 발전한 결과 새로운 투자영역이 개척되는 등]이 주어지는 경우에는[잉여가치 또는 잉여생산물이 자본과 소득으로 분할되는 것의 변동만으로도] 축적의 규모는 갑작스럽게 확대될 수도 있으므로, 자본을 축적하는 데 필요한 노동자가 노동력[또는 노동자 수]의 증가를 능가할 수 있으며, 노동자들에 대한 수요가 그 공급을 능가하여 임금이 등귀할 수 있습니다. 해마다 전년보다 더 많은 노동자가 취업하기 때문에, 축적에 필요한 노동자가 평상시의 노동공급을 상회하기 시작하며 따라서 임금등귀가 시작되는 때가 조만간 오지 않을 수 없습니다. 이러한 사태를 한탄하는 소리가 영국에서는 15세기 전체를 통하여 그리고 18세기 전반기에 들려왔습니다.

그러나 임금노동자들이 다소 유리한 사정 하에서 자신들을 유지하고 번식한다고 하더라도, 그것으로 인해서 자본주의적 생산의 근본적 성격이 조금이라도 달라지는 것은 아닙니다. 확대된 규모에서의 재생산[즉 축적]도 자본관계를 확대된 규모에서 재생산합니다. 즉 한 끝에는 보다 많은 자본가 또는 보다 큰 자본가를, 다른 끝에는 보다 많은 임금노동자를 재생산합니다. 재생산은 사실상 자본 자체의 재생산을 위한 본질적 요소입니다. 따라서 자본의 축적은 프롤레타리아의 증식입니다.[27]

---

[27] 『자본론 I [하]』 774~776쪽.

축적과정 그 자체가 자본의 크기뿐만 아니라 노동빈민의 수도 증가시킨다는 점입니다. 노동빈민이란 임금노동자인데, 그는 자기의 노동력을 증대하는 자본의 가치증식을 증가시키는 힘으로 전환시키며, 또 그렇게 함으로써 자기 자신의 생산물[자본가로 인격화되어 있다]에 대한 자기 자신의 종속관계를 영구화하지 않을 수 없습니다.[28]

지금까지 가정한 바와 같이, 노동자들에게 가장 유리한 축적조건 하에서는 자본에 대한 노동자들의 종속관계는 견딜 만한, 또는 이든의 말대로 편안하고 자유로운 형태를 취합니다.

그 종속관계는 자본의 증대에 따라 더욱 내포적으로 되지 않고 더욱 외연적으로 될 뿐입니다. 즉 자본의 착취와 지배의 영역이 자본 자체의 크기와 자본에 종속되는 사람들의 수에 따라 확대될 뿐입니다. 노동자들 자신의 잉여생산물 중의 보다 많은 부분이 지불수단의 형태로 노동자들에게 돌아오는데, 그 덕택으로 그들은 자기들의 소비범위를 확대하고 의복, 가구 등등의 자기들의 소비재원을 약간 늘릴 수가 있고, 심지어는 준비금까지도 형성할 수 있습니다.

그러나 노예의 경우 입는 것과 먹는 것과 대우가 개선되고 페쿨리움[고대 로마에서 노예에게 허용해 주었던 일부 재산, 노예는 이것을 제3자와 거래할 수도 있었습니다]이 다소 많아지더라도 노예의 종속관계와 착취가 사라지는 것이 아닌 것과 마찬가지로, 임금노동자의 종속관계와 착취도 사라지지 않습니다. 자본축적의 결과로 노동의 가격이 상승하는 것은 사실상 임금노동자 자신이 이미 만들어낸 금사슬[자본]의 길이와 무게로 인해서 그 사슬의 긴장이 완화된다는 것을 의미할 따름입니다.

---

[28] 같은 책 778쪽.

노동력은 여기에서는 구매자 자신의 욕망을 충족시키기 위하여 구매가 되는 것이 아닙니다. 구매자의 목적은 그의 자본의 가치증식이며, 그가 지불한 것보다 더 많은 노동이 포함되어 있는 상품의 생산입니다. 잉여가치의 생산 또는 이윤의 획득이 이 생산양식의 절대적 법칙입니다. 노동력은 생산수단을 자본으로서 유지하며, 자기 자신의 가치를 자본으로서 재생산하고, 부불노동으로 추가자본의 원천을 제공하는 한에서만 판매될 수 있습니다. 따라서 노동력의 판매조건은 노동력의 끊임없는 재판매의 필연성과 자본의 형태로 부를 끊임없이 확대재생산하는 것을 내포하고 있습니다. 임금은 그 성격으로 보아 항상 노동자 측에서 일정한 양의 부불노동을 제공하는 것을 내포하고 있습니다. 임금의 증가는 기껏해야 노동자가 제공하여야 할 부불노동의 양적 감소를 의미할 따름입니다. 이 감소는 결코 제도 그 자체를 위협하는 점까지 도달할 수는 없습니다.

  자본의 축적 결과 노동가격이 등귀하는 것은 다음과 같은 두 경우 중 어느 하나를 의미합니다. 첫째는, 노동의 가격이 등귀하여도 축적의 진행을 방해받지 않기 때문에 그것이 계속 등귀하는 경우입니다. 둘째는 노동가격의 등귀의 결과 이윤이라는 자극이 감소되어 축적이 약화되는 경우입니다. 축적율[잉여가치 중 자본으로 재전환되는 부분의 비율]은 감소합니다. 그러나 그 감소와 더불어 그 감소의 원인[즉 자본과 착취가능한 노동력 사이의 균형]이 사라집니다. 따라서 자본주의적 생산과정의 메커니즘은 그것이 조성한 일시적인 장애물을 스스로 제거합니다. 노동의 가격은 다시 자본의 증식욕에 적합한 수준[이 수준이 임금등귀가 시작되기 전에 정상적이라고 생각되던 수준보다 낮든지 같든지 또는 높든지]으로까지 떨어집니다.[29]

---

[29] 『자본론 I [하]』, 780~783쪽.

자본가는 노동자를 더 많이 고용함에 따라 자신들이 동원하는 자본의 크기를 계속 증가시키기 때문에 노동의 가격을 어느 정도 상승시킬 수 있습니다. 자본가가 일차적으로 관심을 가지는 것은 이윤량이고, 이 이윤량은 고용된 노동자의 수, 잉여가치율, 노동강도에 의존합니다. 잉여가치율이 하락할 때, 고용된 노동자의 수를 늘리면 실제 크기에 있어 자본가가 획득하는 이윤량은 증가할 수 있습니다. 따라서 이런 경우 임금상승과 자본의 축적 사이에는 아무런 모순이 없습니다.

수학적 표현을 빌리면, 축적률이 독립변수이고 임금률이 종속변수이지, 그 반대가 아닙니다.

이른바 자연적 인구법칙의 바탕을 이루는 자본주의적 생산의 법칙은 간단히 말하면 다음과 같습니다. 자본축적과 임금율 사이의 관계 [자본으로 전환된] 지불받지 않은 노동과 [추가자본의 가동에 필요한] 추가적 지불 받은 노동 사이의 관계로 환원된다는 점입니다. 따라서 그것은 결코 두 개의 서로 독립적인 양 [즉, 자본의 크기와 노동인구수] 사이의 관계가 아니라, 결국은 동일한 노동인구의 지불받지 않은 노동과 지불받는 노동 사이의 관계에 불과합니다.

만약 노동자계급이 제공하고 자본가계급이 축적하는 지불받지 않는 노동의 양이 급속히 증가해 그것이 자본으로 전환되기 위해서는 지불받지 않은 노동의 양이 급속히 증가해 그것이 자본으로 전환되기 위해서는 지불받는 노동의 비상한 추가가 필요한 경우, 임금은 등귀하며, 그리고 기타 조건이 같다면, 지불받지 않는 노동은 임금 등귀에 비례해 감소합니다. 그러나 이 감소는 자본을 길러내는 잉여노동이 더 이상 정상적인 양으로 제공되지 않는 점에 도달하자마자, 반작용이 시작됩니다. 즉, 수입 중 자본화하는 부분은 감소하고, 축적은 쇠퇴하며, 임금의 등귀운동은 장애에 부닥칩니다. 그리하여 임금등귀는 자본주의 체제의 토대를 침해하지 않을 뿐 아니라 점점 확대되는 규모의 재생산을 보장하는 한계 안에 머뭅니다. 따라서 [경제학자들에 의해 자연법칙으로까지 신비화되고 있는] 자본주의적 축적 법칙이 실제로 표현하고 있는 것은, [자본관계의 끊임없는 확대재생산을 매우 위태롭게 할 수 있는] 노동 착취도의 어떤 감소와 노동 가격의 어떤 등귀도 자본주의적 축적의 성격 자체에 의해 배제되고 있다는 점입니다.

그것은 물질적 부가 노동자의 자기발전 욕망을 충족시키기 위하여 존재하는 것이 아니라 도리어 노동자가 현존가치의 증식욕망을 충족시키기 위하여 존재하는 그러한 생산양식 하에서는 그렇게 될 수밖에 없습니다. 종교에서는 인간 자신의 두뇌의 산물이 인간을 지배하듯이, 자본주의적 생산에서는 인간 자신의 손의 산물이 인간을 지배합니다.[30]

맑스에게 맨더빌이 중요했던 이유는 자본축적이 사전에 필요로 하는 조건이, 사용 가능한 인구가 있어야 하는 것은 물론 이들 인구가 충분히 빈곤하고, 무지하며, 억압받고, 절망적인 상태에 있어 어쩔 수 없이 자본주의 체제에 저임금 노동으로 동원될 수 있어야 한다는 생각 때문이었습니다.

자본축적과 그에 따른 집적의 진행에 따라 가변자본의 상대적 감소됩니다. 노동생산성의 향상 또는 상대적 잉여가치 생산 발전에서 자본의 구성이 고도화됩니다.

자본주의 체제의 일반적 토대가 일단 주어지면, 축적과정에서 사회

---

[30] 『자본론 I [하]』, 783~785쪽.

적 노동의 생산성 발전이 축적의 가장 강력한 지렛대로 되는 하나의 시기가 옵니다. 일정한 사회의 노동생산성의 수준은 노동자가 동일한 노동강도로써 일정한 시간에 생산물로 전환시키는 생산수단의 상대적 규모에서 표현됩니다. 이처럼 노동자가 전환시키는 생산수단의 양은 그의 노동생산성에 따라 증대됩니다. 이 경우 이 생산수단들은 이중의 역할을 합니다. 어떤 생산수단의 증대는 노동생산성의 증대된 결과이고, 또 어떤 생산수단의 증대는 노동생산성이 증대되기 위한 조건입니다. 생산수단에 결합되는 노동력에 대비한 생산수단의 양의 증대는 [노동생산성 증대의 조건이든 결과이든] 노동생산성의 증대의 표현입니다. 따라서 노동생산성의 증대는 노동에 의하여 움직여지는 생산수단의 양에 대비한 노동량의 감소로, 즉 노동과정의 객체적인 요인에 비해 주체적 요인의 양적 감소로 나타납니다.

노동력의 양에 비해 생산수단의 양의 증대인 자본의 기술적 구성의 변화는 자본가치의 가변적 구성부분을 희생으로 하는 불변자본 구성부분의 증대인 자본의 가치구성에 반영됩니다. 자본의 기술적 구성의 이러한 변화 [즉 생산수단에 활기를 부여하는 노동력의 양에 대비한 생산수단의 양의 증대]는 이번에는 자본의 가치구성 [즉 자본가치의 가변적 구성부분을 희생으로 하는 불변적 구성부분의 증대]에 반영됩니다.[31]

한 사회에 속한 총자본의 평균 유기적 구성의 변화가 발생한다면, 이러한 가변자본에 대한 불변자본 비율의 점진적인 상승은 잉여가치율[또는 자본에 의한 노동착취도]이 불변일 때, 필연적으로 일반이윤율의 점진적 하락을 가져옵니다. 그러나 자본주의적 생산양식이 발전

---

[31] 『자본론 I [하]』, 785~786쪽.

해나감에 따라 불변자본에 대한 가변자본의 상대적 감소가 진행되는 것은 이제 자본주의적 생산양식의 하나의 법칙으로 나타납니다. 이같이 불변자본에 대한 가변자본의 끊임없는 상대적 감소는 사회적 총자본의 유기적 구성이 그 평균에서 끊임없이 고도화한다는 것과 동일한 이야기입니다. 이것은 또한 사회적 노동생산력의 끊임없이 발전해가는 것을 달리 표현한 것에 불과하며, 이런 노동생산력의 발전이 의미하는 것은 기계나 고정자본을 좀 더 많이 사용함으로써 같은 시간 동안에 같은 수의 노동자가 좀 더 많은 원료와 보조자재를 사용하는 것으로 나타납니다.[32]

자본의 가변부분에 비해 불변부분의 점진적인 증대라는 이 법칙은 상품가격의 비교분석에 의하여 모든 단계에서 확인됩니다.

예컨대, 어떤 자본이 시초에는 50%가 생산수단에, 50%가 노동력에 투하되었는데, 그 후에 노동생산성의 증대에 따라 80%가 생산수단에, 20%가 노동력에 투하되는 경우 등입니다. 자본의 가변부분에 비한 불변부분의 점진적인 증대라는 이 법칙은 상품가격의 비교분석에 의하여 모든 단계에서 확인됩니다. 가격 중 소비된 생산수단의 가치를 대표하는 부분[즉 불변자본부분]의 상대적 크기는 축적의 진전에 정비례하고, 노동에 대한 지불을 대표하는 부분[즉 가변자본부분]의 상대적 크기는 축적의 진전에 반비례할 것입니다.[33]

축적의 진전이 가변자본부분의 상대적 크기를 감소시킨다고 하더라도 그것은 결코 가변자본부분의 절대적 크기의 증대를 배제하지 않습니다. 어떤 자본가치가 처음에는 50%의 불변자본과 50%의 가변자본으로 분할되었는데, 그 후 80%의 불변자본과 20%의 가변자본으로 분할되었다고 합시다. 이 기간에 가령 6,000원이었던 최초의 자본이

---

[32] 『맑스를 읽다』, 368~369쪽.
[33] 『자본론 함께 읽기』, 446쪽.

18,000원으로 증대되었다면 가변적 구성부분도 1/5만큼 증대합니다. 왜냐하면, 종전에 그것은 3,000원이었는데 이제는 3,600원으로 되었기 때문입니다.

총자본의 가변자본 부분이, 그것이 총자본에서 차지하는 구성비율은 하락하더라도, 그 절대량은 불변이거나 증가하기 위해서는 총자본의 증가율이 가변자본의 하락율보다 더 높아야만 합니다. 즉 새로운 자본구성에서 노동력을 구매하는 데 필요한 가변자본량을 과거 수준은 물론 그보다 더 높은 수준으로까지 증가시켜야 합니다. 어떤 단위자본 100에서 비율이 40에서 20으로 감소할 경우 가변자본의 사용량이 40이상으로 되기 위해서는 총자본이 200이상이 되어야 합니다. 이런 이유로 자본주의적 생산양식이 발전할수록 같은[또는 좀 더 많은] 양의 노동력을 고용하기 위해서는 더욱 많은 자본량을 필요로 하게 됩니다.[34]

개별 상품생산자들의 수중에 일정한 자본이 축적되는 것이 진정한 자본주의적 생산방식의 전제로 됩니다. 따라서 우리는 수공업에서 자본주의적 생산으로 이행하는 동안 이러한 축적이 일어났다고 가정하지 않으면 안 되었습니다. 이런 시초축적은 진정한 자본주의적 생산의 역사적 결과가 아니라 그 역사적 토대입니다.

이 토대 위에서 성장하는 사회적 노동생산성의 증진방법은 어느 것이나 동시에 잉여가치[또는 잉여생산물]의 생산을 증대시키는 방법인데, 이 잉여가치는 이번에는 축적의 형성요소로 됩니다.

따라서 그 방법들은 또한 자본에 의한 자본의 생산방법들[또는 자본의 축적을 촉진하는 방법들]입니다. 잉여가치의 자본으로의 끊임없

---

[34] 『맑스를 읽다』, 374쪽.

는 재전환은 생산과정에 들어가는 자본의 크기가 증대하는 것으로 나타납니다. 그 증대는 이번에는 생산의 규모를 확대하는 기초로 되며, 그에 따라 노동생산성을 증진하는 방법의 기초로 되며, 또 잉여가치의 생산을 촉진하는 기초로 됩니다.

따라서 일정한 정도의 자본축적이 진정한 자본주의적 생산방식이 전제조건이라면, 이제 거꾸로 진정한 자본주의적 생산방식은 자본의 추가적 축적의 원인으로 됩니다. 그리하여 자본축적에 따라 진정한 자본주의적 생산방식이 발전하고, 진정한 자본주의적 생산방식에 따라 자본축적이 발전합니다. 이 두 경제적 요인들은[그들이 서로 주고받는 자극에 복비례하여] 자본의 기술적 구성에 변화를 일으키고, 그 변화 때문에 가변적 구성부분은 불변적 구성부분에 비하여 점점 더 작아집니다.[35]

노동생산성을 증가시키기 위한 수단인 협업의 적용, 새로운 분업과 기계, 과학, 기술의 사용 등은 일차적으로 이런 전 과정을 움직이기 위한 화폐적 부의 1차적인(혹은 본원적인) 축적이 충분히 이루어져 있는지에 달려 있습니다.

자본으로 증대됨에 따라 축적은 개별자본가들의 수중으로 부의 집적을 증대시킵니다. 개별자본가들의 집적과 동시에 자본가들 간의 경쟁으로 인한 자본의 집중이 일어납니다. 축적은 한편으로는 생산수단의 집적과 노동에 대한 지휘의 집적의 증가로 나타나며, 다른 한편으로는 다수의 개별 자본가들 상호 간의 배척으로서 나타납니다. 수많은 개별 자본으로의 사회적 총자본의 분열 또는 그 단편들의 상호배척은 그들 사이의 서로 끌어당기는 힘에 의하여 상쇄됩니다. 이 끌어

---

35 『자본론 I [하]』, 788~789쪽.

당기는 힘은 생산수단과 노동지휘의 단순한 집적[축적과 동일한 의미의 집적]이 아닙니다. 이것은 이미 형성된 자본의 집적이며, 그 개별적 독립성의 파괴이며, 자본가에 의한 자본가의 수탈이며, 다수의 소자본을 소수의 대자본으로 전환시키는 것입니다.

이 과정이 첫째 과정과 다른 점은, 이 과정은 이미 존재하며 기능하고 있는 자본들의 분배에서의 변화만을 전제로 하며, 따라서 그 작용 범위는 사회적 부의 절대적 증대 또는 축적의 절대적 한계에 의하여 제한받지 않는다는 점입니다. 한 곳에서 어떤 한 사람의 수중에 자본이 대량으로 증대하는 것은 다른 곳에서 많은 사람들이 자본을 잃어버렸기 때문입니다. 이것은 축적 및 집적과 구별되는 집중입니다. 경쟁전은 상품 값을 싸게 하는 방식으로 진행됩니다. 상품 값이 싸지는 것은, 기타 조건이 같다면, 노동생산성에 의존하며, 노동생산성은 생산규모에 의존합니다. 그러므로 대자본은 소자본을 격파합니다. 비교적 작은 자본은 대공업이 산발적으로나 불완전하게 장악하고 있는 그러한 생산분야로 몰려듭니다. 여기에서의 경쟁은 적대적인 자본들의 수에 비례하고, 그 크기에 반비례하여 격렬해집니다. 경쟁은 언제나 다수의 소자본가의 멸망으로 끝나는데, 그들의 자본은 부분적으로는 승리자의 수중으로 넘어가고 부분적으로 사라집니다.[36]

자본주의적 생산의 발전과 함께 신용제도가 발생하여 자본의 집중에 힘을 보탭니다.
신용제도는 곧 경쟁전에서 새롭고 무서운 무기로 되며, 결국에는 자본집중을 위한 거대한 사회적 기구로 전환됩니다. 자본주의적 생산

---

[36] 『자본론 I [하]』, 789~790쪽.

과 축적의 발전에 비례하여 집중의 가장 강력한 두 지렛대인 경쟁과 신용도 발전합니다. 이와 더불어 축적의 진전은 집중될 소재 즉 개별자본을 증대시킵니다.

집중과 집적의 차이점인데, 집적은 확대재생산의 다른 명칭에 불과하지만, 집중은 단순히 기존 자본의 분배를 변화시킴으로써 [사회적 자본의 구성부분들의 양적 편성을 단순히 변경시킴으로써] 발생할 수 있습니다. 집중은 산업자본가들에게 그들의 사업규모를 확대할 수 있게 함으로써 축적을 보완합니다. 집적은 집중에 비하면 분명히 매우 완만한 과정입니다. 개별자본의 집적이 아니라 집중은 주식회사에 의하여 순식간에 철도를 부설하였다. 집중은 축적 작용을 강화하고 촉진함과 동시에 자본의 기술적 구성의 변혁을 확대하고 촉진합니다. 정상적 축적과정에서 형성된 추가자본은 특히 새로운 발견과 발명, 그리고 산업적 개량일반의 이용을 위한 매개수단으로 역할을 합니다. 따라서, 한편으로는 축적과정에서 형성된 추가자본은 그 크기에 비하여 소수의 노동자를 더욱더 흡수합니다. 다른 한편으로, 주기적으로 새로운 구성으로 재생산되는 구자본은 종전에 고용하였던 노동자들을 더욱더 많이 축출합니다.[37]

집중의 적절한 수단들은 축적의 동학에 있어 매우 중요합니다.
그러나 이것은 독점세력의 위협을 불러일으킬 뿐만 아니라 고전경제학은 물론 오늘날 신자유주의 경제학자들에게 너무도 소중한 교의인 분권화된 시장경제와도 모순됩니다. 경쟁의 결과는 항상 독점입니다. 자본축적과정은 시장이 완벽하게 작동한다는 이론과 본질적으로 맞지 않는 자본주의적 동학의 내부에 존재합니다. 문제는 시장과 상

---

[37] 『자본론 I [하]』 790~793쪽.

대적 잉여가치를 얻기 위한 노력이, 자유롭게 작동하는 시장에서의 분권화된 의사결정을 파괴하는 집중이 없이는 장기간 공존할 수 없다는 점입니다.[38]

자본축적은 자본구성의 누진적 질적 변화[즉, 자본의 가변적 구성부분을 희생시키면서 불변적 구성부분을 끊임없이 증가시키는 것]를 수반하면서 진행됩니다. 자본의 구성의 고도화가 노동자계급에게 미치는 영향으로 상대적 과잉인구 또는 산업예비군이 점점 더 증가한다는 점을 강조합니다.

진정한 자본주의적 생산방식, 그에 대응하는 노동생산력의 발전, 그리고 그것에 유래하는 자본의 유기적 구성의 변동은 축적의 진전 또는 사회적 부의 증가와 보조를 맞추는 것이 아니라 그보다 훨씬 더 빠른 속도로 발전합니다. 단순한 축적은 [즉 사회적 총자본의 절대적 증가는] 총자본의 개별요소들의 집중을 수반하며, 또 추가자본의 기술적 구성의 변혁은 최초자본의 기술적 구성의 변혁을 수반하기 때문입니다. 그리하여 축적의 진전에 따라 불변자본부분과 가변자본부분의 비율은 변합니다. 최초에는 1:1이었으나 이제는 2:1, 3:1, 4:1, 5:1, 7:1 등등으로 됩니다. 노동에 대한 수요는 총자본량에 의해 결정되는 것이 아니라 총자본의 가변적 구성부분에 의하여 결정되는 것이므로, 그 수요는 우리가 앞에서 가정한 바와 같이 총자본의 증가에 비례하여 증대하는 것이 아니라, 오히려 점차로 감소합니다. 그 수요는 총자본의 크기에 비하여 상대적으로 감소하며 또 총자본의 증가에 따라 그 상대적 감소는 가속화합니다. 총자본의 증가에 따라 그 가변적 구성부분도 증가하지만, 그 구성비는 끊임없이 감소합니다.[39]

---

38 『맑스 자본 강의』, 490쪽.
39 『자본론 I [하]』, 793~794쪽.

자본축적으로 고용되는 노동력의 절대량이 증가할 수도 있습니다. 자본주의 국가에서 전체노동자가 100명이 있는데 그중 99명이 고용되어 완전고용상태라 합시다. 노동자들이 근로조건 개선 등을 요구하면서 파업을 하면 자본가는 쉽게 해고를 할 수 없습니다. 자본은 좀 더 싼 가격으로 노동력을 구입하기 위해서 항상 상대적 과잉인구를 만들어 냅니다. 이는 자본주의적 생상 양식에만 독특하게 존재하는 인구법칙입니다. 이런 산업예비군은 자본이 필요로 하는 것보다 상대적으로 더 많이 존재하는 노동인구는 자본의 가치증식에 이용되는 인간 원료입니다. 산업예비군이 존재하기 때문에 자본가는 노동자를 언제든지 해고하고 언제든지 고용할 수도 있으며, 또한 산업예비군들 사이의 경쟁 때문에 더 낮은 임금으로 노동자를 고용할 수 있습니다. 따라서 산업예비군은 자본 착취를 더욱 강화하는 화수분 역할을 합니다.

자본주의적 축적은 상대적으로 과잉인 노동인구를 끊임없이 생산해 내고 있는 것입니다.

[축적이 일정한 기술적 토대 위에서 단순한 생산확대로서 작용하는] 중간기간은 단축됩니다. 추가노동자를 흡수하기 위해서, 또는 심지어 [구자본의 끊임없는 형태변화 때문에] 이미 기능하고 있는 노동자의 취업을 유지하기 위해서도 총자본의 가속적 축적이 필요하게 됩니다. 그런데 이번에는 이 증가하는 축적과 집중이 자본구성의 새로운 변동[즉 자본의 불변적 부분에 비해 가변적 부분의 가속적인 감소]의 원천으로 됩니다. [총자본의 증가에 따라 촉진되며 총자본 자체의 증가보다 빠른 속도로 촉진되는] 가변자본의 상대적 감소는 오히려 [가변자본 또는 고용수단의 증가보다 언제나 급속하게 증가하는] 노동인구의 절대적 증가라는 전도된 형태를 취하고 있습니다. 그러나 사실은 자본주의적 축적은 [자기 자신의 정력과 규모에 비례하여] 상

대적으로 과잉인 [즉 자본의 평균적인 자기증식욕에 충분한 것보다 더 큰 규모의] 노동인구를 끊임없이 생산해 내고 있는 것입니다.

축적의 주요 지렛대는 기술이 아니라 축적이 만들어내는 과잉인구의 저수지입니다. 노동인구는 그들 자신이 생산하는 자본축적에 의하여 그들 자신을 상대적으로 불필요하게 만드는 [즉 상대적 과잉인구로 만드는] 수단을 점점 더 큰 규모로 생산합니다. 이것이 자본주의적 생산양식에 특유한 인구법칙입니다. 사실 모든 특수한 역사적 생산양식은 자기 자신의 특유한, 그 한계 내에서만 역사적으로 타당한, 그러한 인구법칙을 가지고 있습니다. 추상적인 인구법칙이란 식물과 동물에 대해서만, 그것도 인간이 간섭하지 않은 한에서만, 존재합니다. 그런데 과잉 노동인구가 축적의 필연적 산물 또는 자본주의적 토대 위에서의 부의 발전의 필연적 산물이라면, 이번에는 과잉인구가 자본주의적 축적의 지렛대로, 심지어는 자본주의적 생산양식의 생존조건으로 됩니다.

과잉 노동인구는 [마치 자본이 자기의 비용으로 육성해 놓은 것처럼] 절대적으로 자본에 속하며 자본이 마음대로 처분할 수 있는 산업예비군을 형성합니다. 현실적 인구증가의 한계와는 관계없이, 산업예비군은 변동하는 자본의 가치증식욕을 위하여 언제나 착취할 수 있게 준비되어 있는 인간재료를 이룹니다. 축적과 그에 수반하는 노동생산력의 발전에 따라 자본의 급격한 확장력도 증대합니다. [축적의 진전에 따라 팽창되어 추가자본으로 전환될 수 있는] 사회적 부는 시장이 갑자기 확대되는 종래의 생산부문으로 밀려들든가, 또는 종래의 생산부문들의 발전에 따라 그 필요가 생기는 철도 등등과 같이 새로이 개발된 부문으로 맹렬하게 밀려듭니다. 이러한 모든 경우에 다른 분야의 생산규모를 축소함이 없이 결정적인 부문에 신속하게 많은 사람들을 투입할 수가 있어야 합니다. 과잉인구가 그 사람들을 제공합니다.

근대산업의 특징적인 진행과정, 즉 평균수준의 호황, 활황, 공황, 침체로 이어지는 10년을 1주기로 하는 순환은 산업예비군 또는 과잉인구의 끊임없는 형성, 다소간의 흡수 및 재형성에 의거하고 있습니다. 자본축적의 진전이 지금에 비하면 완만하였는데도 불구하고 착취할 수 있는 노동인구의 자연적 한계에 부딪쳤으며, 이 한계는 폭력적 수단[농민으로부터의 토지수탈, 아동 유괴, 노예사용 등을 가리킵니다]에 의해서만 제거될 수 있었습니다. 생산규모의 돌발적이며 비약적인 확대는 생산규모의 돌발적인 축소의 전제조건입니다. 축소는 이번에는 확대를 야기시키지만, 그러나 마음대로 처분할 수 있는 인간재료 없이는 [인구의 절대적 증가에 의존하는 것이 아닌 노동자의 수의 증가 없이는] 확대가 불가능합니다. 이 증가는 노동자들의 일부분을 끊임없이 유리시키는 단순한 과정에 의하여, 생산증가에 비하여 취업노동자의 수를 감소시키는 방법에 의해 달성됩니다. 따라서 근대산업의 모든 운동형태는 노동인구의 일부분을 끊임없이 실업자 또는 반실업자로 전환시키는 것에 의거하고 있습니다. 사회적 생산도 일단 확대와 축소가 교체되는 이 운동에 들어가면 끊임없이 그 운동을 반복합니다. 이 주기성이 일단 확고해지면 [속류]경제학까지도 상대적 과잉인구[즉 자본의 평균적인 증식욕에 비하여 과잉인 인구]의 생산을 근대산업의 필요조건으로 파악하기 시작합니다.[40]

자본주의적 생산양식의 발전과 노동생산성의 발전—이것은 축적의 원인인 동시에 결과입니다.—으로 자본가는 개별 노동력의 착취(외연적 또는 내포적)를 증대시킴으로써 종전과 동일한 양의 가변자본의 지출로써 보다 많은 노동량을 움직이게 할 수 있습니다.

---

40 『자본론 I [하]』 794~799쪽.

자본가는 점점 더 기능노동자를 무기능노동자로, 숙련노동자를 미숙련노동자로, 남성노동자를 여성노동자로, 성인노동자를 미성년자나 아동으로 교체함으로써 동일한 자본가치로 보다 많은 양의 노동력을 구매합니다.

축적이 진행됨에 따라 한편으로는 보다 많은 가변자본이 노동자의 수를 증가시키지 않으면서 보다 많은 노동량을 운동시키며, 다른 한편으로는 같은 크기의 가변자본이 같은 양의 노동력으로 보다 많은 노동량을 운동시키며, 그리고 끝으로 보다 높은 질의 노동력을 보다 낮은 질의 노동력으로 대체함으로써 보다 많은 수의 노동자들을 운동시킵니다. 노동자계급 중 취업자들의 과도노동은 그 예비군을 증대시키며, 거꾸로 예비군의 경쟁이 취업자들에게 가하는 압박의 강화는 취업자로 하여금 과도노동을 하지 않을 수 없게 하며 자본의 명령에 복종하지 않을 수 없도록 합니다.

임금의 일반적 변동은 전체적으로 보면 산업순환의 국면교체에 대응하는 산업예비군의 팽창과 수축에 의하여 전적으로 규제됩니다. 따라서 임금의 일반적 변동은 노동인구의 절대수의 변동에 의해서가 아니라 노동자계급이 현역군과 예비군으로 분할되는 비율에 변동에 의하여, 과잉인구의 상대적 규모의 증가에 의하여, 그리고 또 과잉인구가 때로는 흡수되며 때로는 다시 축출되는 정도에 의하여 결정됩니다. 근대산업은 10년 주기의 순환과 각 순환의 상이한 국면들을 겪고 있는데 이러한 근대산업에 적합한 법칙은 자본의 확장과 수축의 교체가 노동의 수요와 공급을 규제한다는 법칙일 것입니다.[41]

자본의 운동이 단순히 인구운동에 종속되고 있다는 법칙은 전적으

---

[41] 『자본론 I [하]』, 801~803쪽.

로 엉터리입니다.

이 법칙에 의하면, 자본축적의 결과 임금은 인상되고, 임금인상은 노동인구로 하여금 보다 급속하게 번식하도록 자극하며, 이 사태는 노동시장이 공급과잉으로 될 때까지 계속됩니다. 임금이 인하되고 이제 사태가 거꾸로 됩니다. 임금인하의 결과 노동인구는 점차 감소하며, 그리하여 노동인구에 비하여 자본이 다시 과잉으로 됩니다. 이 경제학적 허구[임금상승→인구증가→임금하락]는 임금의 일반적인 운동, 또는 노동자계급[즉 총노동력]과 사회적 총자본 사이의 비율관계를 규제하는 법칙과, 노동인구를 상이한 생산분야들에 배분하는 법칙을 혼동하고 있습니다.

산업예비군 즉 상대적 과잉인구는 침체기와 평균 정도의 호황기에는 현역 노동자군에 압력을 가하고, 과잉생산과 열광적인 확장기에는 현역군의 요구[예: 임금인상]를 억제합니다. 따라서 상대적 과잉인구는 노동의 수요와 공급의 법칙이 작용하는 배경이며 그것은 이 법칙의 작용범위를 자본의 착취욕과 지배욕에 절대적으로 적합한 한계 내로 몰아넣습니다.

자본의 축적이 한편으로 노동에 대한 수요를 증대시킨다면, 다른 한편으로는 노동자를 유리시켜 그 공급을 증대시킵니다. 실업자들의 압력은 취업자들로 하여금 보다 많은 노동을 수행하지 않을 수 없게 하며, 따라서 일정한 정도까지는 노동의 공급을 노동자의 공급과 무관한 것으로 만듭니다. 이러한 토대 위에서 행해지는 노동의 수요 및 공급의 법칙의 작용은 자본의 독재를 완성합니다.

노동자들이 자기들이 일을 많이 하면 할수록 타인의 부가 더욱 많아지며, 그리고 그들의 노동생산성이 증가하면 할수록[자본의 가치증식 수단으로서의] 자기들의 기능조차 더욱 위태롭게 된다는 사실을 알게 되자마자, 또 상대적 과잉인구의 압력으로 경쟁의 강도가 강화되었음을 노동자가 알고 실업자와 취업자 사이의 단결을 수요·공급법칙의 침해라며 대합니다. 또 그들[노동자]이 자기들 사이의 경쟁강도가 전적으로 상대적 과잉인구의 압력에 달려 있다는 사실을 알게 되자마자, 또 그들이 자본주의적 생산의 이 자연법칙이 자기들 계급에 미치는 파멸적 영향을 제거하거나 약화시키기 위해 노동조합의 설립 등을 통해 취업자와 실업자 사이의 계획된 협력을 조직하려고 노력하자마자 자본과 그 아첨꾼인 정치경제학은 영원한 그리고 이른바 신성한 수요공급법칙에 대한 침해라고 떠들어댑니다. 취업자와 실업자 사이의 어떤 단결도 이 법칙의 조화로운 작용을 교란시킨다는 것입니다.[42]

상대적 과잉인구의 상이한 3가지 형태를 이야기하며, 자본주의적 축적의 일반법칙을 정식화합니다.

상대적 과잉인구는 매우 다양한 형태로 존재합니다. 각 노동자는 부분적으로 취업하고 있거나 또는 전혀 취업하고 있지 않는 기간에는 상대적 과잉인구에 속합니다. 오늘날 실업자는 말할 것도 없이 시간제나 아르바이트와 같은 다양한 형태의 비정규직으로 대표되는 불안정 고용도 상대적 과잉인구에 속합니다.

산업순환의 국면 교체에 의해 상대적 과잉인구가 주기적으로 대규모로 취하는 형태[공황기에는 급성의 형태, 불황기에는 만성의 형태]를 도외시하면, 과잉인구는 언제나 세 가지 형태, 즉 유동적·잠재적·정체적 형태를 띠고 있습니다.[43]

유동적 과잉인구는 이미 프롤레타리아화한 사람들로서, 정규직 노동자로 고용되어 있다가 어떤 이유 때문에 일시적으로 일자리에서 쫓

[42] 『자본론 I [하]』, 803~807쪽.
[43] 『자본론 함께 읽기』, 454~455쪽.

겨나 있는 사람들이며, 이들은 축적 조건이 개선되어 다시 일자리로 돌아갈 때까지 실업기간 동안 어떻게든 생존해 있는 사람들입니다. 유동적 과잉인구는 근대산업의 중심인 공장·매뉴팩쳐·제철소·광산 등등에서는 노동자들이 때로는 축출되고 때로는 대량으로 다시 흡수되어, 전체적으로 보아서 취업자의 수는, 비록 생산규모에 비해서 끊임없이 저하되는 비율이긴 하지만, 증대합니다.

잠재적 과잉인구는 아직 프롤레타리아화하지 않은 사람들입니다. 이들은 임노동제도에 아직 흡수되지 않은 농업인구입니다. 자본주의적 생산이 농업을 장악하자마자, 또는 그것을 장악한 정도에 비례해서, 농촌 노동인구에 대한 수요는 절대적으로 감소합니다. 농업에 자본축적이 되어감에 따라 여기에서 축출되는 노동력은 [다른 비농업적 산업에서와는 달리] 보다 큰 흡수에 의해서 보상되는 일이 없기 때문입니다. 그러므로 농촌인구의 일부는 끊임없이 도시 프롤레타리아트나 비농업 프롤레타리아트로 전환되는 상태에 있으며, 이 전환에 유리한 조건을 기다리고 있습니다. 그리하여 상대적 과잉인구의 이 원천으로부터 끊임없는 이동이 생깁니다. 인도와 멕시코 등과 같은 나라들은 오늘날까지도 가족제도의 파괴를 통해 부녀자와 아동들을 임노동자로 만들고 있습니다. 그리하여 농촌노동자는 최저한도의 임금수준으로 밀려 떨어지고, 그들의 한쪽 다리는 이미 언제나 극빈자의 늪 속에 처박혀 있습니다.

오늘날에도 개발도상국에서는 잠재적 과잉인구는 여전히 농촌인구에 많습니다. 쁘띠부르주아적 독립생산자들과 수공업자들도 포함되는데 이들은 모두 대자본에 자신들의 사업을 빼앗겨 노동시장에 어쩔 수 없이 밀려난 사람들입니다. 한국의 경우, 잠재적 과잉인구는 도시 자영업자층에 광범위하게 퍼져 있습니다. 한국에서 도시 자영업자의 비중이 OECD국가들의 평균 2배 이상으로 매우 비정상적입니다.

이들은 대부분 정리해고나 명예퇴직으로 일자리를 상실한 노동자 출신입니다. 자영업 비율은 전체 노동인구의 약 26%입니다. 상시노동자와 같은 좋은 일자리가 있으면, 울자 겨자 먹기로 자영업을 하지 않을 인구입니다. 자영업자 중 5년 내 폐업률은 약 70~80%나 됩니다. 음식업은 폐업비율이 90%를 넘습니다. 영세 자영업자는 가족 종사자와 함께 노동빈민과 똑같은 처지의 자영 빈민이라 할 수 있고, 과잉경쟁으로 대부분 폐업에 이르러 빈민으로 추락합니다. 쁘티 부르주아는 자본주의의 잠재적 산업예비군 역할을 하는 화수분이며, 자본 간의 경쟁으로 프롤레타리아로 전락할 운명입니다.

상대적 과잉인구의 제3 범주인 정체적 과잉인구는 그 취업이 매우 불규칙적인 현역 노동자집단의 일부를 이루고 있습니다. 정체적 과잉인구는 자본에게 마음대로 처분할 수 있는 노동력의 무진장한 저수지를 제공합니다. 그들의 생활형편은 노동자계급의 정상적 평균수준이하로 떨어지며, 바로 이 사실로 말미암아 그들은 자본주의적 착취의 특수부문들을 위한 광범한 토대가 됩니다. 정체적 과잉인구는 여러 유형의 쁘띠부르주아 생산자, 여성, 아동, 농민 같은 사람들로 구성된 매우 거대하고 다양한 범주입니다. 오늘날에는 임시직, 파트타임, 알바, 특수고용 노동자(학습지 노동자, 화물 운송 노동자) 등 다양한 형태의 비정규직 또는 불안정 고용 노동자들이 정체적 과잉인구에 해당합니다.

한국에서는 이들이 노동자계급의 과반을 넘어설 정도로 다수를 차지하고 있습니다. 그들의 특징은 최대한도의 노동시간과 최소한도의 임금입니다. 이 정체적 과잉인구는 대공업과 농업의 과잉노동자들로써 끊임없이 보충되며 또 특히 정복당하여 몰락하고 있는 공업부문으로부터 보충됩니다. 그들의 규모는 축적의 규모 및 활력의 증대와 함께 과잉 노동자의 창출이 진전됨에 따라 증대합니다. 그러나 동시에 그들은 노동자계급 중 자기 자신을 재생산하고 영구화하는 요소이며, 노동자계급의 총 증가 중에서 다른 요소들보다 상대적으로 큰 비율을 차지하는 요소입니다.

상대적 과잉인구의 최하층은 구호의 대상으로 되고 있는 극빈자의 생활을 합니다.

유랑자·죄인·매춘부 즉 간단히 말해서 룸펜프롤레타리아를 제외하면, 이 사회층은 세 개의 범주로 구성됩니다. 제1은 노동능력이 있는 자입니다. 노동능력자의 수는 공황시에는 언제나 증대하고 회복기에는 언제나 감소합니다. 제2는 고아와 구호빈민의 아이들입니다. 제3은 타락한 사람들과 노동무능력자입니다. 이들은 특히 분업으로 인하여 직업을 바꿀 능력이 없기 때문에 몰락한 사람들, 위험한 기계·광산·화학공장 등등의 증가에 따라 그 수가 점점 증가하는 산업희생자들인 불구자·병자·과부 등등입니다.

구호빈민은 현역노동자군의 폐인수용소이며 산업예비군의 고정구성원입니다. 구호빈민의 생산은 상대적 과잉인구의 생산에 포함되어 있으며, 전자의 필요성은 후자의 필연성에 포함되어 있습니다. 구호빈민은 상대적 과잉인구와 더불어 부의 자본주의적 생산 및 발전의 전제조건을 이룹니다. 빈민구호는 자본주의적 생산의 비생산적 비용에 속합니다. 그러나 자본은 그 비용부담의 대부분을 자기 자신의 어깨로부터 노동자계급과 소부르주아의 어깨로 전가하는 방법을 알고 있습니다.[44]

자본주의적 축적의 절대적 일반법칙으로서 축적에 비례한 상대적 과잉인구 또는 산업예비군의 확대재생산을 정식화합니다.

사회의 부, 기능하는 자본, 기능자본 증대의 규모와 활력, 이리하여

---

[44] 『자본론 I [하]』, 811쪽.

또 프롤레타리아의 절대 수와 그들 노동의 생산력이 크면 클수록, 산업예비군은 그만큼 더 커집니다. 자본의 확장력을 발전시키는 원인들 바로 그것이 또한 자본이 마음대로 이용할 수 있는 노동력을 증가시킵니다. 다시 말해 산업예비군의 상대적 크기는 부의 잠재적 활력과 함께 증대합니다. 그런데 이 산업예비군이 노동자 현역군에 비해 크면 클수록, 고통스러운 노동을 하지 않으면 더욱 빈곤해지는 고정적 과잉인구는 그만큼 더 많아집니다. 끝으로 노동자계급의 극빈층과 산업예비군이 크면 클수록, 공식적인 구호 빈민은 그만큼 더 많아집니다. 이것이 자본주의적 축적의 절대적 일반법칙입니다.

점점 증가하는 양의 생산수단이 [사회적 노동생산성의 진전으로 말미암아] 더욱더 적은 인간의 힘의 지출로써 가동된다는 법칙. 노동생산성이 높으면 높을수록 노동자들이 그들의 취업수단에 가하는 압력은 그만큼 더 커지며, 따라서 그들의 생존조건-즉 타인의 부의 증대 [자본의 가치증식]을 위한 그들 자신의 노동력의 판매-은 그만큼 더 위태롭게 된다는 것입니다. 이리하여 생산수단과 노동생산성이 생산적 인구보다 더 빨리 증가한다는 사실이 자본주의 사회에서는 거꾸로 노동인구는 언제나 자본의 증식욕보다도 더 빨리 증가한다는 것으로 나타납니다.[45]

기계제 대공업의 발달과 더불어 생산수단의 집중이 심해질수록 노동자들도 일정한 공간에 더 많이 집중합니다. 따라서 자본축적이 빠르면 빠를수록 노동자들의 주택사정도 더욱 빠르게 나빠집니다.

불량주택 지역의 철거, 은행과 백화점의 건설, 마차나 전차를 위한 도로 확장과 같은 도시 재개발 사업은 빈민들을 더욱 불결하고 비좁은 빈민굴로 몰아냅니다. 집세는 더욱 비싸지고, 주택 투기꾼들은 적은

---

45 『자본론 I [하]』, 811~812쪽.

돈을 들여 많은 불로소득을 얻습니다. 공업 도시나 상업 도시에서 자본 축적의 속도가 빨라질수록 더 많은 인구가 도시로 갑자기 밀려들어오며, 이에 따라 주택 문제는 더욱 심각해집니다.[46]

대부분 농촌 출신으로 구성된 유랑 노동자는 자본의 필요에 따라 이리저리 던져집니다. 이들은 각종 건설공사와 배수공사, 벽돌 생산, 철도 공사 등에 고용됩니다. 이런 유랑 노동자들이 거주하는 곳에는 천연두나 콜레라 같은 전염병이 자주 유행합니다. 철도 건설과 같이 대규모 자본이 투자되는 사업에서는 대개 청부업자가 노동자들에게 나무로 지은 임시 숙소를 제공하는데, 이렇게 갑자기 세워진 숙소들은 위생 시설이 전혀 갖추어지지 않으며, 지방 당국의 통제도 받지 않습니다. 자본축적이 대규모로 이어질수록 열악한 환경에서 일하는 유랑 노동자의 수가 더욱 증가합니다.

제4편에서 상대적 잉여가치 생산을 분석할 때 본 바와 같이, 자본주의 체제 안에서는 노동의 사회적 생산력을 향상시키기 위한 모든 방법은 개별노동자의 희생 위에서 이루어집니다.

생산을 발전시키는 모든 수단들을 생산자를 지배하고 착취하는 수단으로 전화되며, 노동자를 부분인간으로 불구화하며, 노동자를 기계의 부속물로 떨어뜨리며, 그의 노동의 멋있는 내용을 파괴함으로써 노동을 혐오스러운 고통으로 전환시키고, 과학이 독립적인 힘으로 노동과정에 도입되는 정도에 비례해 노동과정의 지적 잠재력을 노동자로부터 소외시킵니다. 또한 노동생산력을 향상시키는 모든 방법과 수단은 노동자의 노동조건을 악화시키며, 노동과정에서 비열하기 때문에 더욱 혐오스러운 자본의 독재에 노동자를 굴복시키고, 노동자의 전체 생활시간을 노동시간으로 전환시키며, 그의 처지를 자본이라는

---

[46] 『자본론 I [하]』 828쪽.

저거너트의 수레바퀴 밑으로 질질 끌고 갑니다.[47]

　자본의 독재에 노동자를 종속시키고 노동자의 전체 노동생활을 어떻게 노동시간으로 전환시키는지를 봅시다.
　우리가 자본가들을 위해 하는 노동은 우리의 임금노동자에 국한되지 않습니다. 노동시간은 우리가 임금을 지불받지 않는 자유롭다고 가정되는 시간들에도 계속됩니다.
　공장에서 짧은 노동시간은 긴 노동시간보다 올바른 방향입니다. 이는 평생노동이라는 자본주의가 부과한 형벌로부터의 완전한 탈출입니다. 그러나 불행히도 우리가 자본가들을 위해 하는 노동은 우리의 임금노동자에 국한되지 않습니다. 그 노동은 우리의 지불받는 노동이 끝나고 공장 문을 나서거나 사무실 건물을 벗어난 때에도 끝나지 않습니다. 노동시간은 우리가 임금을 지불받지 않는 자유롭다고 가정되는 시간들에도 계속됩니다.
　자본이 부과하거나 부과하고자 하는 노동은 언제나, 판매와 이윤을 위해 상품을 생산하는 임금노동자만이 아니라 노동력을 생산하고 재생산하는 비임금 노동을 포함합니다. 후자[비임금 노동]는 대부분은 여성·학생·농민에 의해 일자리를 잃어버리고 일자리를 찾는 것으로 노동시장이 기능하게 만드는 비임금 노동을 하는 실직 임금노동자에 의해, 또 어린아이를 돌보는 노동 같은 것을 여전히 하고 있는 은퇴자들에 의해 수행됩니다. 24시간을 처음으로 환기시킨 것은 가사노동에 대한 임금 지불운동이었습니다.
　만약 우리가 단지 하루 동안, 주말 동안, 혹은 휴가를 위해 떠나는 경우라도 우리는 해야 할 일을 여전히 많이 갖고 있습니다. 우리가 업

---

[47] 『자본론 I [하]』, 813쪽.

무 밖 시간에 공식적인 노동 요구를 받지 않는다고 하더라도, 우리의 노동력이라고 부르는 것을 재생하는 노동, 즉 다음 날이나 다음 주나 휴가 후에 업무에 복귀할 수 있는 우리의 능력과 의지를 재생하는 노동을 합니다. 그 노동은 집에 가서 회복하는 것을 준비하는 것 등을 포함합니다.

산업적 적응 방법들이 체계적으로 적용되어 온 분명한 예는 학교들입니다. 개성의 발견과 민주시민의 양성이라고 공공연하게 이야기하지만, 자본가들은 실질적으로 학교를 공장으로 만들어 자생적으로 호기심에 가득 차 있고 무한한 에너지로 충만한 학생들을, 그들에게 주어지는 도구나 교과서를 가지고 몇 시간이고 계속해서 가만히 앉아서 매일, 몇 주, 몇 년, 시키는 대로 하는 기성세대들로 변형시키기 위해 개입했습니다. 즉 자본가들은 학생들을 자신들의 이윤창출에 맞게끔 손과 마음을 기꺼이 팔 수 있고 착취와 소외의 삶을 받아들일 수 있는 노동자들로 변형시키기 위해 개입했습니다.

자본의 이론가들과 행정가들은 학교노동의 양을 측정할 수 있는 방식으로 학교활동을 조직했습니다. 전일제 학생에게 학업은 한 해의 대부분, 한 주의 대부분, 그리고 하루의 대부분을 차지합니다. 그런 다음 학교 밖에서 하는 온갖 노동이 있습니다. 집에서 하는 노동인 숙제입니다. 하지만 그것들도 애국주의란 이데올로기나 기업이 매수한 대표자들을 선출하는 것이 민주주의란 환상 등을 가르치는 것뿐만 아니라 노동할 능력과 의지를 가르치는 것으로 짜여 있습니다. 이 모든 것은 성적, 장학금, 최고의 학교에 입학할 수 있는 인가증을 획득, 더 나은 직업을 얻으려는 경쟁을 사용해서 가능한 한 가장 길고 강도 높은 노동시간을 추출하기 위해 조직됩니다. 초등학교에서 대학에 이르기까지 모든 수준의 학교시스템은 학생과 교사 및 교수가 수행하는 노동량에 대한 더욱더 세부적인 측정을 날이 갈수록 점점 더 요구하고

있습니다.[48]

한국 노동자들은 저임금에 OECD국가들 중 멕시코 다음으로 최고의 노동시간에 시달리고 있습니다. 한국의 근로자들은 연 평균 2,069시간을 일합니다. 이는 가장 적게 일하는 독일 근로자(1,353시간) 대비 거의 두 배에 달하는 시간입니다. 더 놀라운 사실은 많이 일한다고 알려진 일본도 연 평균 1,713근로시간으로 한국보다 훨씬 적게 일합니다(2016년).

이런 저임금 최고 노동시간에 적응하기 위해서 유치원 때부터 기성세대가 시키는 대로 긴 시간 학습노동에 시달립니다. 중학교까지의 [실제로는 학원이나 숙제 등으로 외국학교보다 훨씬 더 많은 학습노동에 시달립니다] 공교육은 외국의 교육시간과 다를 바는 정상적 교육시간을 가지나 고등학교는 [최근에 완화되기는 하였지만] 학교교육이 하루에 최소한 14~15시간이나 됩니다.

임노동자들이 지불받는 노동시간의 단축을 위해 싸운 것처럼, 여성과 어린이들도 가정과 학교에서 지불받지 못하는 노동단축을 위해 싸웠습니다. 가부장제에 직면한 여성들의 경우에, 더 적은 노동을 위한 그들의 투쟁은 차별과 폭력에 대항하는 투쟁뿐만 아니라 가정에서의 더 공정한 노동 분배와 아이들을 낳고 기르는 자신들의 노동에 대한 더 큰 자기통제권을 위한 투쟁을 포함했습니다. 한국에서 여성들의 투쟁의 결과 결혼율과 출산율의 극적인 하락이었고 가정에서의 무급노동과 대비되는 유급 노동력에 여성의 참여가 증가한 것이었습니다. 학생들의 경우 진정으로 삶을 즐길 자유시간에 대한 요구와 미래에 대

---

[48] 『자본을 어떻게 읽을 것인가』, 58~60쪽.

한 전망 부재 등으로 공장 같은 학교들, 학교와 부모의 훈육, 고된 노동의 삶의 불가피성 등에 대한 저항이 늘어나고 있습니다.

그런데 잉여가치를 생산하는 모든 방법은 동시에 축적의 방법이며, 그리고 축적의 모든 확대는 다시 이 방법을 발전시키는 수단으로 됩니다. 따라서 자본이 축적됨에 따라 노동자의 상태는, 그가 받은 임금이 많든 적든, 악화되지 않을 수 없다는 결론이 나옵니다. 끝으로 상대적 과잉인구 또는 산업예비군을 언제나 축적의 규모와 활력에 알맞게 유지한다는 법칙은, 헤파이스토스의 쐐기가 프로메테우스를 바위에 결박시킨 것보다도 더 단단하게 노동자를 자본에 결박시킵니다. 이 법칙은 자본의 축적에 대응한 빈곤의 축적에 필연적인 것으로 만듭니다. 따라서 한쪽 끝의 부의 축적은 동시에 반대편 끝, 즉 자기 자신의 생산물을 자본으로 생산하는 노동자계급 측의 빈곤, 노동의 고통, 노예상태, 무지, 잔인, 도덕적 타락의 축적입니다.

제8편

이른바 시초축적

제24장_ 원시축적의 비밀
제25장_ 농민들로부터 토지를 빼앗음
제26장_ 피수탈자에 대한 피의 입법
제27장_ (산업)자본가 계급의 탄생
제28장_ 자본주의적 축적의 역사적 경향
제29장_ 근대적 식민이론

제8편 **이른바 시초축적**

봉건제의 붕괴와 이행논쟁

　봉건제에서 자본주의로의 이행문제에 관한 서구 역사학계의 성과를 보는 것은 자본의 본원적 축적을 이해하는 데 도움이 될 것입니다. 자본-노동관계를 구성하는 자본가계급과 노동자계급이 서양에서 어떻게 탄생했는지 살펴봅시다.
　스위지(Paul Sweezy)는 봉건제는 사용을 위한 생산체계로서 혁신을 억제하는 체제였고, 따라서 봉건제 붕괴 원인은 외적인 요인인 상업의 발전에서 찾아야 한다고 주장했습니다. 상업적 팽창, 특히 원격지 무역은 구래의 봉건적 생산체계와 나란히 교환을 위한 생산체제를 탄생시켰습니다. 이 교환경제로 인해서 첫째로 봉건적 생산조직의 비효율성이 드러나게 되었고, 둘째로 봉건사회 구성원들은 사업가적인 태도를 익히게 되었으며, 셋째로 봉건 지배계급의 기호가 증대되었고, 넷째로 도시가 발흥함에 따라 농민은 새로운 삶의 전망을 발견하게 되었다는 것입니다.

변화된 요구에 대처하기 위해서 새로운 유형의 생산관계와 생산조직이 나타나야 했습니다. 이로부터 서유럽 경제는 16세기에 이르면 더는 봉건제에 지배되지 않았고, 봉건적 관습법은 생산 증대에 방해가 되었기 때문에 점점 방기되었습니다. 다른 한편, 도시의 발전이 제한되어 농민에게 다른 선택의 길이 주어지지 않았던 엘베 강 이동에서는 영주들이 농민에 대한 통제력을 성공적으로 강화시킴으로써 재판농노제가 등장하게 되었다는 것입니다.

돕은 스위지의 이런 주장에 대해 봉건제가 붕괴한 것은 그 자체의 내적 모순 때문이라고 반박합니다. 봉건적 수탈이 너무 심해 땅이 척박하여 생산력이 정체하고, 이에 못 견딘 농노가 도망가거나 농노의 생활수준이 크게 떨어졌고, 인구가 감소하면서 노동력이 고갈되어 봉건제의 토대인 농노제가 붕괴되었다는 것입니다. 붕괴된 봉건제 이후에 자본주의가 등장하기 이전에 두 세기 동안에 소상품생산이 광범위하게 존재했습니다. 독립자영농들과 독립수공업자들이 한 시대를 풍미했는데, 그들 사이에 시장경쟁이 벌어졌고, 그 결과 양극분해가 일어났습니다. 즉 소농 중에 생산력이 뛰어나 경쟁에서 이기면 부농이 되고, 이 부농은 나중에 자본가로 성장했습니다. 반대로 경쟁에서 뒤처진 소농은 빈농으로 몰락해 결국 프롤레타리아로 전락했습니다. 그 결과 자본가와 노동자가 출현했고, 이들이 시장에서 만나 자본-노동 관계를 맺어 자본주의를 맺어 자본주의가 성립했다는 주장입니다.[1]

스위지가 도시와 상업을 봉건제 밖에서 발전한 새로운 요소로 파악했다면, 돕에게 있어서 상업은 봉건경제의 일부였습니다. 상인의 활동은 영주 계급의 사치품 욕구를 충족시켜 주면서 유통 부분에 국한되어 있었을 뿐, 생산에 거의 투자하지 않았기 때문에 생산의 조건을 변

---

[1] 『자본론 함께 읽기』, 109쪽.

경시키지 못했다는 것입니다. 상인자본은 봉건 지배계급과 결탁하고 독점적인 특권에 기대어 생산자를 시장으로부터 차단하거나 생산을 직접 지배함으로써 자본주의의 발전을 촉진했다기보다는, 오히려 퇴행적 작용을 했다고 주장했습니다.

1970년대 후반, 봉건제에서 자본주의로의 이행에 관한 2차 이행논쟁이 벌어졌습니다. 이것을 브레너 논쟁이라 합니다.

좌파 학자인 돕과 스위지의 논쟁이 이행문제를 유통과정을 중심으로 볼 것인가 생산과정을 중심으로 볼 것인가를 다뤘다면, 좌우파가 공히 참여한 1970년대 브레너 논쟁의 초점은 봉건제가 어떻게 망했느냐 였습니다.

브레너는 상업발달론을 반박하는 책을 써냈습니다. 만약 상업발달론이 옳다면, 상업이 가장 발달한 지역에서 자본주의가 가장 먼저 발생하고 발달해야 합니다. 유럽 여러 나라를 조사해보니 동유럽보다 서유럽에서 자본주의가 먼저 등장했는데, 서유럽이 동유럽보다 상업이 더 발달했는지 조사해보니 아니라는 것입니다.

동유럽과 서유럽의 역사가, 그리고 동부 독일과 서부 독일의 역사가 다른 이유를 브레너는 계급투쟁에서 찾습니다. 봉건제 말기인 14~15세기에 계급투쟁이 격렬했는데, 동유럽의 경우 영주들이 이겼고, 서유럽에서는 농노계급이 이겼다는 것입니다. 이 계급투쟁 결과의 차이가 동유럽과 서유럽의 역사를 다르게 만들었다는 것입니다.[2]

---

2 『자본론 함께 읽기』, 110쪽.

제8편 **이른바 시초축적**

제24장_ 원시축적의 비밀

　이 본원적 축적이 경제학에서 수행하는 역할은 신학에서의 원죄의 역할과 거의 같습니다. 아담이 사과를 베어 먹었기 때문에 인류에게 죄가 내린 것입니다. 즉 과거의 이야기를 통해 이 죄의 기원이 설명됩니다. 아주 옛날에 한편에는 부지런하고 현명하여 무엇보다도 검약한 뛰어난 인간들이 있었고, 다른 한편에는 게으름뱅이들로 자신의 모든 것 또는 그 이상의 것을 써버리는 쓰레기 같은 인간들이 있었습니다. 신학의 원죄설은 우리에게 어째서 인간은 이마에 땀을 흘려야만 먹을 수 있게끔 저주받았는지를 설명해주지만, 경제학의 원죄설은 그렇게 일을 할 필요가 조금도 없는 사람들이 어떻게 하여 존재하는지를 밝혀줍니다. 전자의 사람들은 부를 축적하고 후자의 사람들은 결국 팔 것이라고는 자신의 몸뚱이 외에 아무것도 없는 빈털터리가 되었습니다. 그리하여 이 같은 원죄에서 아무리 일을 해도 여전히 자신의 몸뚱이 외에는 아무것도 팔 것이 없는 대중의 빈곤과 극소수 사람들의 부가 비롯되었으며, 이 극소수의 사람들은 아주 오래전부터 이미 노동하기를 그만두었는데도 그의 부는 계속 증대해온 것입니다.[3]

자본과 자유로운 노동이 생겨나게 되면 자본은 더 많은 잉여가치를 가능하게 하며, 또 더 많은 잉여가치는 더 많은 자본을 가능하게 합니다. 이 과정은 연속적으로 상승하는 나선형의 과정입니다. 그러나 자본을 이해하려면 이 연속적 나선형의 배후를 꿰뚫어보고 이 과정이 실제로 어떻게 시작되었는지를 발견할 필요가 있습니다.

자본의 역사적 기원은 도덕적 엘리트들의 절약, 검소, 절제와 같은 행위가 아니었다고 마르크스는 주장합니다. 자본주의 시스템은 아무런 재산이 없는 노동계급과 부유한 자본가계급이 이미 존재하고 있다는 것을 전제로 삼습니다. 마르크스는 이 두 계급이 처음 창출된 실제의 역사적 과정을 원시적 축적이라고 부릅니다. 임금노동자와 자본가를 만드는 과정의 출발점은 노동자의 예속상태였습니다. 그것의 진행은 이 예속의 형태변화, 즉 봉건적 착취의 자본주의적 착취로의 전화로 이루어졌습니다.

우리는 화폐가 어떻게 자본으로 전환되는가, 자본은 어떻게 잉여가치를 생산하는가, 그리고 잉여가치로부터 어떻게 보다 많은 자본이 만들어지는가를 보았습니다. 그런데 자본의 축적은 잉여가치를 전제로 하며, 잉여가치는 자본주의적 생산을 전제로 하며, 자본주의적 생산은 상품생산자들의 수중에 상당한 양의 자본과 노동력이 존재하고 있는 것을 전제로 합니다. 자본주의적 생산이 이루어지기 위해서는 자본주의 축적에 선행하는 시초축적 또는 원시축적이 있습니다. 자본의 시초축적이란 이미 확립된 자본주의적 생산 방식 속에서 확대재생산을 통해 자본을 축적하는 것이 아니라, 이러한 자본주의적 생산 양식의 출발점이 되는 최초의 자본축적을 말합니다.[4]

본원적 축적은 노동자들을 고용하기 위해 필요한 재산을 자본가계

---

3 『자본론 I [하]』, 897~898쪽.
4 『자본론 I [하]』, 897쪽.

급의 수중에 축적되는 문제에 관한 것일 뿐만 아니라 바로 이 임노동의 역사적 기원에 대한 것이기도 합니다.

영국의 농노제는 14세기 말 무렵에 사실상 없어졌습니다. 그 당시뿐 아니라 15세기에는 더더욱 주민의 대다수가 자유로운 자영농민들—비록 그들의 소유권이 봉건적 간판에 의해 늘 은폐되어 있었지만—이었습니다. 비교적 큰 영주의 소유지에서, 이전에 농노신분이었던 토지관리인은 자유로운 차지농업가에 의해 쫓겨났습니다. 농업부문의 임노동자란 일부는 여가를 이용하여 대토지 소유자의 땅에서 일하는 농민들로, 다른 일부는 상대적으로나 절대적으로나 그다지 수가 많지 않은 순수한 임노동자계급으로 구성되었습니다. 그러나 후자도 실질적으로 자영농을 겸하고 있었습니다. 왜냐하면 그들은 자신들의 받던 임금 외에도 4에이커 이상의 경지와 오두막집을 제공받고 있었기 때문입니다. 게다가 그들은 본래의 농민과 똑같이 공유지 이용권을 부여받았는데 그 공유지에서 그들은 가축을 방목하고 땔감으로 사용할 나무와 토탄 등을 공급받았습니다.

농노제가 소멸된 이후에 독립자영농에 의한 소경영이 광범위하게 존재하는 상태에서 어떻게 자본가계급과 노동자계급이 출현하는지에 관한 설명이 원시축적론입니다. 자본주의의 발생에서 자본-임노동 관계의 출현이 핵심입니다. 일단 자본-임노동 관계가 형성되면, 이 생산관계 하에서 자본은 임노동자의 잉여노동을 잉여가치(이윤)로 착취할 수 있고, 또 자본-임노동 관계 자체를 재생산할 뿐만 아니라 그 잉여가치(이윤)를 자본으로 전환시켜 확대재생산, 즉 자본축적을 지속할 수 있기 때문입니다.

자본주의적 생산관계 형성에서는 자본가계급의 탄생보다 노동자계급의 탄생이 더 결정적 의의를 지닙니다. 자본가가 되기 위한 전제인 생산수단을 구입하고 노동자를 고용할 수 있는 화폐형태의 부는 자본주의 발생 이전에도 이미 존재했기 때문입니다. 결국 생산수단으로부터 분리되어 노동력을 상품으로 판매할 수밖에 없는 존재, 즉 프롤레타리아의 발생이 자본-임노동 관계 창조의 관건이 됩니다. 원시축적은 한마디로 생산자와 생산수단의 역사적 분리과정으로 규정됩니다. 직접적 생산자가 생산수단에서 분리되어야만 생산수단은 자본으로 전환되고, 직접적 생산자는 임금노동자로 전환되기 때문입니다. 프롤레타리아 창출과정이 바로 원시축적의 토대인 것입니다.[5]

화폐와 상품은 생산수단과 생활수단이 그러하듯이 결코 처음부터 자본인 것은 아닙니다.

이것들은 자본으로의 전환을 필요로 합니다. 그러나 이 전환 자체는 일정한 사정 하에서만 가능한데, 그 사정은 요컨대 다음과 같은 것입니다. 즉, 아주 다른 두 종류의 상품소유자-한편에서는 자기가 소유하고 있는 가치액을 증식시키기 위하여 타인의 노동력을 구매하려고 갈망하는 화폐와 생산수단과 생활수단의 소유자와, 다른 한편에서는 자기 자신의 노동력의 판매자[따라서 노동의 판매자]인 자유로운 노동자-가 서로 대립하고 접촉하지 않으면 안 된다는 사정이 바로 그것입니다.

자유로운 노동자라 함은 두 가지 의의를 가지고 있습니다. 즉 그들 자신은 노예·농노 등과는 달리 자기 자신의 생산수단을 가지지도 않으며 따라서 그들은 생산수단으로부터 분리되고 유리되어 있다는 의미를 가지고 있습니다. 상품시장의 이와 같은 두 계급으로의 분화와 함께 자본주의적 생산의 기본조건들이 주어집니다. 자본관계[자본과 임금노동 사이의 관계]는 노동자가 자기의 노동을 실현할 수 있는 조건

---

5 『자본론 함께 읽기』, 115쪽.

들의 소유로부터 완전히 분리되어 있는 것을 전제로 합니다. 자본주의적 생산이 일단 자기 발로 서게 되면, 그것은 이 분리를 다만 유지할 뿐만 아니라 그것을 끊임없이 확대되는 규모에서 재생산합니다. 그러므로 자본관계를 창조하는 과정은 노동자를 자기의 노동조건의 소유로부터 분리하는 과정[즉 한편으로는 사회적 생활수단과 생산수단을 자본으로 전환시키며, 다른 한편으로는 직접적 생산자를 임금노동자로 전환시키는 과정] 이외의 어떤 다른 것일 수가 없습니다. 따라서 이른바 시초축적은 생산자와 생산수단 사이의 역사적 분리과정 이외의 아무것도 아닙니다. 그것이 시초적인 것으로 나타나는 것은 그것이 자본과 그에 대응하는 생산양식의 전사(前史)를 이루기 때문입니다.

자본주의 사회는 봉건사회 해체되면서 성장했습니다. 직접적 생산자인 노동자는 그가 토지에 결박되지 않고 또 타인의 노예나 농노이기를 멈춘 후에야 비로소 자기의 몸을 자유로이 처분할 수 있었습니다. 또한 그가 노동력의 자유로운 판매자로 되어 자기의 상품[노동력]에 대한 수요가 있는 곳이면 어디든지 그것을 가지고 갈 수 있기 위해서는 길드[동업조합]의 지배에서, 도제와 직인에 관한 길드의 규약에서, 그리고 또 길드의 구속적인 노동규제에서 벗어나지 않으면 안 되었습니다.

생산자를 임금노동자로 전환시키는 역사적 과정은 한편으로는 농노적 예속과 길드의 강제로부터 그들이 해방되는 것으로 나타나는데, 우리의 부르주아 역사가들은 이 측면만을 중요하게 생각합니다. 그러나 다른 한편으로, 이 새로 해방된 사람들은 그들의 모든 생산수단을 박탈당하고 또 종래의 봉건제도가 제공하던 일체의 생존보장을 박탈당한 후에야 비로소 그들 자신을 판매할 수 있게 되는데, 이 수탈의 역사는 피와 불의 문자로써 인류의 연대기에 기록되어 있습니다.[6]

---

[6] 『자본론 I [하]』, 898~900쪽.

마르크스는 자유로운 시장이 지배하는 애덤 스미스의 이론세계-자유주의적 기구들이 정상적으로 작동하는 자유로운 환경에서 모든 상품교환이 이루어지는-를 받아들이고 있습니다. 이 모든 것을 그대로 받아들여 그것의 공상적 성격을 분쇄하고자 했습니다. 우리가 자유주의적 시장활동을 하면 할수록 그만큼 더 빨리 두 가지 결과를 만나게 됩니다. 하나의 단일한 세력이 시장을 마음대로 좌우할 수 없도록 되어 있는 분권화되고 분자화된 분산적 형태의 구조는 점차 보다 집중된 자본가 권력을 만들어낸다는 것입니다. 경쟁은 항상 독점을 만들어내는 경향이 있으며, 경쟁이 치열하면 할수록 집중화의 경향은 더욱 급속해집니다. 보다 중요한 다른 하나의 결과는 한쪽에서는 엄청난 부의 집중이 이루어지는 반면 다른 한쪽에서는 노동자계급의 빈곤과 어려움, 그리고 영락이 거듭하는 현상입니다.

우리 모두는 교환과 계약의 자유라는 이데올로기에 현혹되어 있습니다. 이 이데올로기는 부르주아 정치이론의 도덕적 우위와 헤게모니에 기초해서 자신의 정당성을 확고히 하고 휴머니즘을 표방합니다. 그러나 이 자유롭고 평등한 교환이 이루어지는 시장의 세계로 각기 다른 초기 부존(賦存)과 재산을 가지고 들어가면, 그 순간 그 불평등이 아무리 작은 것이었다 할지라도 그것은 점점 부풀려져 시간이 지남에 따라 영향력과 부, 그리고 힘에 있어 엄청난 불평등으로 발전해나갑니다. 여기에 집중화 경향이 가세하면 스미스의 이상, 즉 시장교환의 보이지 않는 손이 만들어내는 만인에 대한 혜택과는 정반대의 모습을 만들어냅니다.[7]

원시적 축적에서 현실의 역사는 정복이라든가, 노예화라든가, 강탈이라든가, 살인이라든가, 한마디로 말해서 폭력이 큰 역할을 하였습

---

[7] 『맑스 자본 강의』, 518~520쪽.

니다. 시초축적의 방법들은 사실상 전혀 목가적인 것이 아닙니다. 자본의 원시적 축적을 가장 잘 보여 주는 것은 봉건 영주가 폭력적으로 농민의 토지를 빼앗아 그들을 무일푼의 노동자로 만든 일입니다. 시초의 역사에서 무엇보다도 획기적인 것은, 많은 인간이 돌연히 그리고 폭력적으로 그들의 생존수단으로부터 분리되어 무일푼의 자유롭고 의지할 곳 없는 프롤레타리아로서 노동시장에 투입되는 순간이었습니다. 농업생산자인 농민으로부터의 토지수탈은 전체과정의 토대를 이룹니다. 이 수탈의 역사는 나라가 다름에 따라 그 광경이 다르며, 그리고 이 역사가 통과하는 각종 국면들의 순서와 시대도 나라마다 다릅니다. 그것이 전형적인 형태를 취하고 있는 것은 영국뿐이며, 그렇기 때문에 우리는 이 나라를 예로 들려고 하는 것입니다.

제8편 **이른바 시초축적**

제25장_ 농민들로부터 토지를 빼앗음

　자본의 원시적 축적은 봉건 영주가 독립자영농들과 소규모 차지농들의 토지를 빼앗아 그들을 무일푼의 노동자로 만든 일입니다.
　자본주의적 생산양식의 토대를 만든 변혁의 서곡은 15세 후반과 16세 초반 동안 제임스 스튜어트의 봉건적 가신집단이 해체됨으로써 무일푼의 자유로운 프롤레타리아 대중이 노동시장에 투입되었습니다. 그 자체가 부르주아적 발전의 산물인 왕권은 절대적 주권을 획득하려고 노력하면서 이 가신집단의 해체를 폭력적으로 촉진하였지만, 그것은 결코 이 해체의 유일한 원인은 아니었습니다. 오히려 대봉건 영주 자신이 왕권과 의회에 가장 완강하게 대항하면서 농민들을 그 토지로부터 축출함으로써, 그리고 공유지를 횡령함으로써 비할 수 없을 만큼 더 많은 프롤레타리아를 만들어 내었습니다.
　이 일에 직접적으로 자극을 준 것은 특히 플랑드르의 양모 매뉴팩쳐의 번영과 그에 따르는 영국에서의 양모가격의 등귀였습니다. 새로운 귀족은 화폐가 모든 권력 중의 권력으로 된 그 시대의 아들이었습니다. 경작지를 목양지로 전환하려고 하였습니다.[8]

이 경작지에서 농노들을 내쫓고 대신에 양을 키우기 시작했습니다. 양을 키우기 위해서 경작지에 울타리를 둘러쳤다고 하여 인클로저운동이라고 합니다. 그래서 토마스 모어는 〈유토피아〉에서 양이 사람을 잡아먹는다고 하였습니다. 헨리 8세의 한 법령에서는 다음과 같이 지적하고 있습니다. 다수의 차지농장과 수많은 가축 특히 양이 소수인의 수중에 집중되고 있으며 그로 말미암아 지대는 크게 증대되었으나 경작은 크게 쇠퇴하고, 교회와 가옥들은 파괴되었으며, 놀랄 만큼 많은 국민 대중은 자기 자신과 가족을 유지할 수 있는 수단을 빼앗겼습니다. 이 과정에서 많은 농노들이 장원으로부터 쫓겨나 프롤레타리아가 되었습니다. 봉건영주들은 노동자를 고용하여 양모를 생산하는 자본가로 변신했습니다.

봉건적 토지소유 형태는 장원의 구조로 보면 세 가지로 구성됩니다. 하나는 봉건영주계급의 소유입니다. 여기에는 왕, 봉건영주, 교회나 수도원 등의 직영지가 포함됩니다. 왕의 소유지는 국유지였습니다. 중세 유럽에서 교회나 수도원은 봉건적 토지 소유의 1/3 정도를 차지했습니다. 다음으로 장원 토지의 1/3을 차지한 공유지입니다. 그리고 장원토지의 약 1/3을 농노들이 소유권은 없지만 경작권을 지니고 점유했습니다. 따라서 토지수탈은 봉건적 토지소유인 국유지, 교회나 수도원의 직영지, 공유지 등을 사적 소유로 전환하거나, 차지농의 점유 토지와 독립자영농의 토지를 빼앗는 형태로 이루어졌습니다.[9]

무자비한 폭력 아래에서 수행된 교회재산의 약탈, 국유지의 사기적 양도, 공유지의 횡령, 횡탈적이고 무자비한 폭행에 의해 이루어진 봉건적·씨족적 소유의 약탈과 그것의 근대적 사적 소유로의 전환- 이것

---

8 『자본론 I [하]』, 903~904쪽.
9 『자본론 함께 읽기]』, 118쪽.

들은 모두 원시축적의 목가적 방법이었습니다. 이것들은 자본주의적 농업을 위한 무대를 마련했으며, 토지를 자본에 결합시켰으며, 도시의 공업에 필요한 보호받을 길 없는 무일푼의 자유로운 프롤레타리아를 공급하게 되었습니다.[10]

국민 대중에 대한 폭력적 수탈과정은 16세기의 종교개혁과 그에 따르는 교회재산의 방대한 횡령에 의하여 무서운 자극을 받았습니다. 종교개혁 당시 천주교는 영국 토지의 많은 부분의 봉건적 소유자였습니다. 왕은 16세기 종교개혁을 하면서 왕권을 강화하기 위하여 교회의 물적 토대인 교회의 토지를 몰수하였습니다. 수도원 등등의 해산은 그곳 주민들을 프롤레타리아로 전환시켰습니다. 교회의 토지는 그 대부분 왕의 총애를 받는 탐욕스러운 신하들에게 증여되었거나, 투기적인 차지농업가와 도시 부르주아에게 헐값으로 팔아넘겨졌습니다. 이들은 종전의 세습적 소작인들을 대량으로 축출하고 그들의 경영지를 통합해 버렸습니다.[11]

17세기 말부터 시작된 공유지 횡령으로 18세기 말이 되면 농민들의 공유지는 일체 흔적이 없어졌습니다. 명예혁명은 지주적 및 자본가적 돈벌이꾼들을 지배자로 만들었습니다. 그들은 지금까지는 다만 조심스럽게 해오던 국유지의 횡령을 방대한 규모로 실시함으로써 새로운 시대를 열어놓았습니다. 국유지는 증여되거나 헐값으로 팔아넘겨지거나 또는 직접적 횡령에 의하여 사유지에 병합되었습니다. 이 모든 것은 법적 형식을 조금도 고려함이 없이 수행되었습니다. 이와 같이 사기적 방법으로 취득한 국유지는 교회로부터 약탈한 토지와 함께 영국 과두지배층의 오늘날의 귀족령의 기초를 이루고 있습니다.

---

10 『자본론 I [하]』, 922쪽.
11 같은 책, 907쪽.

18세기에는 법률 자체가 국민의 공유지를 약탈하는 도구로 되었습니다.

이 약탈의 의회적 형태는 공유지 인클로저법으로 지주가 국민의 토지를 사유지로서 국민 수탈 법령입니다. 이를 2차 인클로저라 합니다. 18세기에 자본농장 또는 상인농장이라고 불리는 대규모 차지농장의 팽창을 크게 조장하였으며, 농촌인구를 공업을 위한 프롤레타리아로 전환시키는 것을 촉진하였습니다. 그렇지만 18세기에는 국가의 부와 인민의 빈곤이 동일하다는 사실을 아직 19세기만큼 제대로 파악하지 못하고 있었습니다.[12]

새로운 토지귀족은 새로운 은행귀족과 이제 막 생기려는 대규모 금융업자 그리고 그 무렵 보호관세의 혜택을 받고 있던 대규모 제조업자들의 당연한 맹우였습니다. 즉 토지자본가, 상인자본가, 금융자본가, 산업자본가들의 광범위한 연대를 통해 이루어진 부르주아계급이 형성된 것입니다. 이들은 국가기구를 자신의 집단적 의지에 굴복시켰습니다. 그 결과 법률 그 자체가 이제는 인민공유지의 강탈수단이 되었습니다.

농민으로부터 토지를 빼앗은 최후의 대수탈과정은 사유지 청소[사유지로부터의 인간청소]입니다. 스콜틀랜드 고지의 켈트인들은 토지에 대한 명목상 소유권을 사적 소유권으로 전환시켰으며, 씨족원들의 반항에 봉착하자 공공연한 폭력으로써 씨족 구성원들을 토지에서 추방하기로 결심하였습니다. 그 토지들은 목양지로 전환하거나 목양지 일부가 사냥터로 재전환되었습니다. 이처럼 토지의 수탈이 자본의 기원이자 발생이었고, 자본-임노동 관계를 형성하는 역사적 과정이었습니다.

---

12 『자본론 I [하]』, 911~912쪽.

제8편 이른바 시초축적

제26장_ 피수탈자에 대한 피의 입법

봉건적 가신집단들의 해체와 폭력적 토지수탈에 의하여 추방된 사람들– 이 무일푼의 자유로운 프롤레타리아는 그들이 세상에 나타난 것과 동일하게 빠른 속도로 신흥 매뉴팩쳐에 의하여 흡수될 수는 도저히 없었습니다. 또한 그들의 습관으로 된 생활궤도에서 갑자기 내몰린 사람들이 그만큼 갑자기 새로운 환경의 규율에 순응할 수도 없었습니다. 그들은 대량으로 거지·도둑·부랑자로 되었는데, 그중 일부는 자기 성향으로 그렇게 되었지만 대부분의 경우에는 별다른 도리가 없었기 때문입니다.

15세기 말과 16세기 전체 기간을 통하여 서유럽의 모든 나라에서 부랑에 대한 피의 입법이 실시되었습니다. 이 법은 그들을 자발적인 범죄자로 취급하였습니다. 이런 거지·부랑자·도둑이 15세기 말과 16세기 전체 기간에 서유럽에 광범하게 존재했습니다. 서유럽 모든 나라에서 부랑자에 대한 잔인한 입법이 실시되었습니다. 오늘날의 노동자계급의 선조들은 우선 그들이 부랑자와 극빈자로 부득이 전락된 죄 때문에 징벌을 받은 것입니다.

영국의 헨리 8세는 (1530년) 법령에 의하면, 늙고 노동능력이 없는 거지는 거지면허를 받습니다. 그와는 반대로 건장한 부랑자는 태형과 금고를 당합니다. 그들은 달구지 뒤에 결박되어 몸에서 피가 흐르도록 매를 맞고 그 다음에는 그들의 출생지 또는 그들이 최근 3년간 거주한 곳으로 돌아가서 노동에 종사하겠다는 맹세를 합니다. 나중에는 더 가혹한 법령을 만들었습니다. 부랑죄로 두 번 체포되면 다시 태형에 처하고 귀를 절반 자르며, 세 번 체포되면 그는 중죄인으로서 또 공동체의 적으로 사형에 처해집니다.[13]

프롤레타리아를 임금노동자로 만드는 데 필요한 노동규율을 세우기 위한 이런 폭력적인 피의 입법은 영국에서 200년이 지난 18세기 초에야 폐지되었습니다.

처음에는 폭력적으로 토지를 수탈당하고 추방되어 부랑자로 된 농촌주민들은 그 다음에는 무시무시한 법령들에 의하여 채찍과 낙인과 고문을 받으면서 임금노동의 제도에 필요한 규율을 얻게 된 것입니다.

한쪽 끝에는 노동조건들이 자본으로 집중되며, 다른 한쪽 끝에는 자기 자신의 노동력 이외는 아무것도 팔 것이 없는 사람들이 나타난다는 것만으로는 불충분합니다. 또한 그들이 자발적으로 자신을 팔지 않을 수 없게 되는 것만으로도 불충분합니다. 물론 자본주의적 생산이 진전됨에 따라 교육·전통·관습에 의하여 자본주의적 생산양식의 요구를 자명한 자연법칙으로 인정하는 노동자계급이 발전합니다. 완성된 자본주의적 생산과정의 조직은 일체의 저항을 타파하며, 상대적 과잉인구의 끊임없는 창출은 노동에 대한 수요공급의 법칙을 [따라서 또 임금을] 자본의 증식욕에 적합한 한계 내에 유지하며, 경제적 관계

---

13 『자본론 I [하]』, 923~924쪽.

에 의한 보이지 않는 강제는 노동자에 대한 자본가의 지배를 확고히 합니다. 경제 외적인 직접적인 강제도 여전히 사용되기는 하지만, 이는 단지 예외적인 경우에만 사용됩니다. 사태가 정상적으로 진행될 때, 노동자는 생산의 자연법칙에 맡겨놓기만 하면 됩니다.

그러나 자본주의적 생산의 역사적 발생시기에는 사정이 다릅니다. 신흥 부르주아는 임금을 규제하기 위해[임금을 이윤획득에 적합한 범위 안으로 억압하기 위하여], 노동일을 연장하기 위하여, 그리고 또 노동자 자신을 자본에 정상적인 정도로 종속시켜 두기 위하여, 국가권력을 필요로 하며 또한 그것을 이용합니다. 이것이 이른바 시초축적의 하나의 본질적 계기입니다.[14] 노동계급의 자본에 대한 종속과 노동규율의 확립은 노동자들을 생산수단에서 분리하는 것만으로 불충분했습니다.

임금노동에 관한 입법은 처음부터 노동자의 착취를 목적으로 하였으며, 노동자계급에 언제나 적대적이었습니다. 법률로 정한 임금보다 많이 지불하는 것은 금고형(10일간)으로써 금지되었는데, 보다 높은 임금을 받는 것은(금고형 21일간) 그것을 지불하는 것보다 더 엄한 처벌을 받습니다. 이 최고임금법은 400년이 지난 1813년에 폐지되었습니다. 자본가가 자기 사적입법에 의해 자기 공장을 규제하기 시작했기 때문에 더 이상 그런 법령이 필요 없게 된 것입니다. 노동자의 단결은 14세기로부터 1825년에 이르기까지 중죄로 취급되었습니다. 단결금지법은 1825년에 프롤레타리아의 태도가 위협적인 것으로 되자 폐지되었습니다. 1871년 노동조합을 법적으로 승인하였습니다.

토지에 쫓겨난 그들은 일자리를 구할 수 없었고 그래서 그들은 국가의 눈에는 부랑자나 거지, 혹은 도둑이나 강도가 되었습니다. 식품

---

[14] 『자본론 I [하]』 926~927쪽.

과 의복의 원천인 토지의 몰수가 사람들을 공장으로 몰아넣기에 충분치 않았습니다. 많은 사람이 자본주의 산업의 억압적 조건과 저임금보다는 유랑생활이나 범죄의 삶을 선호했습니다. 노동의 자본주의적 조직화라는 새로운 규율에 대항하는 그들의 투쟁은 권력자들로 하여금 그들을 공장으로 몰아넣기 위해 유혈적 법률을 제정하도록 강제했습니다. 국가기구는 이들을 붙잡아서 가두고 불량배로 분류한 다음 가혹한 형벌을 부과했습니다. 폭력적으로 토지를 수탈당하고 쫓겨나 부랑자가 되었던 농민들은 기괴하고 무서운 법률로 말미암아 임노동제도에 필요한 훈련을 받도록 채찍을 맞고 낙인을 찍히고 고문을 당했습니다. 노동자들을 사회화하여 자본의 훈련소에 집어넣기 위한 폭력을 처음에는 드러내놓고 이루어졌습니다.

그러나 시간이 흘러감에 따라 노동자에 대한 자본가의 지배는 온갖 경제적 관계에 의한 보이지 않는 강제를 통해 이루어졌습니다. 이제 막 성장하고 있던 부르주아는 임금을 억제하고 어떤 형태로든 노동자들이 집단적으로 조직되는 것을 막기 위해 국가의 권력을 계속해서 필요로 했습니다. 사적 소유권에 기초한 자유주의체제를 공고히 하는 데 결정적인 도움을 주었습니다.

제8편 **이른바 시초축적**

제27장_ (산업)자본가 계급의 탄생

농업 분야에서 자본의 시초 축적은 차지농업가가 등장하면서 본격적으로 진행되었습니다.

차지농업가란 지주로부터 땅을 임대한 다음에 임금 노동자를 고용하여 대규모로 경작을 하는 농업 자본가입니다. 농민들의 토지를 빼앗음으로써 대토지 소유자들이 등장하긴 했지만, 그들이 자본가가 되기 위해서는 임금노동자를 고용하여 이윤을 얻어야 했습니다.

자본주의적 차지농업가는 여러 세기 동안 완만한 과정을 거치면서 제1차 인클로저가 진행된 16세기 말에는 부유한 자본주의적 차지농업가 계급, 즉 농업자본가로 발전했습니다. 14세기 후반 지주에게 종자·가축·농기구를 공급받는 차지농이 등장했는데, 이들은 농민들과 비슷했습니다. 그는 다만 보다 많은 임금노동을 착취하였을 따름입니다. 얼마 안 가서 분익농으로 바뀌었으나 급속히 소멸하고, 15세기 자본주의적 차지농업가가 등장했습니다.

15세기 중 독립적 농민이나 임금노동에 종사하면서 자작하는 농업

노동자들은 자기들의 노동에 의하여 이익을 얻고 있었는데, 이는 차지농업가의 형편과 크게 다르지 않았습니다.

15세기 후반부터 16세기 전체 기간에 걸쳐 계속된 농업혁명은(농촌주민의 대다수를 빈곤하게 만든 것과 동일한 속도로) 차지농업가들 부유하게 만들었습니다. 공유지 등등을 횡령함으로써 차지농업가는 거의 아무런 비용도 들이지 않고 그의 가축수를 현저하게 증가시킬 수 있었으며, 그의 가축은 그의 토지에 쓸 풍부한 비료를 제공하였습니다.

16세기에는 차지계약은 장기계약으로 체결되어 가끔 99년 동안에 걸치는 것도 있었습니다. 16세기에 아메리카 대륙으로부터 대량의 은이 유입되면서 촉발된 가격혁명이 화폐가치를 지속적으로 떨어뜨린 것입니다. 화폐의 가치가 계속 하락한 것은 차지농업가에게 매우 유리한 것이었습니다. 이 가치하락은 임금을 저하시켰습니다. 임금액의 일부분이 이제 차지농업가의 이윤에 첨가되었습니다. 곡물·양모·육류, 즉 모든 농산물의 가격이 계속적인 등귀를 의하여 차지농업가는 가만히 않아서 자기의 화폐자본을 증가시켰으며, 반면에 그가 지불해야 하는 지대는 감소하였습니다. 왜냐하면 지대는 종전의 화폐가치로 계약되었기 때문입니다. 차지농은 자기의 임금노동자와 지주를 동시에 희생시켜 치부하였습니다. 영국에서는 16세기 말에 당시로서는 부유한 자본주의적 차지농업가 계급이 형성되었습니다.[15]

농업자본가의 탄생으로 토지소유관계의 혁명이 경작방법의 개량·협업의 확대·생산수단의 집적 등등을 가져왔고, 농업노동자들의 노동강도를 높혔기에 농업생산성이 올랐습니다. 적은 수의 농업 노동자로

---

[15] 『자본론 I [하]』 934~935쪽.

대규모 도시 프롤레타리아를 위한 곡물과 원료를 생산하는 일이 가능해졌고, 농업자본가는 이를 공장제 수공업에 내다 팔았습니다.

농촌주민의 일부의 수탈과 추방은 산업자본을 위하여 노동자와 그들의 생활수단 및 그들의 노동재료를 유리시킬 뿐만 아니라, 또한 국내시장을 창조합니다. 그리고 농촌의 가내공업을 파괴함으로써만 한 나라의 국내시장은 자본주의적 생산방식에 필요한 규모와 안정성을 가질 수 있게 됩니다. 대규모 공업만이 기계로써 자본주의적 농업에 확고한 토대를 제공하며, 농촌주민의 압도적 대다수를 근본적으로 수탈하며, 농촌 가내공업의 근본인 방적업과 직조업을 파괴함으로써 농업과 농촌가내공업 사이의 분리를 완성합니다. 따라서 또 대규모 공업만이 산업자본을 위하여 전체 국내시장을 비로소 정복합니다.[16]

농민으로부터 토지의 수탈로 농업자본주의 발전으로 조건이 갖추면서 공업이 발전하게 되는데 이때 산업자본가가 본격적으로 등장합니다. 다양한 소자본가들 간 경쟁과 양극분해를 통해 점진적으로 이루어지지는 않습니다. 산업자본가 발생은 달팽이 걸음같이 완만한 이와 같은 방법은 15세기 말의 대발견들에 의해 창조된 새로운 세계시장의 상업적 요구에 결코 대응하지 못하였습니다. 그런데 중세는 두 개의 독특한 자본형태를 물려주었습니다. 즉 고리대자본과 상인자본이 그것입니다.

베일리프(영주의 토지관리인)가 분익소작농이 되었다가 차지농으로 변신하여 지주에게 지대(화폐)를 지불하게 되는 과정을 말합니다. 이 화폐화 혹은 상품화 과정은 토지에서의 농업혁명에 기초한 것입니다. 이 혁명을 통해 자본은 토지에 대한 일정한 통제권을 손에 넣습니다. 자본은 토지(자연)를 거쳐서 순환하게 되었는데 이것은 그것이 가

---

[16] 『자본론 I [하]』 940~942쪽.

변자본으로서 노동자의 육체를 거쳐 순환하게 된 것과 똑같은 방식이었습니다. 이 농업혁명의 결과는 양면적 성격을 지닙니다. 그것은 많은 노동을 해방시켰을 뿐만 아니라 과거에는 토지로부터 직접 조달되던 생활수단도 함께 해방시켰습니다. 그것은 식량공급을 상품화했던 것입니다. 재화와 상품시장은 보다 커졌는데 이는 자급할 수 있는 사람들의 수가 줄어들었기 때문입니다. 그리하여 시장교환이 확대되고 그와 함께 시장의 규모도 증대되었습니다. 그러는 사이에 자본은 인도와 영국에서 많은 부업적인 장인수공업과 가내수공업을 파괴했습니다. 이것은 보다 강력하고 더 큰 국내시장을 만들어냈습니다. 16세기 이후 영국 국내시장의 성장은 자본주의 발전에 있어 중요한 요소를 이루었습니다.

봉건제도와 길드제도는 화폐자본이 산업자본으로 전환하는 것을 방해하였지만 봉건적 가신단 해체와 농촌 주민의 수탈과 함께 제거되었습니다.

농촌에서의 봉건제도와 도시에서의 길드제도는 고리대금업과 상업에 의하여 조성된 화폐자본이 산업자본으로 전환되는 것을 방해하였습니다. 이런 제한들은 봉건적 가신단의 해체와 농촌 주민의 수탈 및 추방과 함께 제거되었습니다. 새로운 매뉴팩쳐는 해안의 항구 또는 [구도시와 그 길드의 통제 밖에 있는] 농촌지역들에 건설되었습니다. 이 때문에 영국에서는 이런 새로운 공업 배양지들에 반대하는 자치도지의 치열한 투쟁이 일어났습니다.[17] 영국에서 산업자본주의는 오늘날 우리가 그린필드 지역(개발되지 않은 전원지대)이라고 부르는 곳에서 발달했습니다. 법적 규제와 노동조합조직이 없는 지역을 찾는 문제는 지금도 여전히 자본주의의 지리적·공간적 관점에서 중요한 의

---

[17] 『자본론 I [하]』 944쪽.

미를 띕니다.

아메리카에서의 금은의 발견, 원주민의 섬멸과 노예화 및 광산에서의 생매장, 동인도의 정복과 약탈의 개시, 아프리카의 상업적 흑인 수렵장으로 전환, 유럽국민들의 무역전쟁 등은 시초축적의 주요한 계기들입니다. 이런 목가적인 과정이 본원적 축적의 주요 계기를 이루었습니다. 뒤이어 온 지구를 무대로 한 유럽 여러 나라의 상업전쟁이 시작되었습니다. 그것은 네덜란드가 에스빠냐에서 분리되면서 시작되었고, 영국은 반(反)자코뱅 전쟁으로 엄청나게 확대되었으며, 중국에 대한 아편전쟁 등으로 지금도 계속되고 있습니다.

시초축적의 여러 계기는 정도의 차이는 있지만 대체적인 시간적인 순서에 따라 스페인, 포르투갈, 네덜란드, 프랑스, 영국 등에 차례로 발생했습니다. 영국에서는 17세기 말에 식민제도·국채제도·근대적 조세제도·보호무역제도 등으로 체계적으로 통합되었습니다. 이와 같은 방법들은 부분적으로 잔인한 폭력에 입각하는 것이었는데 특히 식민제도가 그러합니다. 이들은 매뉴팩쳐 시기에는 새싹에 불과하였는데 대규모 공업의 유년기에는 거대하게 번창합니다. 폭력은 그 자체가 하나의 경제적 힘입니다.[18]

네덜란드의 식민지 경영의 역사는-네덜란드는 17세기의 전형적인 자본주의국가였습니다- 유례없는 배신과 매수, 암살과 비열함으로 얼룩져 있습니다. 그것을 가장 잘 보여주는 것이 바로 자바에서 부려 먹을 노예를 얻기 위해 네덜란드가 쎌레베스에서 행한 인간 도둑질 제도였습니다. 이를 위해 인간 사냥꾼들이 훈련을 받았습니다. 도적과 통역자·판매자가 이 거래의 주역들이었으며, 토착 왕족은 주요한 판매자

---

[18] 『자본론 I [하]』, 944~945쪽.

였습니다. 소년들을 약탈적으로 납치해서는 노예선에 실어 보낼 수 있을 만큼 자랄때까지 쎌레베스의 비밀감옥에 몰래 가두어 놓았습니다.

영국의 동인도회사는 동인도제도에서 정치적 지배권 말고도 차(茶)무역과 중국과의 무역 그리고 유럽과의 화물수송에서의 배타적인 독점권을 부여받고 있었습니다. 그러나 인도의 연안 항해와 섬들 사이의 항해 그리고 인도 내륙지방의 상업은 회사의 고위직원들이 독점했는데, 그중에서도 소금·후추·아편과 그 밖의 몇몇 상품에 대한 독점권은 결코 고갈되지 않는 부의 광산이었습니다. 직원들은 직접 가격을 정하여 불행한 인도인을 마음대로 농락했습니다. 총독도 이 사적인 거래에 개입했습니다. 이 본원적 축적은 1실링의 투자도 없이 진행되었습니다.[19]

본래의 식민지에서도 본원적 축적이 지닌 기독교적 성격은 나타날 수밖에 없습니다. 근엄한 프로테스탄트의 대표자, 뉴잉글랜드의 청교도들은 1703년 자신들의 주 의회 결의에 따라 인디언의 머릿가죽 1장 또는 인디언 포로 1명에 40파운드스털링, 1720년에는 머릿가죽 1장에 100파운드스털링을 포상금으로 내걸었습니다. 또 1744년 매사추세츠 만의 한 종족을 반도(反徒)로 선포한 뒤로는 다음과 같이 포상금을 내걸었습니다. 12세가 넘은 남자의 머릿가죽에는 신화폐 100파운드스털링, 남자 포로에는 105파운드스털링, 여자 포로와 아이 포로에는 50파운드스털링, 여자와 아이의 머릿가죽에는 50파운드스털링!

식민제도는 마치 온실재배 같은 방식으로 무역·상업과 항해를 육성시켰습니다. 독점회사(루터가 붙인 명칭)는 자본집적의 강력한 지렛대였습니다. 식민지는 급속히 발생하는 매뉴팩쳐에 판매시장을 보장해 주었으며, 이 시장의 독점은 축적을 더 한층 강화하였습니다. 유럽 외

---

[19] 『자본론 I [하]』 946쪽.

부 세계에서 직접적인 약탈, 토착민의 약탈, 토착민의 노예화, 살인강도 등의 잔인한 폭력으로 획득한 재물이 유럽본국으로 흘러와 자본으로 전환되었다는 것입니다. 최초로 식민제도를 완전하게 발전시킨 네덜란드는 1648년에 벌써 그 상업의 절정기를 맞고 있었습니다. 그러나 이때 네델란드 민중은 유럽의 그 어떤 나라의 민중보다 훨씬 더 가혹한 과로와 빈곤 그리고 잔혹한 억압을 겪고 있었다는 사실입니다.[20]

식민제도와 그에 따른 해상무역, 무역전쟁을 더불어 이 국채제도와 국제 신용제도를 성장시킨 온실이었습니다. 국채의 이자 지불을 위해 근대적 조세제도가 필요했습니다. 과중한 조세제도는 농민·수공업자 등 하층 중간계급의 모든 구성부분의 폭력적 수탈입니다. 보호무역 제도는 제조업자를 만들어내고, 독립적 노동자를 수탈하며, 국민의 생산수단과 생활수단을 자본화하고, 낡은 생산방식으로부터 근대적 생산방식으로의 이행을 폭력적으로 단축시키기 위한 인위적 수단이었습니다.

식민제도와 노예무역의 수단들을 통해 부르주아들이 봉건세력을 앞지르고 전복했습니다.

산업자본가는 상인자본, 고리대자본, 금융귀족(대부자본)과 토지자본들로부터 주도적인 역할을 넘겨받았습니다. 이 주도권의 이양은 처음부터 아프리카와 미국에 있었던 식민주의와 노예무역과 밀접한 결합되어 있었습니다. 봉건제하에서는 화폐자본의 양을 키워 산업자본으로 전화하는 데 장애 요인들이 많았습니다. 농촌에서는 봉건제도가, 도시에서는 동업조합가 임노동에 기초한 산업자본의 발전을 가로막고 있었습니다. 그러나 이와 같은 제약은 봉건가신단이 해체되고 농민대중이 수탈당하여 그 일부가 축출됨과 동시에 사라졌습니다.

---

[20] 『자본론 I [하]』 948쪽.

이와 같은 방법들은 부분적으로는 잔인한 폭력에 입각하는 것이었는데, 이들 모든 방법들은 봉건적 생산양식의 자본주의적 생산양식으로의 전환과정을 온실 속에서처럼 촉진하며 그 과도기를 단축시키기 위하여 국가권력[즉 사회의 집중적이며 조직적인 힘]을 이용합니다. 폭력은 낡은 사회가 새로운 사회를 잉태하고 있을 때에는 언제나 그 산파가 됩니다. 폭력 자체가 하나의 경제적 잠재력입니다.

화폐권력이 국가권력을 통제하기 시작할 수 있었던 수단인 국채 및 공채제도의 중요성을 인식하지 않고서는, 식민제도를 촉진하는 하나의 조직적인 힘이었던 국가의 결정적인 역할을 제대로 이해할 수 없습니다. 16세기 이후 화폐권력과 국가권력의 통합은 근대 조세제도와 국제신용제도의 등장을 신호로 시작되었습니다. 식민제도하에서 유럽 밖의 지역에서 약탈과 노예화, 강도살인 등을 통해 노획된 재물과 보화는 곧바로 본국으로 유입되어 그곳에서 자본으로 전화한 반면 공채는 본원적 축적의 가장 튼튼한 지렛대 가운데 하나였습니다.

원시축적과정에서 프롤레타리아의 창출뿐 아니라 화폐자본의 축적도 폭력적으로 이루어졌습니다.

자본주의적 생산양식의 영원한 자연법칙을 해방시키고 노동자와 노동수단 사이의 분리를 완성하며, 한쪽 끝에서는 사회의 생산수단과 생활수단을 자본으로 전환시키며, 다른 쪽 끝에서는 국민 대중을 임금노동자로, 즉 자유로운 노동빈민—이것은 근대사의 인위적인 산물입니다.—으로 전환시키기 위해서는, 위에서 말한 모든 수고가 필요하였습니다. 자본은 머리에서 발끝까지 모든 털구멍에서 피와 오물을 흘리면서 이 세상에 나온다고 말해야 할 것입니다.[21]

---

21 『자본론 I [하]』 955~956쪽.

제8편 **이른바 시초축적**

제28장_ 자본주의적 축적의 역사적 경향

이 장은 자본주의 생성·발전·소멸을 다루고 있습니다. 자본주의가 어떻게 탄생해, 어떻게 변화·발전하고, 어떤 모순 때문에 끝날 것인지 말하고 있습니다. 자본주의 이후의 사회에 대해서도 전망하고 있습니다. 그래서 이 장인 『자본론 I [하]』 957~960쪽을 그대로 옮깁니다.

자본의 시초축적 즉 자본의 역사적 발생은 결국 무엇으로 귀착되는 가요? 그것이 노예 및 농노를 직접적으로 임금노동자로 전환시키는 것이 아닌 이상, 그것은 오직 직접적 생산자의 수탈[즉 자기 자신의 노동에 입각한 사적 소유의 해체]을 의미할 따름입니다. 사회적·집단적 소유의 대립물로서의 사적 소유는 오직 노동수단 및 노동의 외부조건들이 개인에게 속하는 곳에만 존재합니다.

생산수단에 대한 노동자의 사적 소유는 소경영의 토대이며, 소경영은 사회적 생산의 발전과 노동자 자신의 자유로운 개성의 발전에 필요한 조건입니다. 이 생산방식이 노예제도, 농노제도 및 기타의 예속관계 아래에서만 존재하는 것은 사실입니다. 그러나 그것이 개화하며 자체의 모든 정력을 발휘하고 전형적 형태를 취하는 것은 오직 노동자가 그 자신이 사용하는 노동조건의 자유로운 사적 소유자인 경우[즉 농민이라면 그가 경작하는 토지를, 수공업자라면 그가 능숙하게 다루는 도구를 소유하는 경우]뿐입니다.

이 생산방식은 토지의 분할과 기타 생산수단의 분산을 전제로 합니다. 이 생산방식은 생산수단의 집중을 배제하기 때문에 각 생산과정 내부에서의 협업과 분업, 자연력에 대한 사회적 지배와 통제, 사회적 생산력의 자유로운 발전도 배제합니다. 이 생산방식은 생산과 사회가 자연발생적인 좁은 범위 안에서 운동할 때에만 적합합니다. 이 생산양식을 영구화하려는 것은 만인의 범인화를 명령하려는 것이나 다름없습니다. 그러나 일정한 발전수준에 도달하면 이 생산방식은 자기 자체를 파괴하는 물질적 수단을 만들어 냅니다. 이 순간부터 사회의 가슴속에서는 이 생산방식을 질곡으로 느끼는 세력과 정열이 태동하기 시작합니다.

이전에 아마는 농민의 손으로 직접 재배되었으며 가족과 함께 소량으로 길쌈을 하는 수많은 소생산자들 사이에 분산되어 있었지만, 지금은 자신을 위해 타인으로 하여금 방적이나 직조를 하게 하는 한 사람의 자본가 수중에 집중되어 있습니다. 방추와 직기는 이전에는 농촌에 널리 분산되어 있었지만 지금은 노동자나 원료와 마찬가지로 몇 안 되는 대규모 작업장에 모여 있습니다. 그리고 이전에 방적공과 방직공을 위한 독립적 생존수단이던 방추·직기·원료 등은 이제 모두 이들 노동자들에게 명령을 내리고 그들에게서 미지불노동을 착취하기 위한 수단으로 전화했습니다. 대규모 매뉴팩처를 보든 대규모 차지농장을 보든, 이것들이 수많은 소규모 생산장소들을 합친 것이며 또 다수의 소규모 독립생산자들에 대한 수탈을 통해 만들어진 것임을 쉽게 알아차리기는 어렵습니다.

이 생산방식은 철폐되지 않을 수 없으며 또 철폐됩니다. 그것의 철폐, 즉 개인적이며 분산적인 생산수단이 사회적으로 집중된 생산수단으로 전환되는 것, 따라서 다수인의 영세한 소유가 소수인의 거대한 소유로 전환되는 것, 그리고 광범한 국민 대중으로부터 토지와 생활수단과 노동도구를 수탈하는 것, 이러한 처참하고 가혹한 국민 대중의 수탈이 자본의 전사를 이룹니다. 거기에는 일련의 폭력적 방법이 포함되어 있는데, 우리는 그 가운데서 오직 자본의 시초축적의 방법으로서 획기적인 것만을 위해서 고찰하였습니다. 직접적 생산자의 수탈은 가장 무자비한 만행에 의하여, 그리고 가장 비열하고 가장 추악하고 가장 야비하고 가장 가증스러운 정열의 충동 하에서 수행되었습니다. 자신의 노동을 획득한 사적 소유, 말하자면 개개의 독립적 노동자와 그의 노동조건과의 융합에 입각한 사적 소유는, 타인노동[그러나 형식상으로는 자유로운 노동]의 착취에 입각한 자본주의적 사적 소유에 의하여 축출됩니다.

　이 전환과정이 낡은 사회를 깊이에서나 넓이에서나 충분히 분해시키자마자, 또 노동자가 프롤레타리아로 전환되고 그들의 노동조건이 자본으로 전환되자마자, 그리고 또 자본주의적 생산방식이 자기 발로 서게 되자마자, 노동이 더욱더 사회화되는 것, 토지 및 기타 생산수단이 사회적으로 이용되는 생산수단[즉 공동적인 생산수단]으로 더욱더 전환되는 것, 따라서 또 사적 소유자를 더욱더 수탈하는 것은 새로운 형태를 취하게 됩니다. 이제는 수탈을 당할 자는 자영(自營)의 노동자가 아니라 [다수의 노동자를 착취하는] 자본가입니다.

　이 수탈은 자본주의적 생산자체의 내재적 법칙의 작용에 의하여, 즉 자본의 집중에 의하여 수행됩니다. 항상 한 자본가가 많은 자본가를 파멸시킵니다. 이러한 집중[즉 소수 자본가에 의한 다수 자본가의 수탈]과 병행하여 기타의 발전도 더욱더 대규모로 일어납니다. 즉, 노동과정의 협업적 형태의 성장, 과학의 의식적 기술적 적용, 토지의 계획적

이용, 노동수단이 공동적으로만 사용될 수 있는 형태로 전환되는 것, 모든 생산수단이 결합된 사회적 노동으로 사용됨으로써 절약되는 것, 각국의 국민들이 세계시장의 그물에 얽히게 되는 것, 따라서 또 자본주의 체제의 국제적 성격의 증대 등등이 더욱더 대규모로 일어납니다.

이 전환과정의 모든 이익을 가로채고 독점하는 대자본가의 수는 끊임없이 줄어가지만, 빈곤·억압·예속·타락·착취의 정도는 더욱더 증대합니다. 그러나 그와 동시에[그 수가 계속 증가하며 또 자본주의적 생산과정의 메카니즘 그 자체에 의하여 훈련되며 통일되며 조직되는 계급] 노동자의 반항도 또한 증대해 갑니다. 자본의 독점은 [이 독점과 더불어 또 이 독점 밑에 번창해 온] 그 생산방식의 질곡으로 됩니다. 생산수단의 집중과 노동의 사회화는 마침내 그 자본주의적 외피와 양립할 수 없는 점에 도달합니다. 자본주의적 외피는 파멸됩니다. 자본주의적 사적 소유의 조종이 울립니다. 수탈자가 수탈당합니다.

자본주의적 생산방식으로부터 생겨나는 자본주의적 취득방식은 자본주의적 사적 소유를 낳습니다. 이 자본주의적 사적 소유는 자신의 노동에 입각한 개인적 사적 소유의 첫 번째 부정입니다. 그러나 자본주의적 생산은 자연과정의 필연성을 가지고 자기 자신의 부정을 낳습니다. 이것은 부정의 부정입니다. 이 부정의 부정은 사적 소유를 부활시키지는 않지만 자본주의 시대의 성과-협업 및 토지와 생산수단[노동 그것에 의하여 생산된 것]의 공동점유에 입각한 개인적 소유를 확립합니다.

물론, 개인들 자신의 노동에 입각한 분산된 사적 소유가 자본주의적 사적 소유로 전환되는 것은, 사실상 이미 사회적 생산과정에 바탕을 두고 있는 자본주의적 사적 소유가 사회적 소유로 전환되는 것보다 훨씬 더 오래 걸리며 힘들고 어려운 과정입니다. 전자의 경우는 소수의 횡령자가 국민 대중을 수탈하는 것이지만, 후자의 경우는 국민대중이 소수의 횡령자를 수탈하는 것입니다.

제8편 **이른바 시초축적**

제29장_ 근대적 식민이론

　식민지란 백성을 심는 땅이란 뜻입니다. 원래 식민지는 민족이나 국민의 일부가 오래 거주하던 땅을 버리고 새로운 곳으로 이주하여 건설한 사회를 뜻하였습니다. 자본주의 태동기에 유럽 열강들이 북미와 호주 등지를 침략해 그곳에 살고 있던 인디언 등 원주민을 다 죽이고, 유럽 사람들을 대규모로 이민시켜 그곳의 넓은 땅을 개척했습니다. 이런 것을 식민지이라고 합니다. 이런 의미의 식민지는 대영제국이 인도를 식민지로 만들어 지배하는 제국주의적 식민주의와는 구별됩니다. 진정한 식민지, 즉 자유로운 이주민이 머물러 사는 처녀지를 취급합니다.

　식민지에 관해 그 무슨 새로운 발견한 것은 아니지만, 식민지 안에서 본국의 자본주의적 관계에 관한 진리를 발견한 것은 웨이크필드의 위대한 공적입니다. 우선 식민지에서 발견한 것은, 어느 한 사람이 화폐·생활수단·기계·기타 생산수단을 소유하더라도, 만약 그 필수적 보완물인 임금노동자[즉 자기 자신을 자유의사에 의하여 판매하지 않을 수 없는 다른 사람]가 없다면 그는 아직 자본가로 되지 않는다는 것입니다. 그는 자본이 물건이 아니라 [물건들에 의하여 매개된] 사람들 사이의 사회적 관계라는 것을 발견하였습니다.[22]

자본이란 무엇인가를 잘 보여주는 사례로서 호주로 이주해간 어느 영국 자본가의 일화를 소개합니다. 영국의 한 자본가가 생산수단과 생활수단, 그리고 3,000명의 노동자와 아동을 데리고 호주로 이주했는데, 호주에 도착한 다음 날 모든 노동자가 사라져버렸습니다. 호주에는 이주민을 유치하기 위해 누구든 자신이 경작하는 땅을 자신의 소유로 할 수 있는 제도가 있었으므로, 영국에서 온 노동자들은 생산수단에 접근할 수 있게 되자 모두 임금노동자로서의 삶을 벗어나 독립자영농이 되려고 한 것입니다. 자본이 사회적 생산관계라는 것을 보여주는 사례입니다.

자유로운 이주민에 의해 식민지로 건설되는 곳에서는 임금노동자를 육성하기 위해 조직적 식민정책이 필요했습니다. 정부로 하여금 처녀지에 수요공급의 법칙과는 상관없는 인위적 가격[즉 이주민이 토지를 구입하여 독립적 농민으로 될 수 있을 만큼 돈을 벌 때까지는 비교적 장기간 임금노동을 하지 않을 수 없게 하는 그런 가격]을 붙이게 하여야 합니다. 높은 토지가격은 노동자가 임금노동시장으로부터 농촌으로 은퇴하는 허가를 받기 위해 자본가에게 지불하는 몸값을 지불한 것입니다. 식민지에 적용한 원시축적입니다.

흑인은 흑인입니다. 일정한 관계 아래서만 그는 노예가 됩니다. 면방적 기계는 면화로 실을 뽑는 기계입니다. 일정한 관계 아래서만 그것은 자본이 됩니다. 자본은 사회적 생산관계입니다. 그것은 역사적 관계입니다. 사회적 생산관계라는 것은 생산에서 맺은 사람들 사이의 사회적 관계라는 말이며, 역사적 생산관계라는 것은 역사적으로 창출

---

22 『자본론 I [하]』 962~963쪽.

되고 만들어진 인위적인 관계이고 과도기적인 것입니다.

자본이 이처럼 사회적 생산관계임에도 사람들에게는 생산수단으로 나타나는 현상, 즉 자본의 물신숭배 현상에 대해서 자세히 설명합니다. 자본은 사물이 아니라 일정한 역사적 사회구성에 관련되는 특정한 사회적 관계이며, 이 생산관계가 사물에 표현되어 이 사물에 하나의 특수한 사회적 성격을 부여하고 있을 뿐입니다. 자본은 생산된 물질적 생산수단의 총계가 아닙니다. 자본은 자본으로 전환된 생산수단인데, 생산수단 그 자체가 자본이 아닌 것은 금 또는 은 자체가 화폐가 아닌 것과 마찬가지입니다. 자본은 사회 구성원의 일정한 분파가 독점하고 있는 생산수단, 즉 살아 있는 노동력에서 자립하여 이 노동력과 대립하고 있는 노동력의 생산물이자 활동조건인데, 이것들이 이 대립을 통해 자본으로 인격화되고 있습니다. 자본은 노동자의 생산물이 독립적인 힘으로 전환되는 것, 생산물이 자기 생산자를 지배하고 구매하게 된 것일 뿐 아니라 노동의 사회적 힘과 이 관련된 형태가 노동생산물의 속성으로 생산자와 대립하고 있습니다. 그러므로 여기에서는 역사적으로 형성된 사회적 생산과정의 요소들의 하나가 취하고 있는, 언뜻 봐서는 매우 신비스러운 특정한 사회적 형태를 보게 됩니다.

시민사회 내부의 변증법은 시민사회로 하여금 자신의 국경을 넘어 다른 나라들(자신에게서 과잉 생산된 재화가 오히려 부족한 나라, 혹은 전반적으로 산업이 낙후된 나라)에서 자신의 시장과 자신의 필요 생활수단을 찾도록 몰아갑니다. 내부변증법은 사회적 불평등의 수준을 점점 더 증가시킵니다. 계급갈등에 기초한 이 내부변증법은 시민사회로 하여금 식민주의 및 제국주의 활동이라는 외부의 변증법에서 그 돌파구를 찾도록 만듭니다. 자본주의 내부의 계급모순은 식민지 건설이란 방법에 의해 결코 해결될 수 없으며, 마찬가지로 내부의 모순을 해결할 수 있는 공간적 해법이란 것도 존재하지 않습니다. 오늘날 세계화는 단지 지금 여기의 문제를 보다 넓은 지리적 범위로 확대함으로써 해결하려는 일시적 미봉책에 불과한 것입니다.[23]

자본 전체에 걸쳐 마르크스는 원시적 축적과정을 자본주의의 전사(前史)로 분류하는 경향을 보입니다.

이 전사가 끝나고 나면, 그 다음에는 보이지 않는 경제적 관계의 강제가 뒤를 잇습니다. 자본에서 마르크스의 정치적 의도는 이런 보이지 않는 강제가 우리에게 어떻게 작용하고 있는지를(특히 우리 주변을 에워싸고 있는 물신적 가면을 쓰고 우리가 전혀 눈치채지 못하도록) 알리는 데에 있습니다. 그래서 그는 우리에게 다음과 같은 것들을 보여줍니다. 즉 불평등한 것을 평등하게 다루는 것보다 더 불평등한 것이 없다는 사실, 시장에서 물건들 사이의 교환에서 전제되고 있는 평등이 우리를 현혹시켜 사람들 사이의 평등에 대한 믿음으로 이끌고 간다는 사실, 사적 소유권에 대한 부르주아들의 교의와 이윤율이 마치 우리가 타고날 때부터 인권을 부여받고 있는 것처럼 보이게 만든다는 사실, 개인의 자유에 대한 환상이 시장의 자유와 자유무역에서 비롯된 것이라는 것 (우리가 이런 환상에 기초하여 행동하고 정치적으로 이를 위해 투쟁하는 과정과 이유) 등을 보여주고 있습니다.

자본주의는 두 가지 형태의 착취에 기초하고 있습니다.

하나는 상품시장과 잉여가치가 생산되는 장소(공장, 광산, 농장)와 관련된 것입니다. 이 관점에서 보면, 축적은 (가장 중요한 국면인 자본가와 임노동자 사이의 교환으로 이루어진) 순전히 경제적인 과정입니다. 여기에서는, 그 형태가 무엇이든, 평화와 평등이 지배하고, 축적과정에서 소유권이 타인의 재산을 수탈하는 것으로 전화하는 과정

---

[23] 『맑스 자본 강의』, 540~542쪽.

과 상품교환이 착취로 전화하고 평등이 계급적 지배로 전화하는 과정을 밝히기 위해 엄밀한 과학적 분석의 변증법이 요구됩니다.

자본축적의 또 하나의 측면은 자본주의 생산양식과 비자본주의 생산양식 간의 관계와 관련된 것입니다. 여기에서 사용되는 가장 일반적인 방법은 식민정책, 국제차관제(이자 영역의 정책), 그리고 전쟁입니다. 여기에서는 무력, 협잡, 억압, 약탈 등이 아무런 거리낌 없이 공개적으로 자행되고 있는데, 이런 정치적 폭력과 세력경쟁은 복잡하게 얽혀 있는 상황 내부에 존재하는 엄격한 경제적 과정의 법칙을 발견해내기 위한 노력이 필요합니다.

데이비드 하비는 오늘날 약탈적 축적이 자본주의 전사(前史)인 자본의 본원적 축적이라고 주장합니다. 그러나 약탈적 축적은 단지 자본 축적의 한 형태에 불과합니다. 노동운동이 약탈적 축적을 저지하기 위해서 시민사회운동과 일정하게 연대의 필요성을 제기합니다.

노동운동을 통해서 임금과 근로조건이 개선되어도 약탈적 축적이 심하면 노동운동의 의미가 축소될 것입니다. 우리나라처럼 집값 폭등, 천문학적 교육비 등 천정부지로 치솟은 인플레이션의 상승분은 비록 임금상승이 된다고 해도 상쇄하고 남습니다.

이들 두 착취체제와 축적 사이에는 유기적 관련이 존재합니다. 만일 본원적 축적의 신선한 피를 (주로 제국주의적인 폭력을 통해) 끊임없이 공급받지 않았다면 자본주의는 이미 벌써 오래전에 사라졌으리라는 것입니다. 본원적 축적의 특수한 과정들, 즉 농민에 대한 수탈, 식민지·신식민지·제국주의 정책을 통한 착취, 국가권력을 이용한 자본가계급으로 자산할당, 공유지에 대한 인클로저, 국유지 및 국유자산의 사유화, 금융 및 대출의 국가체제, 국가 채무의 부르주아화, 인신(특히 여성)매매를 통한 노예제의 음성적 부활 등– 이 모든 것들은 오늘날 우리 시대에도 여전히 존재하고 있으며 여러 사례들을 통해 무대 뒤로 사라지기는커녕, 금융제도의 경우에서 볼 수 있듯이, 공적 자산을 가로채 사유화하는 사례는 오히려 옛날에 비해 더 난무하고 있습니다.

본원적 축적의 연속성은 다른 곳에서도 어디에서나 쉽게 확인됩니다. 자연자원의 채취에 동원되는 폭력도 (특히 아프리카 전역에 걸쳐) 계속되고 있으며, 농민들에 대한 수탈도 아메리카와 남아시아, 동아시아에서 여전히 활개를 치고 있습니다. 인도에서는 그린필드 지역에 경제특구를 만들기 위해 농촌주민들을 토지로부터 축출하면서 큰 사회적 갈등이 유발되고 있습니다. 서벵골지역의 난디그람에서는 산업개발을 위한 축출에 저항하는 농민들을 죽이는 사태까지 발생했는데 이는 17세기 영국에서 볼 수 있었던 원시적 축적의 고전적 사례를 다시 보는 듯합니다. 또한 마르크스는 국가채무와 새로운 신용제도의 등장을 본원적 축적의 역사에서 결정적인 것이라고 지적했는데, 여기에서는 그가 이야기하던 것은 그 이후 비약적 발전을 통해 자본의 흐름을 규제하는 일종의 중추신경계로 활동하게 되는 무엇을 가리키는 것이었습니다. 월스트리트와 금융기관들(신용카드회사들)의 약탈적 전략은 다른 의미에서 또 하나의 본원적 축적의 지표인 것입니다.

오늘날 원시적 축적과 유사한 어떤 수단들을 사용해 지배계급을 부유하게 만들고 노동자들의 생활수준을 낮추는 기법은 매우 다양해지고 고도화되었습니다. 예를 들어 유나이티드 항공사가 파산했을 때 파산법정은 이 회사가 사업을 회생시키기 위해 모든 연금채무로부터 면제되어야 한다는 데 동의했습니다. 이 항공사의 모든 직원들은 한 순간에 자신들의 연금을 모두 상실하고, 국가의 보험기금에 의존하게 되었는데 그것은 원래의 연금보다 훨씬 적은 금액만을 지급하는 것이었습니다. 은퇴한 항공사 직원들은 강제로 프롤레타리아로 전락하고 말았습니다.

　1970년대 이후 자본주의 세계 전체를 휩쓸었던 민영화의 물결을 한 번 봅시다. 원래 많은 나라들에서 공공재로 공급되던 물, 교육, 의료보험에 대한 민영화는 자본주의의 작동방식을 극적으로 바꾸어놓았습니다. 국영기업의 민영화(거의 예외없이 이 민영화들은 자본가들에게 단숨에 엄청난 이윤을 안겨주는 가격이 이루어졌습니다.)도 역시 이 기업들의 성장과 투자결정에 대한 공적인 통제를 철폐해버렸습니다. 이것은 사실상 많은 경우 국가에 의해 (초기 단계에서) 주도되었던 공유지에 대한 인클로저의 한 특수한 형태입니다. 그 결과 공공의 재산과 권리가 일반 국민들로부터 탈취되었습니다. 한쪽에서 이런 탈취가 이루어지는 순간, 다른 쪽에서는 엄청난 부의 집중이 함께 일어났습니다.

　약탈적 축적은 자본주의 중심지역들에서도 점차 내부화해갔으며 세계체제를 통해 더욱 확대되고 심화되어 갔습니다. 우리는 본원적 축적이나 약탈적 축적은 지금도 계속 진행되고 있는 일이며 최근 들어 세계자본주의가 자본가계급의 세력을 강화하는 방식으로 작동하는 데 점점 더 중요한 요소로 떠오릅니다. 거기에는 토지와 생계를 보장받을 권리를 빼앗는 것에서부터 과거에 격렬한 계급투쟁을 통해 노동계급이 어렵게 획득한 권리들(예를 들어 연금, 교육, 의료 등)을 삭감하는 것에 이르기까지 온갖 것이 다 포함될 수 있습니다.

　약탈적 축적의 온갖 다양한 형태들에 대항하는 투쟁의 사례는 무수히 많습니다. 생체약탈과 유전자 물질·코드를 특허화하려는 시도에 대한 투쟁, 뉴욕과 런던에서 재개발을 통해 고급주택가를 형성하면서 무주택자를 만들어내는 행위에 대한 투쟁, 미국에서 농업회사들을 위한 신용제도를 이용해 농민 가족을 강제로 토지에서 몰아내는 행위들에 대한 투쟁 등 그 사례는 끝이 없습니다. 이 약탈적 사례는 최소한 표면적으로 보면 작업장에서 잉여가치의 생산을 통해 이루어지는 살아 있는 노동에 대한 착취와는 직접적인 관련이 없습니다.

잉여가치에 대한 착취와 약탈적 축적 과정 사이에는 공통점과 함께 상호보완하는 유기적 관계입니다. 잉여가치의 착취는 무엇보다도 약탈적 축적의 한 특수한 형태인데, 그것은 바로 노동과정에서 가치를 생산할 수 있는 노동자들의 능력을 양도하고 수탈하는 것입니다. 또한 이런 축적형태가 계속 이루어지기 위해서는 잠재적 과잉인구를 노동자로 동원하고 더 많은 토지와 천연자원을 자본주의적 발전을 위한 생산수단으로 활용할 수 있는 방법을 모색해야만 합니다.

확대재생산이 잉여가치가 축적되고 생산되는 메카니즘이라고 보는 경향이 있었지만 그것은 (자산을 직접 자본가계급의 수중에 재분배하는) 약탈을 위한 필요조건이 먼저 실현되지 않으면 지속될 수 없습니다. 연금에 대한 권리와 공유지에 대한 권리, 그리고 사회안전망에 대한 권리 등을 탈취하고 교육을 상업화하고 토지로부터 주민을 축출하고 환경을 약탈하는 것 등은 모두 자본주의의 전체적인 동학을 이해하는 데 매우 의미가 있습니다. 교육 같은 공공자원을 상품으로 전화시키고 대학을 신자유주의적인 기업의 형태로 전화시키는 것(교과내용과 교과과정의 변화와 함께)은 중요한 이데올로기적·정치적 의미가 있으며, 더불어 그것은 이윤을 만들고 이윤을 획득하는 영역을 확대하기 위한 투쟁을 결코 멈추지 않는 자본주의적 동학의 징후이자 하나의 상징이기도 합니다.

약탈적 축적의 메커니즘이 부활한 가장 뚜렷한 징후는 신용제도와 금융적 수탈의 역할이 확대된 것에서 찾아볼 수 있습니다. 여기에서 발생한 자산손실은 대부분 비교적 빈곤층에 속하는 사람들에게 집중되었고, 이것은 오래된 도시들의 여성과 아프리카계 미국인에게 심각한 영향을 끼쳤습니다. 수백만 명의 주택자산의 손실과 월스트리트의 엄청난 수익 잔치라는 형태로 이루어진 재분배 효과는 오늘날 무자비한 약탈의 한 사례이자 동시에 합법적으로 이루어지는 전형적인 약탈적 축적을 보여줍니다. 약탈적 축적에 대항하는 투쟁은 전통적인 프롤레타리아 운동 못지않게 중요합니다.[24]

우리나라의 대기업이 산업 간 연계된 내포적 경제발전이 아닌 대외의존적 수출·수입에 의지해서 성장하였습니다. 하지만 대기업의 이윤창출은 민족국가의 다양한 제도·법·풍습 등을 바탕으로 하고 있습니다. 특히 민중의 희생이 결정적이었습니다. 민족국가의 완성을 위해서는 남측의 중소기업 뿐만 아니라 대기업 또한 민족이익을 위해서 일정하게 복무할 수 있습니다.

민족경제 개념은 국민경제라는 개념이 식민지·반식민지 종속상태에 있는 나라들에서 민족적인 경제적 상황을 제대로 설명할 수 없다는 인식으로부터 제기되었습니다. 내외자본이 서로 얽혀 운동하는 상황에서 외국자본이나 매판자본의 운동의 결과까지를 포괄하는 지역단위는 그 지역에 사는 민족 또는 주민의 현실적 생활을 밝힐 수 없습니다. 곧 국민경제적 상황과 민족적 현실의 괴리속에서 민족적 상황을 제대로 밝힐 수 있는 새로운 개념의 정립이 요구되는 것입니다.

민족경제는 민족사에서 민족적인 것을 유지하고 발전시키는 경제적 기초입니다. 이것은 사회적 인종공동체의 단계들에 존재하는 것으로서 역사에서 사회적, 인종적 형태(민족적 형태)로 상대적 독자성을 지니고 자기의 발전 가운데 먼 과거의 요소로서 전승되는 정서에서부터 이데올로기 그리고 민족정책에 이르기까지 그 구체적 생활양식에 대한 요구가 민족적인 것의 경제적 기반이 됩니다. 이런 의미에서 민

---

[24] 『맑스 자본 강의』, 550~555쪽.

족경제는 한 민족 집단에서 본래적인 만큼 정상적인 민족생활 크게 두드러진 것도 아니고 강조되는 것도 아닙니다. 그것은 다른 민족 집단과의 관계에서 민족적 생활양식이 위기에 처했을 때보다 두드러지고 강조됩니다.

민족경제론은 식민지 종속형에서 비롯된 한국 자본주의의 지난날의 식민지적 상황과 오늘날 신식민지적 상황을 한국 민족주의의 역사적 과제의 실현이라는 사회적 실천상의 요구 위에서 설명하고 그것에 답하기 위한 노력에서 제기되었습니다. 그것은 지역적인 개념인 국민경제(자본주의적 재생산권) 안에 민족적 생존권을 밑받침하는 경제영역(민족경제)과 식민지·신식민지 종속상태에서 민족적 생존권을 제약하고 그것의 확장이 민족적 생존권을 축소·소멸시키는 경제영역(외국자본 그리고 그것에 동조하는 매판자본의 활동영역)이 존재한다는 인식 위에 비롯되고 있습니다. 민족경제론은 민족적 생존권의 확보와 발전이라는 민족주의적 요구 위에 서서 사회적 실천상의 요구에 따른 이론입니다. 민족경제론자들은 민족의 자주·자립에 대한 열망 속에서 민족경제의 확립, 자립적 민족경제의 실현을 위한 길을 제시하고자 합니다.[25]

민족경제의 담당주체는 민족자본, 노동자, 농민이라고 주장합니다. 민족자본은 자본으로서의 재생산기반을 민족경제 내부에 갖는 자본을 의미합니다. 즉 민족구성원의 생존기반인 민족경제에 자본의 재생산행정상의 두 조건=소재 및 가치보존 조건, 즉 원자재관련과 시장관련을 갖는다는 것입니다.

민족경제론은 현 단계 한국자본주의의 종속성을 비판하고 그 대안으로 자립경제를 주장합니다. 자립경제는 한 민족이 민족경제의 재생

---

[25] 『사회과학사전』, 201~202쪽.

족경제는 한 민족 집단에서 본래적인 만큼 정상적인 민족생활 크게 두드러진 것도 아니고 강조되는 것도 아닙니다. 그것은 다른 민족 집단과의 관계에서 민족적 생황양식이 위기에 처했을 때보다 두드러지고 강조됩니다.

민족경제론은 식민지 종속형에서 비롯된 한국 자본주의의 지난날의 식민지적 상황과 오늘날 신식민지적 상황을 한국 민족주의의 역사적 과제의 실현이라는 사회적 실천상의 요구 위에서 설명하고 그것에 답하기 위한 노력에서 제기되었습니다. 그것은 지역적인 개념인 국민경제(자본주의적 재생산권) 안에 민족적 생존권을 밑받침하는 경제영역(민족경제)과 식민지·신식민지 종속상태에서 민족적 생존권을 제약하고 그것의 확장이 민족적 생존권을 축소·소멸시키는 경제영역(외국자본 그리고 그것에 동조하는 매판자본의 활동영역)이 존재한다는 인식 위에 비롯되고 있습니다. 민족경제론은 민족적 생존권의 확보와 발전이라는 민족주의적 요구 위에 서서 사회적 실천상의 요구에 따른 이론입니다. 민족경제론자들은 민족의 자주·자립에 대한 열망 속에서 민족경제의 확립, 자립적 민족경제의 실현을 위한 길을 제시하고자 합니다.[25]

민족경제의 담당주체는 민족자본, 노동자, 농민이라고 주장합니다. 민족자본은 자본으로서의 재생산기반을 민족경제 내부에 갖는 자본을 의미합니다. 즉 민족구성원의 생존기반인 민족경제에 자본의 재생산행정상의 두 조건=소재 및 가치보존 조건, 즉 원자재관련과 시장관련을 갖는다는 것입니다.

민족경제론은 현 단계 한국자본주의의 종속성을 비판하고 그 대안으로 자립경제를 주장합니다. 자립경제는 한 민족이 민족경제의 재생

---

[25] 『사회과학사전』, 201~202쪽.

엄청난 수익 잔치라는 형태로 이루어진 재분배 효과는 오늘날 무자비한 약탈의 한 사례이자 동시에 합법적으로 이루어지는 전형적인 약탈적 축적을 보여줍니다. 약탈적 축적에 대항하는 투쟁은 전통적인 프롤레타리아 운동 못지않게 중요합니다.[24]

우리나라의 대기업이 산업 간 연계된 내포적 경제발전이 아닌 대외의존적 수출·수입에 의지해서 성장하였습니다. 하지만 대기업의 이윤창출은 민족국가의 다양한 제도·법·풍습 등을 바탕으로 하고 있습니다. 특히 민중의 희생이 결정적이었습니다. 민족국가의 완성을 위해서는 남측의 중소기업 뿐만 아니라 대기업 또한 민족이익을 위해서 일정하게 복무할 수 있습니다.

민족경제 개념은 국민경제라는 개념이 식민지·반식민지 종속상태에 있는 나라들에서 민족적인 경제적 상황을 제대로 설명할 수 없다는 인식으로부터 제기되었습니다. 내외자본이 서로 얽혀 운동하는 상황에서 외국자본이나 매판자본의 운동의 결과까지를 포괄하는 지역단위는 그 지역에 사는 민족 또는 주민의 현실적 생활을 밝힐 수 없습니다. 곧 국민경제적 상황과 민족적 현실의 괴리속에서 민족적 상황을 제대로 밝힐 수 있는 새로운 개념의 정립이 요구되는 것입니다.

민족경제는 민족사에서 민족적인 것을 유지하고 발전시키는 경제적 기초입니다. 이것은 사회적 인종공동체의 단계들에 존재하는 것으로서 역사에서 사회적, 인종적 형태(민족적 형태)로 상대적 독자성을 지니고 자기의 발전 가운데 먼 과거의 요소로서 전승되는 정서에서부터 이데올로기 그리고 민족정책에 이르기까지 그 구체적 생활양식에 대한 요구가 민족적인 것의 경제적 기반이 됩니다. 이런 의미에서 민

---

[24] 『맑스 자본 강의』, 550~555쪽.

산 조건을 스스로 장악하는 것, 국민경제의 재생산과정에서 자기완결적인 자율적 재생산의 메카니즘을 정착시키는 것, 이러한 국민경제의 재생산구조에서 경제활동 결과의 국민적 확산메커니즘을 확보하는 것, 국민경제와 민족경제의 괴리를 청산·극복하는 것입니다. 진정한 경제발전은 종속적 이중구조로 분열된 국민경제를 민족자본이 주요(동맹)세력이 되어 민족적 자립경제로 변혁함으로써 이루어집니다.[26]

정치경제학의 역사를 돌아보면 정치경제학의 기본체계는 국민국가를 사상한 높은 추상 수준에 머물러 있으며, 국민국가 수준에 상응하는 국민경제론으로서의 정치경제학의 기초를 제공해 주고 있지 않습니다. 국민경제론으로서의 정치경제학을 발전시킨 것은 레닌이었습니다. 식민지 종속사회의 주체적 관점에서 식민지 종속형 경제 구조론을 발전시키고자 한 중요한 시도는 종속이론이었습니다.

종속이론은 외인론으로 기울었습니다. 박현채의 민족경제론은 종속이론과 흐름을 같이하면서도 일국 경제 내부 구조의 특성을 더 천착할 수 있는 이론적 자원을 보유하고 있었습니다. 재생산 구조, 성격, 발전 단계를 일국 자본주의 분석의 세 개의 고리로 삼은 것이 대표적입니다.

---

[26] 풀빛편집부 편, 『경제학사전』, 조용범·박현채 감수, 풀빛, 1990, 254~255쪽.

참고문헌

- 강상구. 2009. 『Hi, 마르크스 Bye 자본주의』. 레디앙
- 강신준. 2015. 『오늘 자본을 읽다』. 길
- 가와카미 노리미키. 2000. 『디지털시대 다시 읽는 자본론』. 최종민 옮김. 당대
- 宮川實 저. 1994. 『자본론 해설』 I. 편집부 옮김. 두레
- 宮川實 저. 1994. 『자본론 해설』 II. 편집부 옮김. 두레
- 宮川實 저. 1994. 『자본론 해설』 III. 편집부 옮김. 두레
- 김성민. 2009. 『마르크스의 자본론』. 삼성출판사
- 김윤환 외 10인 공저. 1981. 『한국경제의 전개과정』. 돌베개
- 데이비드 하비(David Harvey). 2011. 『맑스 자본 강의』. 강신준 옮김. 창비
- 데이비드 하비(David Harvey). 2016. 『맑스 자본 강의』 2. 강신준 옮김. 창비
- 돕, 스위지(Dobb, M. Paul Marlor Sweezy)외 1984. 『자본주의 이행논쟁』. 김대환 편역. 동녘.
- 레닌(Lenin', Vladimir Il'Ich). 1988. 『제국주의-자본주의 발전의 최고 단계』. 『레닌선집1』. 박세영 옮김. 과학과 사상
- 로베르트 쿠르츠(Robert Kurz). 2014. 『맑스를 읽다』. 강신준·김정로 옮김. 창비
- 마르크스, 칼(Karl Marx). 1996. 『資本論』 I 상. 김수행 옮김. 비봉출판사
- 마르크스, 칼(Karl Marx). 1996. 『資本論』 I 하. 김수행 옮김. 비봉출판사
- 마르크스, 칼(Karl Marx). 1996. 『資本論』 II. 프리드리히 엥겔스 엮음. 김수행 옮김. 비봉출판사

- 마르크스 칼(Karl Marx). 1995.『資本論』Ⅲ상. 프리드리히 엥겔스 엮음. 김수행 옮김. 비봉출판사
- 마르크스 칼(Karl Marx). 1995.『資本論』Ⅲ하. 프리드리히 엥겔스 엮음. 김수행 옮김. 비봉출판사
- 마르크스 칼(Karl Marx). 2008.『자본론』. 손철성 풀어씀. 풀빛
- 박승호. 2016.『자본론 함께 읽기』. 한울
- 박재묵 편역. 1984.『제3세계 사회발전론』. 창작과 비평사
- 박현채. 1989.『민족경제론의 기초이론』. 돌베개
- 아이히호른 외. 1996.『변증법적 유물론』. 윤정윤·김성환·서유석 옮김. 동녘
- 아이히호른 외. 1995.『역사적 유물론』. 이상훈·장은주·최경 옮김. 동녘
- 임승수. 2009.『원숭이도 이해하는 자본론』. 시대의 창
- 조지 노백(George Novack). 2000.『새롭게 보는 논리학』. 김진영 옮김. 책벌레
- 채만수. 2010.『노동자 교양 경제학』. 노사과연
- 한국사회연구소 편. 1990.『사회과학사전』. 풀빛
- 한형식. 2010.『맑스주의 역사 강의』. 그린비
- 해리 클리버(Harry Cleaver). 2018.『자본을 어떻게 읽을 것인가』. 조정환 옮김. 갈무리
- 카우츠키(Kautsky, Karl). 1986.『마르크스 자본론 해설』. 편집부 옮김. 광주
- 풀빛편집부 편. 1990.『경제학 사전』. 조용범·박현채 감수. 풀빛
- F. 엥겔스(Engels, Friedrich). 2005.『가족 사유재산 국가의 기원』. 김대웅 옮김. 아침

더 읽어볼 책

- 강신준. 2004. 「자본론의 세계」. 풀빛
- 김수행. 1991. 「자본론 연구」 I. 한길사
- 김수행. 2013. 「청소년을 위한 자본론」. 두리미디어
- 김영욱. 2015. 「자본론특강」. 민중의 소리
- 데이비드 하비(David Harvey). 2014. 「자본의 17가지 모순」. 황성원 옮김. 동녘
- 데이비드 하비. 2012. 「자본이라는 수수께끼」. 이강국 옮김. 창비
- 데이비드 하비. 2014. 「반란의 도시」. 한상연 옮김. 에이도스
- R. H. 라우어. 1985. 「사회변동의 이론과 전망」. 정근식·김해식. 한울
- 레닌(Lenin', Vladimir Il'Ich). 2013. 「국가와 혁명」. 문성원·안규남 옮김. 아고라
- 리오 휴버먼. 2008. 「자본주의 역사 바로 알기」. 장상환. 책벌레
- 마르크스(Karl Marx)·엥겔스(Engels, Friedrich). 1990. 「독일이데올로기」, 「칼 맑스 프리드리히 엥겔스 저작 선집」 제1권. 최인호 외 옮김. 박종철출판사
- 마르크스(Karl Marx)·엥겔스(Engels, Friedrich). 1990. 「공산주의당 선언」, 「칼 맑스 프리드리히 엥겔스 저작 선집」 제1권. 최인호 외 옮김. 박종철출판사
- 박상섭. 1985. 「자본주의국가론」. 한울
- 안소니 브루어(Anthony Brewer). 1984. 「제국주의와 신제국주의」. 염홍철 옮김. 사계절
- 염홍철 편저. 1980. 「제3세계와 종속이론」. 한길사
- 오준호. 2015. 「공산당 선언」. 이매진
- 이매뉴얼 월러스틴. 1997. 「자유주의 이후」. 강문구 옮김. 당대
- E. J. 홉스봄. 1983. 「자본의 시대」. 정도영 옮김. 한길사

- E.J.홉스봄. 1984. 『혁명의 시대』. 정도영 옮김. 한길사
- 정운영. 1990. 『저 낮은 경제학을 위하여』. 까치
- 코모부찌 마사아키. 1984. 『자본주의 경제의 구조와 발전』. 신석호 옮김. 풀빛
- 크리스토퍼 피어슨. 2008. 『근대국가의 이해』. 박형신·이택면 옮김. 일신사
- 테리 이글턴. 2012. 『왜 마르크스는 옳았는가』. 황정아 옮김. 길
- 편집부 엮음. 1988. 『민족과 경제』. 대동
- 편집부 엮음. 1989. 『민족과 경제』Ⅱ. 대동
- 프랜시스 윈. 2003. 『마르크스 평전』. 정영목 옮김. 푸른숲
- 하인리히 겜코브. 2003. 『맑스 엥겔스 평전』. 김대웅 옮김. 시아출판사
- 한국철학사상연구회. 2013. 『다시 쓰는 맑스주의 사상사』. 오월의 봄
- 황광우·장석준. 2003. 『레즈를 위하여 새롭게 읽는 공산당 선언』. 실천문학사

자본론 노트

초판1쇄 찍은 날 2019년 6월 13일
초판1쇄 펴낸 날 2019년 6월 21일

지은이 신민구
펴낸이 송광룡
펴낸곳 도서출판 심미안
등록 2003년 3월 13일 제05-01-0268호
주소 61489 광주광역시 동구 천변우로 487(학동) 2층
전화 062-651-6968
팩스 062-651-9690
전자우편 simmian21@hanmail.net
블로그 blog.naver.com/munhakdlesimmian
값 18,000원

ISBN 978-89-6381-287-8 03300